JN256481

海外留学が
キャリアと人生に
与えるインパクト

大規模調査による留学の効果測定

Impact of Study Abroad on Career Development and Life

横田　雅弘
太田　　浩　【編】
新見　有紀子

学　文　社

執　筆　者 (執筆順)

＊横田　雅弘　明治大学国際日本学部教授（はじめに，第4章）
＊太田　　浩　一橋大学国際教育センター教授（第1章，第6章，おわりに）
＊新見有紀子　一橋大学法学研究科講師（第2章，第6章，第8章）
　花田　真吾　東洋大学准教授（第3章）
　渡部　由紀　東北大学准教授（第5章，第6章）
　秋庭　裕子　一橋大学講師（第6章，第8章）
　小林　　明　明治大学准教授（第7章）
　米澤　彰純　東北大学教授（第8章）
　新田　　功　明治大学教授（第9章）
　河村　　基　株式会社エールバリュー代表取締役兼データサイエンティスト（第9章）
　黒田　一雄　早稲田大学教授（第10章）
　貝沼　智徳　三菱UFJリサーチ＆コンサルティング株式会社人事アドバイザリー室シニアコンサルタント（第11章）
　芦沢　真五　東洋大学教授（第12章）

＊は編者

はじめに

　自分のことで恐縮だが，考えてみれば34年前に30歳で留学した自分をその後ずっと導いてくれたのは，まさにその「留学」の経験であったと思う。5年弱企業で働いた後に脱サラし，カウンセリングを学びに米国に渡ったが，たまたまセミナーで取り組んだテーマが留学生の適応問題であった。修士課程を修了して帰国すると，大学教員になることなどまったく考えていなかったのであるが，すぐに留学時代に親しくなった仲間から連絡があり，留学生の支援をする留学生専門教育教員というポストができたから，そのポストでうちに来ないかと誘われた。一橋大学で最初の留学生カウンセラー（留学生専門教育教員）として1987年に着任した。折しも，1984年から始まっていた留学生受入れ10万人計画が実際に動き出した頃で，年々2割増しといった急激な留学生増に対応すべく，できることは何でもやった。やりがいがあって面白かった。

　一方，着任と同時期に，一橋大学の卒業生組織である如水会が支援してくださる形で，日本人学生の海外留学奨学金制度が始まった。自分は外国人留学生のことばかり考えていたが，せっかくできた素晴らしい奨学金に応募する日本人学生が少なくて，これではもったいないと留学生交流のもうひとつの側面である学生派遣の仕事にも関わることになった。留学生の受入れと送出しが自分のなかでつながり，大学の国際交流の理念は受入れにも送出しにも一貫したものでなくてはならないと考えるようになった。これも自分の留学体験があったからこそであり，いつもそのときの感覚をベースに与えられた教育・研究・実務の機会を自分なりに活かしてきたと思う。

　日本という異文化環境に生活する留学生と日常的に関わり，その問題解決に携わるようになると，大学の制度やその運用など実務的な仕事も自分の教育・研究と切っても切れないものと感じられた。研究は現場を改善するために必要であると思い，現場を改善する実践は素晴らしい教育の現場になり得ると思った。後にその実感は，学生とともに創り上げていった授業「まちづくり」にた

どり着く。私のアクティブラーニングに対する強い志向性は，自分を導いてきた「留学」に端を発しており，異文化間教育学における新しい教育・研究の方法論である「現場生成型教育・研究」につながっている。

　ある意味究極のアクティブラーニングである留学にはどれほどの可能性があるのか。今や大学の関心が外国人留学生の受入れよりも日本人学生の送出しに傾き，良し悪しは別として，手取り足取りの支援体制ができつつあるが，しかしそのような支援も出発までのこと。現地に立てばすべては自らのアクティブラーニングである。そこで学生たちは何を学んで来るのか。外国語力を高めるといった目にみえる成果だけでなく，人生において如何なる意味をもちえるのか。本書は，欧米で行われてきたいくつかの「留学の効果と意味」を問う大規模調査を参考にしつつ，日本の文化・社会における留学のインパクトを長期的な観点から回顧的に評価してもらう日本で初めての大規模質問紙調査（有効回答4,489）の報告であり，留学をしなかった対照群（有効回答1,298）との比較も交えて検証したものである。

　さて，本書は大きく2部構成になっている。第1部では，今回の大規模質問紙調査の背景となる情報を整理して提供する。第1章では日本の海外留学政策の変遷を概観し，第2章では海外留学に関する海外の先行研究のレビューを行い，第3章ではそのなかでも特に留学効果の分析についてのアプローチを紹介する。

　第2部が本調査の報告である。最初に第4章で本調査の目的や方法を説明した後，第5章以下でそのデータを多様な側面・観点から分析していく。まず第5章で留学とはどのような形式があるのかを類型化し，それぞれの特徴をまとめている。第6章では大学の学部留学によって高まったと判定された能力や意識はどのようなものかを探り，第7章では高校留学に的を絞ってその効果を明らかにした。第8章は留学がその後のキャリアにどのような影響を与えているかを，採用，給与，昇進といった具体的項目で非留学群と比較している。第9章では，より広い観点から，生活への満足を構成している要因と留学経験の関係を調べた。第10章では，留学が世界市民意識やアジア市民意識，そして平

和などの意識にどのようなインパクトをもたらしているかを検証している。第11章では，補足的に実施した留学経験者の雇用主調査の結果と㈱DISCO社が実施している企業アンケートを合わせた分析を掲載した。ここには，コラムの形で，2つのグローバル人材活用企業事例も掲載している。第8章，第11章とともにお読みいただけると理解を深めていただけるかと思う。

　第2部の最後には，この調査と同時並行して実施された教育実践の報告をまとめている。もともとこの調査には，留学の効果（インパクト）がどのようなものかを実証するという研究目的の他に，この調査に協力してくださった留学経験者のみなさんや，この研究に携わった研究者並びにそのネットワークと，これから留学を考えている若い方々を授業やインターネットを利用して結びつけたいという実践的な目的もあった。実際にいくつかの大学で「留学のすすめ」といった授業が立ち上がっており，道半ばではあるが，それらの仕組みや実践を最後の第12章として紹介する。

　この調査は2013～2015年度文部科学省科学研究費基盤研究(A)「グローバル人材育成と留学の長期的インパクトに関する国際比較研究」（研究代表者：横田雅弘）によって実施されたものである。調査と分析に多大なご協力をいただいた㈱エールバリュー社長の河村基様，アンザスインターナショナル㈱社長の早川楽様，㈱DISCOと貝沼知徳様ほか，ご協力いただいた多くの皆様にこの場を借りて感謝申し上げたい。

　また，入稿予定が大幅に遅れたにもかかわらず，こうして出版することができたのは，㈱学文社社長の田中千津子様のご理解によるものである。心より感謝したい。

2017年10月12日　編者　横田雅弘

目　次

第二部　留学のインパクトに関する調査結果

第4章　グローバル人材育成と留学の長期的なインパクトに関する調査

第5章　留学の類型と特徴

第一部

海外留学をめぐる
研究と政策の動向

第1章　日本の海外留学促進政策の変遷

■ 太田　浩

　グローバル化の進行とともに，留学生の数が急増している。1975年に80万人であった世界の留学生総数は，1985年には110万人，1995年には170万人となり，2000年以降は各年の伸び率がさらに上昇し2005年には300万人，2015年には460万人に達した（OECD, 2017）。2025年には，この数が760万人になると予測されている（Böhm, Meares, Pearce, Follari, & Hewett, 2003）。特にアジア太平洋とヨーロッパでは，学生の国際流動の活発化と多様化が同時に進んでいる（杉村, 2012）。学生だけでなく教員・研究者や教育プログラム，教育機関も国境を越え，グローバル言語としての英語を媒体とする高等教育の国際化が各国・各地域の状況と複雑に絡み合いながら展開している。

　こうした状況のなか，近年，日本政府は「留学生交流支援制度（短期派遣・長期派遣）」（2009年），「新成長戦略」（2010年），「大学の世界展開力強化事業」（2011年），「グローバル人材育成戦略」（2012年），「グローバル人材育成推進事業」[1]（2012年），「日本再興戦略」（2013年），「官民協働海外留学支援制度〜トビタテ！留学JAPAN日本代表プログラム〜」（2014年），「スーパーグローバル大学創成支援事業」（2014年），「海外留学支援制度（短期派遣・長期派遣）」（2014年），「海外留学支援制度（協定派遣型・大学院学位取得型）」（2015年），「海外留学支援制度（学部学位取得型）」（2017年）など海外留学促進に関する政策を次々に展開してきた。特に，「日本再興戦略」は，2020年までに海外留学者数を12万人に増やすという具体的な数値目標を掲げている。また，「大学の世界展開力強化事業」では，海外の大学との協働教育による学生交流の促進，特に

日本の大学が従来築いてきた欧米の大学との関係強化に加え，日本・中国・韓国3ヵ国の地域化と留学の活性化を促す「キャンパス・アジア構想」が組み込まれている。さらに，2012年からはASEAN諸国，2014年からはロシア・インド，2015年からは中南米諸国・トルコとの大学間交流形成支援が加えられている。

　海外留学者数を大幅に増やす計画には，「グローバル人材[2]」としての日本人学生の育成の強化という狙いがある。「グローバル人材」の需要は，グローバル経済における日本の競争力の相対的な低下を懸念する日本の産業界の危機感やニーズを反映している。グローバル化は，「国民教育で育成する人材が，すなわちグローバル人材でもなければならない時代になっている」（横田，2012：17）という，高等教育の目的にも変化をもたらしている。それはまた，日本の海外留学促進政策が主に経済成長を支える人材育成の観点から展開されていることを示唆している。

　本章の目的は，日本の海外留学促進政策の動向について概観し，それに関連する課題と展望について考察することである。まず，日本の海外留学の現状を概観したい。次に，日本の海外留学促進（日本と海外の双方向の交流を含む）政策の変遷について整理する。最後に，そこから見えてくる日本の海外留学促進政策の課題と展望について，改善を促す観点から5つの提言として示したい。

1．日本における海外留学の現状

(1)　留学の理念と動機について

　留学の理念と動機は，時代の流れとともに変化する。世界における留学生教育の理念について江淵（1997）は，(1)個人キャリア形成，(2)外交戦略または国際協力・途上国援助，(3)国際理解，(4)学術交流という「古典的モデル」の存在をあげ，さらに(5)パートナーシップ（互恵主義），(6)顧客，(7)地球市民形成という「新しいモデル」の出現を指摘した。最近では，江淵（1997）や横田・白土（2004）などを参考にした寺倉（2009）が，(1)留学が一部のエリートに限られていた第二次世界大戦直後の「古典的モデル」，(2)留学の大衆化が起

こった 1970 〜 80 年代の「相互主義・互恵主義モデル」，(3) 1980 年代後半以降の「経済主導モデル」という留学理念の推移をまとめている。

　留学に対する留学生本人の動機の変化も重要である。これについて，たとえば井上 (1996) は，明治時代から 1970 年代ごろにかけての，自国の発展に役立つ技能や知識の獲得に主眼を置く「文化伝習型」から，1980 年代以降の異文化体験や自己実現・自己発見など，個人の目的の達成に価値を置く「文化学習型」への変化を指摘している。こうした留学生本人による留学の捉え方の変化は，留学生政策の課題と展望を考えるうえで重要な意味をもつ。

　近年，高等教育機関レベルでは，留学生の受入れと送出しが連動している場合が多くあり，たとえば 1 〜 2 セメスター程度の短期留学生の受入れは，日本人留学生の短期の送出しとセットになって交換留学制度として実施している大学が多い（横田ほか，2008）。今後は，大学間交流の一環としての留学生の受入れと送出しの相互関係に注目した政策的議論が必要である。

(2)　海外留学の現状

　次に，日本から海外への留学状況について整理したい。日本からの海外留学者（留学生）の統一的な定義はなく，日本政府としては，正確な海外留学者数は把握できていない。しかし，文部科学省が参考にしている OECD などの主として長期留学者を対象とした統計によると，2015 年の日本人の海外留学者数は 54,676 人である（図 1 − 1）。2004 年に 82,945 人のピークを迎えてからは，減少傾向にある[3]。

　この統計による高等教育機関での日本人の留学先は，2015 年現在で，アメリカ（19,060 人），中国（14,085 人），台湾（6,319 人），イギリス（3,098 人），ドイツ（1,756 人），オーストラリア（1,672 人），フランス（1,646 人），カナダ（1,479 人）など，英語圏を中心とする欧米諸国と中国語圏で大半を占める。ただし，アメリカへの留学者数の減少は著しく，アメリカの統計によると 1997/98 年のピーク時には 47,073 人だったものが，2016/17 年には 18,780 人と 60.1％も減少している（IIE Open Doors, 2017）。この理由としては，若者人

口の減少，留学形態および留学先の選択肢の増加，アメリカの大学の授業料高
騰などに伴い，留学先としてのアメリカの魅力が相対的に低下したことが考え
られる（表 1 － 1 ）。また，同世代に占める留学者の比率が，昨今の経済状況の
悪化により減少しているという指摘がある[4]（グローバル人材育成推進会議，2012）。
若者の「内向き志向」を危惧する論考（中嶋，2010）もみられるが，この背景
には日本の経済状況以外にも，日本人の海外留学を国が最近まで積極的に政策
として推進してこなかったことが一因としてあげられる（太田，2013）。さまざ
まに指摘される海外留学減少の原因をみると，「留学に関心はあるができない」
（留学したいが諸事情により，やむをえずできない）というグループと，そもそも
「留学に関心がなく留学したくない」（留学することに価値を見出さない）という
グループの 2 つに分けられるのではないだろうか。前者の場合は，(1)長期経
済停滞による家計の悪化（所得の減少），(2)英語圏の大学の授業料高騰，(3)就
職活動の早期化と長期化，(4)海外留学・経験を高く評価しない雇用者，(5)留
学に必要な語学力の高度化（語学力不足）などが指摘される。後者の場合は，
(1)成熟した経済と社会を築き上げた日本の快適さと便利さに満足し，あえて
海外の異なった環境の下，多種多様な習慣や文化をもつ人びとと渡り合いなが
ら自力で状況を切り開いていくような苦労をすることに価値を見出せない（コ
ンフォート・ゾーンへの滞留），(2)インターネットの普及によって仮想現実での
容易な疑似体験が可能となり，実際に外国に行って自らの目で確かめ，体験す
ることに意義を感じない，(3)危機管理が厳しく問われるようになり，リスク
をできるだけ回避する安全志向が高まっていることなどがあげられる（太田，
2013）。

　日本人の海外留学を推進する必要性を感じた文部科学省は，2005 年に「長
期海外留学支援」を開始した。この制度は「海外留学支援制度」と名称が変わ
り，2017 年現在，「大学院学位取得型」と「学部学位取得型」の 2 種類の長期
派遣支援と，「協定派遣型」の短期派遣に細分化し，日本人の海外留学を長期
から短期まで支援している。また，2014 年には「官民協働海外留学支援制度
～トビタテ！留学 JAPAN 日本代表プログラム～」が開始された。これは，日

図Ⅰ—Ⅰ　日本人の海外留学者数の推移[6]

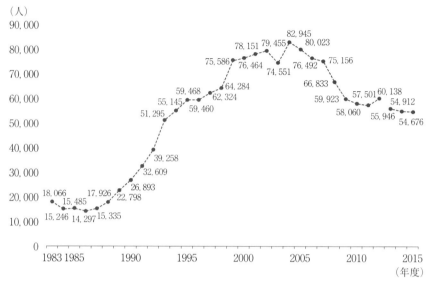

出所）文部科学省（2017a）：文部科学省がユネスコ統計局，OECD，IIE，中国教育部，台湾教育部等による統計を集計した「日本人の海外留学状況」より筆者作成

本の高等教育機関や高等学校に在籍する学生・生徒を対象に産業界からの意向を踏まえ，多様な分野での人材開発のための留学などに選抜された学生を支援するものである[5]。これら２つの制度により，2017年度は81.4億円の海外留学支援予算を充てており，2009年度の6.3億円から13倍近い伸びを示している（文部科学省，2017b）。

　また，留学後の進路については，日本学生支援機構が2004年度と2011年度に，「海外留学経験者追跡調査」を２度実施している（日本学生支援機構，2005, 2012）。2011年度調査によると，回答者の54.3％が留学は現在の職業に業務面で「非常に役立っている」もしくは「役立っている」と答えている。また，帰国後の進路については，「帰国して就職」が44.7％，「帰国して復学」が18.5％，「帰国して進学」が11.3％であった[8]。2004年度調査と同様，留学期間，取得資格，留学形態にかかわらず，「帰国して就職」がもっとも高い割合を示している。これらの調査から，海外留学経験者の半数以上が，留学経験を日本で

表 1 ― 1　主要留学先別の日本人留学生数（2015 年）と増減（対 2004 年比）

留学先	日本人留学生数	留学先	日本人留学生数
アメリカ	19, 060 （-23, 155）	オーストラリア	1, 672 　（-1, 500）
中国	14, 085 　（-4, 974）	フランス	1, 646 　（+691）
台湾	6, 319 　（+4, 440）	カナダ	1, 479 　（-271）
イギリス	3, 098 　（-3, 297）	韓国	1, 286 　（+372）
ドイツ	1, 756 　（-791）	その他	4, 275 　（+1, 598）
		合計	54, 676 （-28, 269）

注）括弧内の数字は，日本人の海外留学生がもっとも多かった 2004 年から 2015 年までの増減を示す。
出所）複数年にまたがる OECD "Education at a Glance", IIE "Open Doors" 等のデータを文部科学省
　　　が集計したものを元に筆者作成

図 1 ― 2　日本の大学在学中の期間別海外留学生数[7]

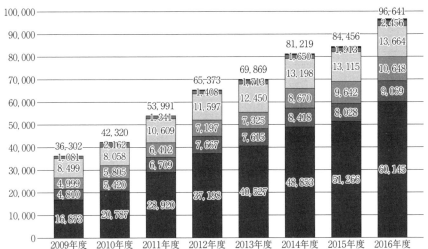

出所）文部科学省（2017a）「日本人の海外留学状況」を元に筆者作成

有効活用している様子がうかがえる。

2．海外留学促進（日本と海外の双方向交流を含む）政策の変遷

　日本では，遣隋使や遣唐使はもちろんのこと，幕末から明治時代にかけての
官費留学など，自国の発展に役立つ技能や知識の獲得を目的とした「文化伝習

型」（井上，1996）の海外留学が盛んであった。しかし，20 世紀前半の海外留学は非常に限定的で，本格的な外国留学支援が展開されたのは，第二次世界大戦後の「ガリオア・フルブライト・プログラム」以降である。日本政府として学位取得を目的とする留学生を多数の国々に送り出す政策は，2005 年の「大学教育の国際化推進プログラム（長期海外留学支援）」からと，最近のことである。そこで，本節では①「ガリオア・フルブライト・プログラム」から「長期海外留学支援」以前（1949 〜 2005 年），②「長期海外留学支援」以降（2005 年〜現在）の 2 期に分けて日本の海外留学促進政策の変遷を概観したい（表 1 ─ 2）。なお，②は近年強化されている受入れ・送出し双方向の学生交流や国際教育連携に関する政策を含む。

⑴　「ガリオア・フルブライト・プログラム」から「長期海外留学支援」以前（1949 〜 2005 年）

　　第二次世界大戦以降の日本政府による海外留学促進政策は，1968 年にアジア大洋州および中近東諸国の専門家の養成を目的に開始された「アジア諸国等派遣留学生制度」が最初である。しかし，日本人の海外留学を促進した制度としては，それよりも 20 年前に始められた「ガリオア・フルブライト・プログラム」がある。ガリオア（占領地域救済基金（GARIOA: Government Aid and Relief in Occupied Areas））とは，アメリカの占領地域における飢餓救済や社会安定のために行われた食料，肥料，医療品などの物資援助活動のことであるが，この活動の一環として，1949 年から 1951 年までに 1,000 人の日本人がアメリカに留学した。1952 年以降は，「日米フルブライト交流事業」と名称を変え，2017 年までの 65 年間で約 6,500 人の日本人がアメリカに留学した[9]。1979 年以降は日本政府も運営費用を分担するようになり，現在も運営資金は日米両国政府で折半されている[10]。日本の海外留学促進政策といえば，数のうえでは外国政府，地方自治体，民間団体などの奨学金制度に長らく依存してきたといえよう[11]。

　　1995 年には，「短期留学推進制度」と「短期留学特別プログラム」（いわゆる「短プロ」とよばれる英語による短期留学生受入れプログラム）が開始された。これ

表1-2　日本の主な海外留学促進政策と関連する政策・事業

年	海外留学促進政策	関連する政策・事業
1949	ガリオア・フルブライト・プログラム 1952年以降は日米フルブライト交流事業	
1968	アジア諸国等派遣留学生制度（文部省）	
1991		UMAP（アジア太平洋大学機構）
1995	短期留学推進制度（文部省） 短期留学特別プログラム（文部省）	
2002		21世紀COEプログラム（文部科学省）
2003		特色ある大学教育支援プログラム（COL） （文部科学省）
2004	奨学金貸与制度（日本学生支援機構）	認証評価制度（文部科学省） 国立大学法人化（文部科学省）
2005	長期海外留学支援（文部科学省）	大学国際戦略本部強化事業（文部科学省）
2007		グローバルCOEプログラム（文部科学省） アジア・ゲートウェイ構想（内閣府） アジア人財資金構想（経済産業省，文部科学省）
2009	留学生交流支援制度（長期派遣）（日本学生支援機構） 留学生交流支援制度（短期派遣）（日本学生支援機構）	国際化拠点整備事業（グローバル30）（文部科学省）
2010		新成長戦略（閣議決定）
2011	大学の世界展開力強化事業（文部科学省）	
2012	グローバル人材育成推進事業（文部科学省）	グローバル人材育成戦略（グローバル人材育成推進会議）
2013		国立大学改革プラン（文部科学省）
2014	若者の海外留学促進実行計画（文部科学省，内閣官房，内閣府，外務省，厚生労働省，経済産業省，観光庁） 海外留学支援制度（長期派遣）（日本学生支援機構） 海外留学支援制度（短期派遣）（日本学生支援機構） 官民協働海外留学支援制度〜トビタテ！留学JAPAN日本代表プログラム〜（文部科学省）	スーパーグローバル大学創成支援事業（文部科学省）
2015	海外留学支援制度（大学院学位取得型）（日本学生支援機構） 海外留学支援制度（協定派遣型）（日本学生支援機構）	
2017	海外留学支援制度（学部学位取得型）（日本学生支援機構）	指定国立大学法人（文部科学省） 3つのポリシー（アドミッション・ポリシー，カリキュラム・ポリシー，ディプロマ・ポリシー）の策定（文部科学省）

出所）文部科学省の資料を元に筆者作成

は，大学間交流協定などに基づく1年以内の学部・大学院レベルの単位互換を
ベースとした短期留学（受入れと送出しの相互交流）を支援する奨学金制度であ
り，海外の大学・大学院での学位取得を目的とした留学を支援する制度ではな
い。その後，留学生政策懇談会報告書「知的国際貢献の発展と新たな留学生政
策の展開を目指して―ポスト2000年の留学生政策―」（文部省，1999）では，
「日本人の海外留学についても積極的に推進すべき」との見解が示されたが，
具体的な施策の策定には至らなかった。ただし，1980年代以降は，「文化学習
型」（井上，1996）の留学ないし留学の大衆化という日本の若者を取り巻く留学
環境の変化があり，日本人の海外留学者数は順調に増加し，2004年には
82,945人とピークを迎えた。同年には，海外の高等教育機関で学位取得を目
指す人を対象とする「奨学金貸与制度」（日本学生支援機構所管）[12] が創設された。

(2) 「長期海外留学支援」以降（2005年～現在）

　日本人の1年以上の長期留学者数は，2004年までは増加し続けたものの，
同年を境に減少傾向となっている。2004年にピークの82,945人を記録した後
は減少が続き，最新のデータである2015年には54,676人となっている（図1
―1）。ただし，大学間の協定に基づく留学など，大学在学中の短期留学は増
加傾向にあり，2009年度の36,302人から2016年度の96,641人と，2倍半以
上の伸びを示している（図1―2）。しかしながら，そのうち62.2%（60,145
人）は，語学研修など1ヵ月未満の留学プログラムの参加者であった（日本学
生支援機構，2017b）。

　2005年，文部科学省は「大学教育の国際化推進プログラム（長期海外留学支
援）」を開始した。これは，「国際社会への貢献等に資する人材の養成及び我が
国の大学の国際競争力の強化等の大学教育の改革を一層促進させること」[13] を目
的としている。この施策のもうひとつの重要な点は，日本の大学が窓口となる
ことで（日本の大学を通して）[14] 日本の若者を海外の大学院に長期間派遣して学位
取得や専門分野の研究を行わせるという，日本の大学の国際化を意図している
ことである（文部科学省高等教育局学生・留学生課，2009）。この時期は，「21世紀

COE プログラム」(2002 年),「特色ある大学教育支援プログラム：特色 GP (COL)[15]」(2003 年),「認証評価制度」(2004 年),「大学国際戦略本部強化事業」(2005 年),「グローバル COE プログラム」(2007 年) など，日本の大学の国際競争力や教育研究の質を向上させることを意図した政策の下で立ち上げられた支援事業が次々に実施された。それまで，留学生政策といえば受入れに焦点を当てていたが，海外留学をする日本人の数が 2004 年以降は毎年減り続けるなか (図 1 ― 1)，国内外で大学国際化の機運が高まるにつれて，日本政府として，日本の若者を海外に送出す政策，および海外の大学と連携した双方向の学生交流の必要性が強く認識されるようになったといえよう。

　そして，2009 年から「長期海外留学支援」は「留学生交流支援制度（長期派遣）」として日本学生支援機構に引き継がれた。同時に，主として学部レベルで大学間交流と短期の海外留学・研修の促進を図るための「留学生交流支援制度（短期派遣）」も同機構によって開始された。この頃から 21 世紀の知識集約型経済に対応できる「グローバル人材」が概念化され，その重要性が政策文書に頻繁に登場するようになった。

　「留学生交流支援制度」における「短期派遣」は，大学間交流協定に基づき，1 年以内の期間，日本の在籍大学から外国の大学へ留学する日本人学生に対し，奨学金を支給するものである。これは，短期間の海外留学・研修を経験することで長期間の留学への動機づけを高めるとともに，グローバル社会で活躍できる厚みのある人材層の形成を目的としている。2011 年には，サマー・スクールのような 3 ヵ月未満の海外留学・研修対する奨学金が「ショートビジット (SV)」，派遣だけでなく，海外からの留学生の受入れもあわせて行う場合は「ショートステイ＆ショートビジット (SS & SV)」として加わり，派遣奨学金の受給者数は 2009 年度の 2,661 人から 2012 年度の 15,339 人まで 6 倍近く増加した。しかし，2012 年 6 月の行政事業レビューにおいて，派遣プログラムについては，経済的理由で参加が困難な学生に支援対象を重点化すべきこと，および単位取得状況など派遣プログラムの内容を精査し，選考方法を見直すべきことが求められ，抜本的改善が必要と判定された。その結果，2013 年から

は「ショートビジット（SV）」が廃止され，「短期派遣」の期間が 8 日以上 1 年以内となった（ショートビジットが従来の「短期派遣」に組み込まれた）（日本学生支援機構，2013）。2014 年，「留学生交流支援制度」は「海外留学支援制度」と名称を改め，2015 年からは「海外留学支援制度（長期派遣）」を「海外留学支援制度（大学院学位取得型）」へ，「海外留学支援制度（短期派遣）」を「海外留学支援制度（協定派遣）」へと引き継ぎ，さらに 2017 年からは「海外留学支援制度（学部学位取得型）」も追加され，海外留学希望者のニーズに対応した制度へと細分化された。「協定派遣」については，学生交流協定に基づく，双方向型のプログラムを対象とする「双方向協定型」と，派遣のみを実施するプログラムを対象とする「短期研修・研究型」に分かれている。また，派遣先については，それまで高等教育機関に限定していたが，海外でのインターンシップや研修プログラムなどについても，帰国後に単位認定を行うものについては支援対象となっている。2017 年度文部科学省予算によると「協定派遣」については，22,000 人，「大学院学位取得型」については，252 人，「学部学位取得型」については 45 人の受給者を予定している（文部科学省，2017）。

「新成長戦略」では，グローバル人材育成を推進するために，日本人の海外留学・研修者の数を 30 万人[16]にすることを目指すとし，そのための取り組みを強化するとしている（首相官邸，2010）。先述のとおり 2009 年度の海外留学支援の予算は 6.3 億円にすぎなかったが，2017 年度には 81.4 億円が付けられている。また，2017 年度の海外留学支援の予算（81.4 億円）は，留学生受入れ支援の予算（263.3 億円）と比べると 3 分の 1 程度だが，日本政府としては「国際化」を軸に日本の大学の国際競争力を高めつつ，海外経験を通じて世界で活躍できる日本人を育成する政策を推進しているといえる。前述の「海外留学支援制度」による長期（大学院学位取得型・学部学位取得型）と短期（協定派遣型）の派遣留学奨学金が端的な例である。

海外留学をする学生だけでなく留学プログラムを提供する大学に対しても，「大学の世界展開力強化事業」（2011 年），「グローバル人材育成戦略」（2012 年），「グローバル人材育成推進事業」（2012 年[17]）といった国際的な大学間連携をベー

スとした人材育成型の施策が実施された。

　「大学の世界展開力強化事業」は 2011 年に始まり，国際的に活躍できるグローバル人材の育成と大学教育のグローバル展開力の強化を目指し，高等教育の質の保証を図りながら，日本人学生の海外留学と外国人留学生の戦略的受入れを行うアジア・アメリカ・欧州などの大学との国際教育連携の取り組みを支援することを目的としている（日本学術振興協会，2017b）。初年度は，タイプＡ「キャンパス・アジア中核拠点支援」[18] に 13 プログラムが採択され，タイプＢ「米国大学等との協働教育創成支援」に 12 プログラムが採択された[19]。2017 年には事後評価が実施され，「採択大学は当初の計画に沿って目的を概ね実現し，期待された効果をあげたと評価できる」とされている（大学の世界展開力強化事業プログラム委員会，2017：1）。

　翌 2012 年は，「ASEAN 諸国等との大学間交流形成支援」に 14 プログラムが採択された[20]。2013 年は，「海外との戦略的高等教育連携支援」として，SEAMEO-RIHED[21] の[22] AIMS プログラム[23]に参加し，戦略的高等教育連携を行うプログラムを支援するために 7 プログラムが採択された[24]。さらに，EU 各国と実施する教育連携プログラムの一環として，日本の大学など 2 機関以上と欧州の大学など 2 機関以上が共同で実施する学生交流プロジェクト（ICI - ECP）を欧州連合と共同で実施し，5 プログラムが採択された[25]。2014 年は，「ロシア，インド等との大学間交流形成支援」として，両国の大学との間で質の保証を伴った交流プログラム実施を支援するために 9 プログラムが採択された[26]。2015 年は「中南米等との大学間交流形成支援」として，中南米諸国，トルコの大学との交流プログラムを支援するために 11 プログラムが採択された[27]。2016 年は「キャンパス・アジア事業の推進」に 17 プログラムが採択され，「ASEAN 地域における大学間交流の推進」に 8 プログラムが採択された[28]。2017 年は「ロシア，インド等との大学間交流形成支援」として 9 プログラムが採択された[29]。2011 年の本事業開始以来，採択された全プログラムによって，合計 14,712 人もの学生が諸外国に派遣されることになっている（受入れの合計は 15,289 人）（表 1 － 3 ）。

表Ⅰ-3 大学の世界展開力強化事業一覧

No.	開始年度	終了年度	事業区分	大学数	プログラム数	派遣数	受入れ数
1	2011	2015	キャンパス・アジア中核拠点形成支援			1,687	1,867
			1）日中韓の三ヵ国における大学間で実施する事業	10	10		
			2）1以外の中国，韓国または ASEAN 諸国における大学と実施する事業	6	3		
2	2011	2015	米国大学等との協働教育の創成支援			2,484	1,673
			1）米国における大学等との間で実施する事業	7	7		
			2）1以外の欧州，豪州等における大学等との間で実施する事業	5	5		
3	2012	2016	ASEAN 諸国等との大学間交流形成支援			3,045	3,631
			1）日本と ASEAN における大学との間で実施する事業	13	9		
			2）SEND プログラム	5	5		
4	2013	2017	～海外との戦略的高等教育連携支援～ AIMS プログラム	11	7	746	759
5	2013	2017	ICI-ECP（Industrialised Countries Instrument Education Co-operation Programme）「モビリティ・プロジェクト」及び「ダブル・ディグリー・プロジェクト」	15	5	69	61
6	2014	2018	ロシア，インド等との大学間交流形成支援			1,086	1,130
			1）ロシアの大学との間で実施する事業	5	5		
			2）インドの大学との間で実施する事業	4	4		
7	2015	2019	中南米等との大学間交流形成支援			1,159	1,295
			1）中南米諸国の大学との間で実施する事業	17	8		
			2）トルコの大学との間で実施する事業	5	3		
8	2016	2020	キャンパス・アジア（CA）事業の推進			1,689	2,577
			1）キャンパス・アジアパイロットプログラムでの実績によりさらに高度化した取り組みを実施する事業	8	8		
			2）新たなキャンパス・アジアに取り組む事業	9	9		
9	2016	2020	ASEAN 地域における大学間交流の推進	10	8	1,590	1,212
10	2017	2021	ロシア，インド等との大学間交流形成支援（交流推進プログラム）			1,157	1,084
			1）主たる交流先の相手国：ロシア	8	7		
			2）主たる交流先の相手国：インド	2	2		
					合計	14,712	15,289

注）既に終了したプログラムに関しては事業実績を基に派遣数と受入れ数を算出しているが，継続中のものについては計画調書に基づいて算出している。

出所）日本学術振興会の資料を元に筆者作成

　「グローバル人材育成推進事業」は 2012 年に開始され，若い世代の「内向き志向」を克服し，国際的な産業競争力の向上や国と国の絆の強化の基盤として，グローバルな舞台に積極的に挑戦し活躍できる「人財」の育成を図るため，大学教育のグローバル化を推進する取り組みを行う事業に対して，重点的に財政支援することを目的としている。また，この事業による支援対象は，「グローバル人材育成推進会議中間まとめ」（グローバル人材育成推進会議，2011）によるグローバル人材としての 3 つの要素である(1)語学力・コミュニケーション能力，(2)主体性・積極性，チャレンジ精神，協調性・柔軟性，責任感・使命感，(3)異文化に対する理解と日本人としてのアイデンティティに加え，今後の社会の中核を支える人材に共通して求められる，(a)幅広い教養と深い専門性，(b)課題発見・解決能力，(c)チームワークとリーダーシップ，(d)公共性・倫理観，(e)メディア・リテラシーなどの能力の育成を目指し，大学教育のグローバル化を推進する取り組みとなっている。この方針に従い，2012 年にタイプA「全学推進型」11 件（大学），タイプB「特色型」31 件（学部など）が採択された。[30] "Go Global Japan" ともよばれるこの 5 年間の支援事業を通して，タイプAでは合計 36,500 人が，タイプBでは 22,000 人の学生が海外の大学に留学する（日本学術振興会，2017a）。

　これまで述べてきた海外留学促進に関する最近の政策は，2012 年 12 月の政権交代後も，基本的には自民党政府によって継承されている。「日本再興戦略」によると，日本人の海外留学者数については，2020 年までに約 6 万人（2010年）から 12 万人へ倍増させるとしている（首相官邸，2013）。その方針をより具体化するために，2014 年，文部科学省をはじめとする関係府省庁は，「若者の海外留学促進実行計画」を策定した。2020 年までに海外留学者数を倍増するという目標達成に向けて，海外留学を阻害する要因を総合的に取り除くために，留学機運の醸成，留学の質の向上，就職支援などに関する施策を関係府省庁が一体的・戦略的に実施するとしている。そして，海外留学を強力に推進することが社会で求められる国際的な資質と能力を備えた人材を育成することになるとまとめている（内閣官房・内閣府・外務省・文部科学省・厚生労働省・経済産

業省・観光庁, 2014)。また, 2013 年, 文部科学省は海外留学気運の醸成を目的として留学促進キャンペーン「トビタテ! 留学 JAPAN」を開始し, 翌 2014 年からは, 日本学生支援機構および民間企業との協働で「グローバル人材育成コミュニティ」を形成し,「官民協働海外留学支援制度〜トビタテ! 留学 JAPAN 日本代表プログラム〜」とよばれる奨学金制度を実施している。官民協働でグローバル人材を育成することを目標に, 日本の高等教育機関に在籍する学生に対し, 産業界からの意向を踏まえ, 実践的な学びを焦点に (1) 理系, 複合・融合分野における留学, (2) 新興国への留学, (3) 世界トップレベル大学などへの留学, (4) スポーツ, アート, 国際協力などさまざまな分野で活躍することが期待できる人材 (多様人材) の留学に奨学金を支給している。2017 年までに第 1 期生から第 7 期生の合計で 3,048 人に奨学金が支給され, 2018 年前期 (第 8 期) 募集では 500 人に奨学金が支給されることになっている (文部科学省官民協働海外留学創出プロジェクト, 2017)。

　一方, 経済支援だけで海外留学を奨励するのは十分ではなく, 日本特有の就職活動の早期化・長期化や諸外国との学事暦の違いが学生の留学意欲をそいでいるという指摘をうけ, 産業界では, 採用活動の後ろ倒し[31]や大卒者採用方法の多様化 (新卒一括採用方式だけでなく, 通年採用の導入) が検討され, 大学では, 秋入学やクォーター制が導入されつつある。しかしながら, 政府による政策的な海外留学推進の効果をあげるためには (留学者の量的な増加と質的な向上を実現するためには), 留学によって得られた学生の経験と獲得された知識, 技能, 学位が雇用者によって正当に評価される必要がある。日本社会全体での意識改革, および人事制度を含む人材育成方法の見直しと多様化が同時に求められている。また, 国家財政がひっ迫しているにもかかわらず, 海外留学の奨学金が突出して増えていることから, 投資対効果に対する懸念も聞かれる。具体的には, 政府の奨学金により, 大学在学中の短期留学が増加しているが, その 6 割強が 1 ヵ月以内の留学 (研修) であることが問題視されている。総務省 (2017) による「グローバル人材育成の推進に関する政策評価」においては, 語学力, 異文化理解力, 多様な価値観の受容といった能力を涵養するという点から, 約

8割の企業が6ヵ月以上の留学期間が必要とみているが，大学在学中の日本人学生の海外留学経験者は，その約8割が6ヵ月未満の短期留学（かつ多くは1ヵ月未満）であり，企業ニーズとのミスマッチがおきていると指摘している。そのうえで，短期留学が，グローバル人材育成に対していかなる効果をもつのか，十分な検証が必要と警鐘を鳴らしている。急激に増加した奨学金は海外留学の裾野を広げることには貢献しているが，いわゆる「ばら撒き」に終わることなく，広がった裾野からグローバルな頂点を目指す学生（人材）をどう生み出すかという新たな課題が浮かび上がってきている。

　なお，先述の「グローバル人材育成推進事業」は，2014年，「経済社会の発展を牽引するグローバル人材育成支援」に組み替えられ，[32]「スーパーグローバル大学創成支援事業」とともに「スーパーグローバル大学等事業」に組み込まれた。「スーパーグローバル大学創成支援事業」は2014年に開始され，日本の高等教育の国際通用性と国際競争力の向上を目的に，海外の卓越した大学との連携や大学改革により徹底した国際化を進める大学に対し，さまざまな制度改革と組み合わせて重点支援を行う事業である。タイプAのトップ型は，世界レベルの教育研究を行うトップ大学（世界大学ランキングトップ100を目指す力のある大学）が対象で13件が採択，タイプBのグローバル化牽引型は，国際化を牽引するグローバル大学（日本社会のグローバル化を牽引する大学）が対象で24件が採択された。採択された大学は，徹底した大学改革と国際化の断行のためあらゆる取り組みを実施することが求められ，それらの取り組みを国が支援することにより，日本のリーディング大学の教育研究環境整備がグローバルな水準で進むものと期待されている（日本学術振興会，2017d）。すべての採択大学は，派遣（海外）留学生数の目標値を掲げている。

3．日本の海外留学促進政策の課題と展望——5つの提言

　これまでみてきたように，日本の海外留学促進政策は，当面の間，安倍晋三首相の下でまとめられた「日本再興戦略」が目標とする日本人の海外留学者倍増（12万人）という量の拡充を念頭に置きながら，大学の国際化推進と「グロ

ーバル人材」の育成を主軸に展開するであろう。実際，近年の留学生政策に関する議論では，日本人の海外留学の促進（太田，2011；山口，2010）に関するものが多い。

また，今後の課題については，諸外国の大学との学生交流を含む大学国際化という大きな観点から考えると，組織的・戦略的国際化，英語による授業と課程，日本人学生の海外派遣強化（学生に対する留学のメリットの提示とキャリア形成との連結）と語学力の養成，国際水準の成績評価（GPA 制度の導入），教育の質保証と学習成果分析，秋入学またはクォーター制とギャップ・イヤー（ターム）の導入などが繰り返し指摘されている。それにもかかわらず，「改善がみられない。そのこと自体を問題にしたい」（岡田，2012）という意見がある。そこで，本節ではすでに指摘されてきた課題を参考にしつつ，改善を促す観点から，海外留学を含む国際学生交流を推進するための5つの提言を示したい。

第1の提言は，政策の効果に関する評価研究体制の強化である。政策の改善を進めるためには，改善がされたかどうかを評価する仕組みが不可欠である。日本の国際学生交流政策は，ビジネス・マネジメントで一般的に使われるPDCA（Plan-Do-Check-Act）もしくはPDSA（Plan-Do-Study-Act）サイクルのような，評価を活用しながらの施策が継続的に実施されているとは言い難い。海外留学促進のための予算の確保や若者の留学そのものへの動機づけのためには，個人レベルでの留学の効果や学習成果はもちろんのこと，政策の社会・国家レベルでの効果を継続的に分析する研究が求められる。今後は定性的研究や横断的研究を含め，留学生政策の効果研究を蓄積する本格的な評価の継続的実施とそれを支える研究体制を強化する必要がある。現状では文部科学省の先導的大学改革推進委託事業があるが，一つの案として，留学生教育学会や比較教育学会などの専門家団体が，日本学生支援機構や日本学術振興会のような大学の国際化と留学生交流に関する事業を運営している機関と連携して，継続的に評価研究に関わる体制作りを提案したい。特に，「高度人材」や「グローバル人材」の育成の観点からの留学生政策（受入れ・送出し双方向の国際学生交流）の評価研究が急務である。

　第2の提言は，国から大学への補助金のさらなる多様化である。「スーパーグローバル大学創成支援事業」の採択校をみても明らかなように，学生の国際的な流動性を高めたり，大学国際化の推進やその組織体制を促したりする補助金は，競争的資金として「旗艦大学（有力大学）[33]」のような上位大規模総合大学に重点的に配分される傾向がある。しかし，日本全体として国際学生交流の拡充と質の向上のためには，旗艦大学以外（大衆化した高等教育の裾野を支える私立大学）への支援も重要である。旗艦大学に競争的資金を支給する場合も，それ以外の大学への波及効果をどうもたらすかという視点が重要である。その点では，「グローバル人材育成推進事業」の「タイプB（特色型）」において，多くの非旗艦大学（特に地方の小規模大学）が採択されたことは評価すべきである。次は，外国人留学生や日本人学生の海外留学経験者比率が低い大学，とりわけ「旧来の太い道に乗りやすい慣行ができあがっている」（山下，2012：41）という大規模大学の国際化への取り組みを促す政策や，大学の国際化を核とした留学生の受入れと国内学生の送出しを互いに活性化し，相乗効果をもたらすような，特色ある取り組みを支援する政策が必要であろう。また，大学やその学部単位に支給される補助金は，その恩恵が当該大学や学部に所属する学生のみとなるため，採択されなかった大学や学部の意欲ある学生は，対象外となってしまう問題がある。大学の国際化が進めば，グローバルな人材が育つという論法だけでなく，グローバルに育てるべき対象は，大学よりまず学生であるという視点も考慮し，学生個々人を対象とした補助金（奨学金）の拡充も必要であろう。

　第3の提言は，「選択と集中」の原則に基づく，各大学の主体性とビジョンの再検討である。横田・白土（2004）によると，戦後日本の外国人留学生の増加は，政治的・経済的動向に対応した政府の政策の結果というべき部分が大きく，大学は受け身的な役割を果たしてきたにすぎない。「実のところ本心はあまり多くの留学生を受け入れたくないという教職員は少なくない」（横田，2012：20）という指摘もみられる。国際学生交流の財源についても，日本の大学は国任せにしてきた感が否めない。大学国際化がそうであるように，留学生[34]

の受入れと国内学生の送出しは目的ではなく，あくまで大学が社会のなかで果たす役割の手段であるべきである。また，受入れ・送出しともに私費留学生が大半を占める現状では，政策によって政府が各大学を支援できる範囲には限りがある。もちろん，すべての大学が国際化を最優先させる必要はない（Kudo & Hashimoto, 2011）。各大学は，第1の提言で述べた留学生政策の効果に関する評価研究などを参考にしながら，学生の国際流動化を通して育つべき人材像や教育のビジョンを検討し，教育成果とともに国内外に発信し続けることが重要である。国際化についても，個々の大学における建学の精神や大学憲章に立ち返って国際化への戦略的取り組みを構築しなければ，なぜ国際化を推進するべきかという説得力に欠け，全学的な求心力をもつ国際戦略とはなりえない。自大学が築いてきた伝統や文化と国際戦略の調和も配慮すべきであろう。機関としての中長期計画との整合性や連携性を検証することは，当然として，部局レベルでの国際活動・展開に関する計画や目標を収集することも有用である（太田，2010）。

　第4の提言は，日本の大学におけるアジア言語，とりわけ中国語と朝鮮語（韓国語）の言語教育の強化，およびこれらの言語を教授言語とする教育課程の設置支援である。文部科学省は「日本人に対する英語教育を抜本的に改善する目的」で，「『英語が使える日本人』の育成のための戦略構想」（2002年）と「『英語ができる日本人』育成のための行動計画」（2003年）を実施した。内閣府が実施している青年国際交流事業（「国際青年育成交流」,「世界青年の船」,「東南アジア青年の船」など）は，主に英語で行われている。大学国際化や留学生の受入れと国内学生の送出しにおいても，良質の英語によるプログラム作りは緊急の課題である。「英語帝国主義」への批判も一部みられるが（津田，2003），日本の国際学生交流政策では，グローバル言語としての英語の優位性と必要性は，自明のこととして認識されているといえよう。しかし，東アジア地域で長引く領土問題や歴史認識をめぐる政治不安を鑑みると，もっと多くの日本の指導者や大学人，学生などが日本語や英語のみならず中国語や朝鮮語（韓国語）などでも学術交流や「知的国際貢献」を図ってもよいのではないだろうか。日

本で中国語や朝鮮語（韓国語）を学ぶ人の数は増えている。中国・台湾と韓国は，日本人の主要な留学先となっている。しかし，それらの地域ではその何倍もの人びとが日本語を学び日本で学位を取得している。中国語圏や韓国の若者やリーダー層に知日派の日本語使用者が多くいる現状を日本の国際学生交流政策の研究や立案に関わる関係者は，強く認識すべきである。

　第5の提言は，留学を経験した日本の学生の日本での有効活用である。近年，日本の大学に特有の就職活動の早期化・長期化が学生の留学の意欲を削いでいるという指摘をうけ，秋入学や秋採用などの時期的な調整が行われている。しかしながら，海外で学位を取得し「グローバル人材」となるべきはずの学生が日本企業で就職しようとしても，日本の文化，特に会社文化に合わない限り，なかなか採用が難しいという事例をよく聞く。これは，帰国生徒として日本の大学に入り，日本で就職活動をする学生にも該当する。海外経験により多様な環境で動ける（あるいは動ける可能性を秘めた）人材であるはずが，同質性を好む日本企業で受入れられないのは惜しまれる状況である。年功序列，終身雇用が根強い日本型企業には，実際，日本の大学の学部新卒がもっとも適合している。コミュニケーション能力が求められているといっても，決して欧米的なものではなく，日本のスタイルに合ったコミュニケーション能力が必要とされる。したがって，立場が上の者に議論を挑み，反論を躊躇なくする人材は，「グローバル」であっても，専門的なポジションは別として，日本企業はあまり欲していないとみられる。海外留学の推進と並行して，留学経験により貴重な能力，知識，視点を身に付けた学生を取り込んで活用できるよう，企業の意識改革，人事制度の見直し，多様化も同時に求められている。

4．おわりに

　海外留学促進政策とは変わりゆく国際・国内情勢のなかで，国家が「留学生」をどのように捉え，彼らの資源と能力をどのように育み活用するのかについて，多くのステイクホルダー（国内外の政府機関，大学，企業，学生など）と協働・調整しつつ模索し，提言する営みである。国益を考えながら，海外留学

生の能力と未来を信じ，彼らの学習形態と進路選択の可能性を開く仕組みづくりである。国境を越えた人材育成・獲得が主流となるこれからの国際学生交流政策の成否は，この仕組み作りの成否にかかっているといえよう。

＊本稿は，筆者が執筆に携わった以下の論考から一部抜粋し，再構成，加筆修正，データ更新などを行ったものである。

工藤和宏・上別府隆男・太田浩（2014）「日本の大学国際化と留学生政策の展開」『日韓大学国際化と留学生政策の展開』（13-52頁）日本私立大学協会附置私学高等教育研究所

【注】

1）2014年度からは「経済社会の発展を牽引するグローバル人材育成支援」と名称を変更し，「スーパーグローバル大学創成支援事業」とともに「スーパーグローバル大学等事業」に組み込まれた。

2）グローバル人材の定義についてはさまざまなものあるが，日本政府のグローバル人材育成推進会議（2012）によると，「グローバル化した世界の経済・社会のなかにあって育成・活用していくべき人材」を意味する。この定義は，要素1（語学・コミュニケーション能力），要素2（主体性・積極性，チャレンジ精神，協調性・柔軟性，責任感・使命感），要素3（異文化に対する理解と日本人としてのアイデンティティ）の3つの要素で構成される。

3）一方，大学間協定などに基づく日本人留学生数は2010年度以降，増加傾向にある（日本学生支援機構，2017a）。

4）相対的な割合では，過去と比べて必ずしも減少ではないが，中国や韓国に比べて日本の若者の留学希望者は少ない（船津，2012）。

5）詳細は同制度ウェブサイトを参照のこと。https://tobitate.jasso.go.jp/（2017年9月30日閲覧）

6）OECDおよびユネスコ統計局のデータは，2012年統計までは，外国人学生（受入れ国の国籍をもたない学生）が対象だったが，2013年統計より，外国人留学生（勉学を目的として全居住国・出身国から他の国に移り住んだ学生）が対象となっており，比較ができなくなっている。

7）対象は，日本国内の高等教育機関に在籍する学生で，日本国内の大学と諸外国の大学との学生交流に関する協定などに基づき，教育または研究を目的として，海外の大学で留学を開始した者および，在籍学校において把握している限りにおいて，協定に基づかない留学をした者。短期の交換留学なども含む。

8）「現地で就職」は全体では5.8%にすぎないが，留学先での準学士号，学士号，修士号，博士号取得者は，それぞれ19.1%，20.7%，14.9%，15.0%が「現地で就職」と回答した。

9）一方，同期間に，約2,700人のアメリカ人が本制度で来日している（「日米フルブライト交流事業」http://www.fulbright.jp/scholarship/about.html（2017年9月30日閲覧））。

10）さらに，日本人フルブライト同窓生が1986年に設立された，日米教育交流振興財団（フルブライト記念財団）からの民間資金援助もうけて運営されている。

11）たとえば「外国政府等の奨学金による海外留学」では，2017年度は44ヵ国へ約1,000人の日本人学生が留学できる枠がある。文部科学省は，在日各国大使館などと連携しながら募集・選考に協力している（日本学生支援機構，2017c）。

12）現在は第二種奨学金ともよばれ，（海外）と（短期留学）の2種類がある。前者は，学位取得を目的として海外の大学・大学院への進学を希望する者を，後者は，国内の高等教育機関に在学中に海外の大学・短期大学，および大学院への短期留学を希望する者を対象とする。

13）「平成18年度『大学教育の国際化推進プログラム（長期海外留学支援）』公募要領」http://www.mext.go.jp/a_menu/koutou/kaikaku/koubo/05111001.htm（2017年9月30日閲覧）

14）当初，応募者は日本の大学を通して申請し，当該大学が留学中（派遣中）の学生の学習・研究状況を管理・指導し，相談にも適切に対応できる体制をつくるよう求められたことから，日本の大学院課程に在籍している者のみが対象であった。しかし，この「長期海外留学支援」が2009年に「留学生交流支援制度（長期派遣）」として日本学生支援機構に移管された後は，日本の大学に在籍していない者でも，所定の条件を満たせば「個人応募」として申請できるようになった。従来の大学を通して申請するものは，「大学とりまとめ応募」とよばれるようになり，現在は2タイプの応募枠が設けられている。なお，本制度は2014年に「海外留学支援制度（長期派遣）」，2015年には「海外留学支援制度（大学院学位取得型）」に名称変更された。

15）当初は，優れた研究に助成をする21世紀COEプログラムの教育版として捉えられ，それになぞらえてCOL（Center of Learning）とよばれていた。2008年度からは，現代GPと合わせて発展的に「質の高い大学教育推進プログラム」（教育GP）へと統合された。

16）この数値目標は，2013年に12万人に変更された。

17）厳しい財政状況にもかかわらず，2012年度の高等教育グローバル化関係予算は，対前年度比で倍増した（義本，2012）。

18）CAMPUS Asia (Collective Action for Mobility Program of University Students in Asia)

19）採択されたプログラムの詳細については，同事業のサイトを参照のこと。

http://www.jsps.go.jp/j-tenkairyoku/kekka.html（2017 年 9 月 30 日閲覧）

20）採択されたプログラムの詳細については，同事業のサイトを参照のこと。
http://www.jsps.go.jp/j-tenkairyoku/h24_kekka_saitaku.html（2017 年 9 月 30 日閲覧）

21）SEAMEO（Southeast Asian Ministers of Education Organization：東南アジア教育大臣機構）は，教育，科学技術，文化を通じ，ASEAN 諸国間の協力を目的として，1965 年に設立された機構。

22）RIHED（Regional Centre Higher Education And Development：高等教育開発地域センター）は，「東南アジア教育大臣機構（SEAMEO）」に設置された高等教育に関する専門機関。SEAMEO 加盟国（ASEAN 加盟 10 ヵ国および東ティモール）における高等教育の研究・連携推進を担う。

23）AIMS プログラム（ASEAN International Mobility for Students Programme）は，SEAMEO 加盟国を枠組みとする ASEAN 統合に向けた政府主導の学部生向け学生交流プログラム。

24）採択されたプログラムの詳細については，同事業のサイトを参照のこと。
http://www.jsps.go.jp/j-tenkairyoku/h25_kekka_saitaku.html（2017 年 9 月 30 日閲覧）

25）採択されたプログラムの詳細については，同事業のサイトを参照のこと。
http://www.jasso.go.jp/ryugaku/tantosha/study_a/short_term_h/__icsFiles/afieldfile/2015/12/17/I_01_h26_ici_ecp_senkou_gaiyou.pdf（2017 年 9 月 30 日閲覧）

26）採択されたプログラムの詳細については，同事業のサイトを参照のこと。
http://www.jsps.go.jp/j-tenkairyoku/h26_kekka_saitaku.html（2017 年 9 月 30 日閲覧）

27）採択されたプログラムの詳細については，同事業のサイトを参照のこと。
http://www.jsps.go.jp/j-tenkairyoku/h27_kekka_saitaku.html（2017 年 9 月 30 日閲覧）

28）採択されたプログラムの詳細については，同事業のサイトを参照のこと。
http://www.jsps.go.jp/j-tenkairyoku/kekka.html（2017 年 9 月 30 日閲覧）

29）採択されたプログラムの詳細については，同事業のサイトを参照のこと。
http://www.jsps.go.jp/j-tenkairyoku/h29_kekka_saitaku.html（2017 年 9 月 30 日閲覧）

30）採択されたプログラムの詳細については，同事業のサイトを参照のこと。
http://www.jsps.go.jp/j-gjinzai/h24_kekka_saitaku.html（2017 年 9 月 30 日閲覧）

31）2016 年卒の大学生は，3 年次の 3 月に企業側の採用広報が解禁，4 年次の 8 月から選考活動が開始となった。2017 年卒からは，3 年次の 3 月に企業側の採用広報が解禁，4 年次の 6 月から選考活動が開始という日程に変更された。

32）この組み替えにあわせて，事業の趣旨も「経済社会の発展に資することを目的

に，グローバルな舞台に積極的に挑戦し世界に飛躍できる人材の育成を図るため，学生のグローバル対応力を徹底的に強化し推進する組織的な教育体制整備の支援を行う」と修正している（日本学術振興会，2017c）。

33) 旧帝国大学7校（東京，京都，北海道，東北，名古屋，大阪，九州）と東京工業大学を合わせた国立8校と有力私立大学3校（慶應義塾，早稲田，立命館）などからなる研究型大学をさす（Yonezawa, 2007）。

34) Brandnburg & de Wit（2011）の議論を参考。また，大学国際化とは人材育成のための大学の整備であるという主張もある（石橋，2012）。

【参考文献】

石橋晶「国際化と学位の質保証」『IDE 現代の高等教育』2012 年 5 月号，2012 年，pp.33-37

井上勝也「留学生―歴史から現代を考える」石附実編『比較・国際教育学』東信堂，1996 年，pp.300-322

江淵一公『大学国際化の研究』玉川大学出版部，1997 年

太田浩「目標設定，行動計画，評価体制」『グローバル社会における大学の国際展開について～日本の大学の国際化を推進するための提言～』（2005～2010 年度文部科学省大学国際戦略本部強化事業〈研究環境国際化の手法開発〉最終報告書）日本学術振興会，2010 年，pp.91-106。http://www.jsps.go.jp/j-bilat/u-kokusen/program_org/finalreport/4-2.pdf（2017 年 9 月 30 日閲覧）

太田浩「大学国際化の動向及び日本の現状と課題：東アジアとの比較から」『メディア教育研究』第 8 巻第 1 号，2011 年，pp.S1-S12。http://www.code.ouj.ac.jp/media/pdf/vol8no1_shotai_1.pdf（2017 年 9 月 30 日閲覧）

太田浩「日本人学生の内向き志向再考」横田雅弘，小林明編『大学の国際化と日本人学生の国際志向性』学文社，2013 年，pp.67-93

岡田昭人「オールジャパンによるグローバル人材育成を目的とした留学制度の構想―大学の国際化を問いなおす―」『ウェブマガジン「留学交流」』2012 年 9 月号，2012 年。http://www.jasso.go.jp/ryugaku/related/kouryu/2012/__icsFiles/afieldfile/2015/11/19/okadaakito.pdf（2017 年 9 月 30 日閲覧）

グローバル人材育成推進会議『グローバル人材育成推進会議　中間まとめ』2011 年。http://www.kantei.go.jp/jp/singi/global/110622chukan_matome.pdf（2017 年 9 月 30 日閲覧）

グローバル人材育成推進会議『グローバル人材育成戦略（グローバル人材育成推進会議　審議まとめ）』2012 年。http://www.kantei.go.jp/jp/singi/global/1206011matome.pdf（2017 年 9 月 30 日閲覧）

総務省『グローバル人材育成の推進に関する政策評価〈結果に基づく勧告〉』2017 年。http://www.soumu.go.jp/menu_news/s-news/107317_00009.html（2017 年 9 月 30 日閲覧）

首相官邸『新成長戦略～「元気な日本復活」のシナリオ～』（2010 年 6 月 18 日閣議決定）2010 年。http://www.kantei.go.jp/jp/sinseichousenryaku/（2017 年 9 月 30 日閲覧）

首相官邸『日本再興戦略―Japan is Back―』（2013 年 6 月 14 日閣議決定）2013 年。http://www.kantei.go.jp/jp/singi/keizaisaisei/（2017 年 9 月 30 日閲覧）

杉村美紀「学生の国際流動」『IDE 現代の高等教育』2012 年 5 月号，2012 年，pp.10-16

大学の世界展開力強化事業プログラム委員会『大学の世界展開力強化事業　事後評価結果の総括』2017 年。http://www.jsps.go.jp/j-tenkairyoku/data/kekka/h23/h28_tenkai_jigo_kekka.pdf（2017 年 9 月 30 日閲覧）

津田幸男『英語支配とは何か―私の国際言語政策論』明石書店，2003 年

寺倉憲一「我が国における留学生受入れ政策―これまでの経緯と『留学生 30 万人』の策定―」『レファレンス』平成 21 年 2 月号，2009 年。http://www.ndl.go.jp/jp/diet/publication/refer/200902_697/069702.pdf（2017 年 9 月 30 日閲覧）

内閣官房・内閣府・外務省・文部科学省・厚生労働省・経済産業省・観光庁『若者の海外留学促進実行計画』文部科学省高等教育局学生・留学生課，2014 年。http://www.mext.go.jp/a_menu/kokusai/tobitate/1347181.htm（2017 年 9 月 30 日閲覧）

中嶋嶺雄「日本人学生の海外留学―その意義と問題点―」『IDE 現代の高等教育』2010 年 12 月号，2010 年，pp.4-13

日本学生支援機構『平成 16 年度「海外留学経験者追跡調査」報告書―海外留学に関するアンケート―』日本学生支援機構留学情報センター，2005 年。http://ryugaku.jasso.go.jp/link/link_statistics/link_statistics_2005/（2017 年 9 月 30 日閲覧）

日本学生支援機構『平成 23 年度「海外留学経験者追跡調査」報告書―海外留学に関するアンケート―』日本学生支援機構留学生事業部留学生事業計画課企画調査室，2012 年。http://ryugaku.jasso.go.jp/link/link_statistics/link_statistics_2012/（2017 年 9 月 30 日閲覧）

日本学生支援機構『留学生交流支援制度（短期派遣）奨学金』日本学生支援機構国際奨学課，2013 年。http://www.jasso.go.jp/scholarship/short_term_h.html（2017 年 9 月 30 日閲覧）

日本学生支援機構『協定等に基づく日本人学生留学状況調査』留学生事業部留学情報課企画調査係，2017 年 a。http://www.jasso.go.jp/about/statistics/intl_student_s/index.html（2017 年 12 月 28 日閲覧）

日本学生支援機構『平成 28 年度協定等に基づく日本人学生留学状況調査結果』日本学生支援機構留学生事業部留学情報課企画調査係，2017 年 b。http://www.jasso.go.jp/about/statistics/intl_student_s/2017/__icsFiles/afieldfile/2017/12/22/short_term16.pdf（2017 年 12 月 28 日閲覧）

日本学生支援機構『外国政府等の奨学金』日本学生支援機構留学生事業部留学情報

課，2017 年 c。http://ryugaku.jasso.go.jp/scholarship/scholarship_foreign/

日本学術振興会『グローバル人材育成推進事業』日本学術振興会人材育成事業部大学連携課，2017 年 a。http://www.jsps.go.jp/j-gjinzai/index.html（2017 年 9 月 30 日閲覧）

日本学術振興会『大学の世界展開力強化事業』日本学術振興会人材育成事業部大学連携課，2017 年 b。http://www.jsps.go.jp/j-tenkairyoku/index.html（2017 年 9 月 30 日閲覧）

日本学術振興会『経済社会の発展を牽引するグローバル人材育成支援』日本学術振興会人材育成事業部大学連携課，2017 年 c。http://www.jsps.go.jp/j-gjinzai/index.html（2017 年 9 月 30 日閲覧）

日本学術振興会『スーパーグローバル大学創成支援』日本学術振興会人材育成事業部大学連携課，2017 年 d。http://www.jsps.go.jp/j-sgu/index.html（2017 年 9 月 30 日閲覧）

船津秀樹「海外留学の動機作り―ブリッジ・プログラムの重要性―」『ウェブマガジン「留学交流」』2012 年 5 月号，2012 年。http://www.jasso.go.jp/ryugaku/related/kouryu/2012/__icsFiles/afieldfile/2015/11/19/funatsuhideki.pdf（2017 年 9 月 30 日閲覧）

文部省「知的国際貢献の発展と新たな留学生政策の展開を目指して―ポスト 2000 年の留学生政策―」留学生政策懇談会報告，1999 年。http://www.mext.go.jp/b_menu/shingi/chousa/koutou/015/toushin/990301.htm

文部科学省『日本人の海外留学状況』2017 年 a。http://www.mext.go.jp/a_menu/kaitou/ryugaku/__icsFiles/afieldfile/2017/12/27/1345878_02.pdf（2017 年 12 月 28 日閲覧）

文部科学省『平成 29 年度予算（案）主要事項』2017 年 b。http://www.mext.go.jp/component/b_menu/other/__icsFiles/afieldfile/2017/01/12/1381131_02_ 1 .pdf

文部科学省官民協働海外留学創出プロジェクト『トビタテ！留学 JAPAN　日本代表プログラム　第 8 期募集説明会 』2017 年。https://mext.s3.amazonaws.com/2017/06/(7)%E7%AC%AC8%E6%9C%9F%E5%8B%9F%E9%9B%86%E8%AA%AC%E6%98%8E%E8%B3%87%E6%96%99%EF%BC%88HP%E6%8E%B2%E8%BC%89%E7%94%A8%EF%BC%89.pdf（2017 年 9 月 30 日閲覧）

文部科学省高等教育局学生支援課『我が国の留学生制度の概要―受入れ及び派遣』文部科学省高等教育局学生支援課，2009 年。http://www.mext.go.jp/component/a_menu/education/detail/__icsFiles/afieldfile/2010/01/13/1288626_4.pdf（2017 年 9 月 30 日閲覧）

山口茂「海外留学の実態と政策」『IDE 現代の高等教育』2010 年 12 月号，2010 年，pp.48-53

山下浩二郎「大学の国際的開放度」『IDE 現代の高等教育』2012 年 5 月号，2012 年，pp.37-42

横田雅弘（研究代表者）『年間を通じた外国人学生受入れの実態調査』平成 19 年度
　文部科学省先導的大学改革推進委託事業報告書，一橋大学，2008 年。http://
　www.mext.go.jp/a_menu/koutou/itaku/08090305/__icsFiles/afieldfi
　le/2015/06/22/1257663_001.pdf（2017 年 9 月 30 日閲覧）

横田雅弘「学生交流の国際的動向」『IDE 現代の高等教育』2012 年 5 月号，2012
　年，pp.17-21

横田雅弘・白土悟『留学生アドバイジング』ナカニシヤ出版，2004 年

義本博司「グローバル化政策の 10 年」『IDE 現代の高等教育』2012 年 5 月号，
　2012 年，pp.53-60

Böhm, A., Meares, D., Pearce, D., Follari, M. & Hewett, A. (2003). *Global student mobility 2025 : Analysis of global competition and market share*. Canberra: IDP Education Australia.

Brandnburg, U. & de Wit, H. (2011). The end of internationalization. *International Higher Education,* 62, 15-17.

IIE Open Doors. (2017). *Open doors fact sheet : Japan 2017.* https://p.widencdn. net/12xy7n/Open-Doors-2017-Country-Sheets-Japan（2017 年 12 月 28 日閲覧）

Kudo, K. & Hashimoto, H. (2011). Internationalization of Japanese universities: The current status and future directions. In S. Marginson, S. Kaur, & E. Sawir (Eds.), *Higher education in the Asia-Pacific : Strategic responses to globalization* (343-359). Dordrecht: Springer.

OECD (2017). *Education at a glance 2017 : OECD indicators*. OECD Publishing, Paris: Organisation for Economic Co-operation and Development. http://www. oecd-ilibrary.org/education/education-at-a-glance-2017_eag-2017-en（2017 年 12 月 28 日閲覧）

Yonezawa, A. (2007). Japanese flagship universities at a crossroads. *Higher Education,* 54, 483-499.

留学のインパクトに関する国内外の研究概要

■ 新見　有紀子

　留学のインパクトに関するこれまでの研究や調査は，欧米においては2000年代から数多く行われてきていた一方，日本では大変限られていた。本章では，これまでに明らかになっている留学の多様なインパクトについて，既存の研究や調査の結果から多面的に把握するとともに，今後取り組むべき研究課題について明らかにすることを目的とした。本章ではまず，欧米における研究や調査のなかでも，特に対象の規模が大きく，留学経験の有無または留学期間別での比較分析を行っているものについて，留学のインパクトの主要なカテゴリーとなる(1)異文化間能力・外国語運用能力，(2)学業，(3)社会性・人としての成長，(4)キャリア・エンプロイアビリティ（雇用され得る能力）[1]，(5)社会貢献の5つの領域ごとに概観する。その上で，日本国内においてこれまでに行われた限られた先行調査にも言及し，最後に今後の課題について述べる。

1．異文化間能力・外国語運用能力

　留学のインパクトについての先行文献のなかでは，異文化間能力（クロスカルチュラル・コンピテンス）や，外国語運用能力の伸長について取り扱った研究が特に数多く行われている。異文化間能力は単一の定義が存在しない複雑な概念であるが，ここでは，異文化に関連したさまざまな態度，スキル，知識全般を指すこととしたい。本書の第3章では，異文化間能力のなかでも異文化適応力に特化したものに焦点を当てて議論を行っており，以下に述べる文献と一部重複するものも含まれている[2]。また，異文化間能力のなかでも，多層的市民性

に関連する知識の獲得や，意識の変化に関する文献は，本書の第10章においても言及されているので，それぞれの章についてもご参照頂きたい。

　まず，異文化間能力や外国語運用能力に関する先行文献のうち，特に大規模なものとして，ジョージタウン・コンソーシアム・プロジェクト（Georgetown Consortium Project）（Vande Berg, Connor-Linton & Paige, 2009）がある。この調査では，アメリカ国内の190の大学における，8週間から26週間（1年間）の留学経験者1,159名と，留学をせずアメリカ国内で大学生活を送っていた138名に対して，インターカルチュラル・ディベロプメント・インベントリー（Intercultural Development Inventory; IDI）という異文化感受性を測定するアセスメント・ツールに加え，シミュレーティド・オーラル・プロフィシエンシー・インタビュー（The Simulated Oral Proficiency Interview; SOPI）という外国語運用能力に関するテストを留学期間の前後に課し，スコアの変化について分析を行った。その結果，留学経験者の方が留学未経験者よりも異文化感受性と外国語会話能力の両方のスコアが向上していたことが確認された。同調査では，外国語運用能力については，1年間と1セメスター間の留学を比較すると，留学期間が長いほどスコアが向上していた。一方，異文化感受性は，13〜18週間というおおよそ1セメスター間の留学への参加者の方が，それ以上の期間（19〜26週）の留学経験者と比較しても向上しており，留学期間とその伸びが比例してはいなかった。

　留学期間と外国語運用能力や異文化間能力の伸びについて論じた別の調査として，Engle & Engle（2004）では，アメリカの大学からフランスの大学に1年間または1セメスター間留学した学生に対して，上述のIDIに加え，フランス語の語学能力テストであるTEFを実施した。その結果，TEFのスコアについては，1セメスター間の留学経験者257名が，留学前と比べて37％上昇していたのに対し，1年間留学した学生32名は同スコアに45％の上昇がみられた。1セメスター間よりも，1年間の留学経験者のほうが，外国語運用能力が向上するという結果は，先に述べたジョージタウン・コンソーシアム・プロジェクトとの結果と共通していた。

　他方，留学期間と異文化間能力の伸びの関係については，複数の先行研究の結果は一致していない。Engle・Engle（2004）の調査では，187 名に実施したIDI のスコアについて，1 セメスター間の留学経験者は 36％上昇していたが，1 年間の留学経験者は 2 セメスター目終了時では 40％まで伸びていたことが明らかになった。これは 1 セメスター間の留学が一番伸びていたというジョージタウン・コンソーシアム・プロジェクトの調査とは異なっている。また，留学プログラムを提供しているアメリカの非営利団体である IES において，Dwyer（2004）は，1950 年から 1999 年の 50 年間に，当該団体が提供する留学プログラムに参加した者に対して，2002 年に独自の調査票をもとに留学のインパクトについての調査を行ない，3,723 名から回答をえた。その結果，異文化関連の項目（留学先の人びととのコンタクトの継続，文化や言語についての興味，自身の文化的価値観や偏見の理解など）は，1 年間留学した者の方が，1 セメスター間または数週間留学した者よりも自己評価が高いという結果となった。以上の複数の調査結果を総合的にみると，留学期間の長さと異文化感受性の伸びは必ずしも比例しているわけではないといえ，さらなる検証が求められる。

　さらに，異文化間能力の先行研究では，留学後にわたるインパクトの経年変化を検証した調査がある。Rexeisen（2012）は，アメリカの大学からイギリスに 1 学期間留学した 139 名の学部生に対して，留学開始 4 ヵ月前，留学終了 1 週間前，留学終了後 4 ヵ月経過時点で IDI を課し，そのスコアの変化を分析した。その結果，異文化感受性のスコアは，留学前に比べて，留学終了 1 週間前の時点で大きく向上したが，留学帰国後 4 ヵ月経過した時点では低下していた。Rexeisen はこの結果を留学の「ブーメラン効果」とよび，留学後に教育または介入の機会などがない限り，留学でえられたインパクトが持続しない可能性があるという課題を提起した。Rexeisen は，留学帰国後に留学効果としてえられた異文化間感受性が低下する時期や介入策について，今後研究が必要であると述べている。

　Douglas & Jones-Rikkers（2001）は，留学先国別でのインパクトの違いについての分析を行っている。アメリカの中西部の州立大学から，大学提供の留学

プログラムによってイギリス（29名），ドイツ（9名），中国（8名），コスタリカ（13名）のいずれかに留学した学部2〜4年生と，海外旅行の経験のない学生（対照群）（61名）の計120名に対して，Sampson & Smith（1957）のワールドマインディドネス（Worldmindedness）スケールを用いて回答を比較したところ，留学プログラムへの参加者は，海外旅行未経験者よりワールドマインディドネスのスコアが高かったことが確認された。そして，ホフステードの主張に基づく文化の差が著しいとされるイギリスとコスタリカへの留学経験者のスコア間に統計的に有意な差がみられた。この結果から，ワールドマインディドネスの伸長には，自国と留学先の文化の違いの程度によって差が出るということが示唆されている。

　これらの先行研究の結果から，留学経験は，国内での経験と比較して，異文化間能力や外国語運用能力の向上に有益であるといえる。留学中は，異文化や外国語に触れる機会が増えるため，それに関連した能力が伸びるという結果はある意味当然であるといえるが，欧米ではさまざまな先行研究においてその効果が裏付けられている。ただし，留学期間の長短や留学先国別によるインパクトの違い，また留学後に留学でえられた能力が経年的にどのように変化するのかなどについては，さらなる調査による知見の蓄積が必要である。

2. 学　　業

　留学先で学術分野の知識をえることや，留学先で勉学に励むことで学習意欲が向上することなどを含む，学業面における留学のインパクトについても，欧米で研究が行われてきた。このような学業面における留学のインパクトは，大学の授業における試験の結果，GPAを含む成績，卒業率などという形で議論されていることが多い。

　学業面に関する留学のインパクトを探究した大規模な調査としては，アメリカのジョージア州立大学システムにおけるグロッサリー（GLOSSARI; Georgia Learning Outcomes of Students Studying Abroad Research Initiative）とよばれるプロジェクトがある（O'Rear, Sutton & Rubin, 2012; Sutton, D. & Rubin, D. 2004 など）。

この調査では，留学経験者と未経験者について，学業成績と卒業率の比較分析が行われている。ジョージア州立大学の 19,109 名の留学経験者と，17,903 名の留学未経験者について，大学の入学時の SAT 試験のスコアの段階ごとに，留学前後の成績（GPA）を比較したところ，留学経験者の方が，留学後から卒業までの GPA が高い傾向にあることがわかった。特に，入学時の SAT 試験のスコアが低かった層の学生の間でこのスコアの上昇率が高かった。また，大学の卒業率についても，留学経験者の方が高かった。この結果から，留学経験は成績や卒業率の向上，また，留学経験者の学習意欲を高める上で肯定的な影響を持ち得ることが示された。同研究プロジェクトについては，学業面でのインパクト以外にも，本書の第 10 章の議論と関連の深い世界的相互依存に関する知識（Knowledge of Global Interdependence）や，文化相対主義に関する知識（Knowledge of Cultural Relativism）について，留学経験者の方が有意に高いという結果も報告されている。

　また，学業面での留学のインパクトに関する先行文献のなかには，成績や卒業率といった総合的な評価に加えて，特定の分野（たとえば，教育，ビジネススクール，看護など）における知識，意欲，スキル面での専門性の向上を探求した調査も存在する。先行文献のひとつとして，Zorn（1996）は，看護学部に所属する 27 名の留学経験者に対して，看護士としての専門性の向上に関する項目についてサーベイ調査を行った。さらに，留学期間の違いによって，2～4 週間，3 ヵ月，16 週間・1 セメスターで回答を比較した。その結果，長期の留学プログラムに参加した学生の方が，すべての項目において，留学経験を高く自己評価していた。ただしこの調査では，留学終了時からの経過時間が長くなるほど，自らの専門性の向上に関する自己評価が低くなっていたことから，留学から時間が経過すると，留学の効果が弱まってしまうというブーメラン効果がみられた。

　学業面における留学のインパクトについては，先行研究の数自体が限られているものの，留学経験は成績や卒業率，学習意欲の向上，また専門分野の知識や技術の習得にも有益であることがこれまでの研究の結果から示されている。

留学のインパクトとして，先に述べた異文化間能力や外国語運用能力の向上と比較すると，学業に対するモチベーションの向上や特定の分野の学びを促進するという効果は必ずしもこれまで強調されてきたとはいえないため，今後は学業面での効果をえるという目的で，さらに留学を活用していくことを検討する余地があるのではないだろうか。

3．社会性・人としての成長

　留学経験は，個人の社会性や，自立心，成熟度合い，自信，自己肯定感などを含む，人としての成長にも影響を与うることも議論されている。留学のインパクトとして社会性の向上や人としての成長について探求した調査は，外国語運用能力や異文化間能力など，その他の領域のインパクトと併せてその効果を検証しているものが多い。

　留学が社会性・人としての成長に与えるインパクトについての先行文献として，Potts（2015）がオーストラリアの海外留学経験者に対して行った調査では，「人としての成熟・成長（maturity and personal development）」が留学で学んだこととして「とても意義があった」とする回答が94.2%に達していた。これは，同調査でキャリアに関するインパクトが「とても意義があった」とする60％台だったのと比較して高かった。また，Marcotte, Claude, Desroches, Jocelyn, Poupart & Isabelle（2007）によるビジネススクールの学生に対して行われた留学のインパクトに関する調査では，因子分析の結果，個人としての成長（自信，自立性，自発性，コミュニケーション能力）が，留学のインパクトをもっともよく説明する因子として，全体の36.8%を占めた。文化的な面での成長（文化的なオープン性，感受性）の32.7%，キャリア発達の10.3%と比較しても高かった。さらに，Chieffo & Griffiths（2004）も，5週間の短期留学経験者に対する調査結果から，留学経験者は未経験者よりも個人の成長と発達についての自己評価が高かったと報告している。

　また，大学生の社会性や人としての成長に関連した概念として，Baxter-Magoldaによるセルフ・オーサーシップ（自らの信念，アイデンティティ，社会関

係を定義できる内面能力）を参照した先行文献もある。Braskamp・Braskamp・Merrill（2009）は，大学生の成長に関するセルフ・オーサーシップの概念に基づいて設計された Global Perspective Inventory（GPI）というアセスメント・ツールを用いて，アメリカの5大学の計245名に対し，1学期間の留学の前後でのスコアの比較を行った。その結果，ほぼすべてのスケールにおいて，留学後の方が高く，統計的に有意な差が認められた。また，Doyle（2009）もGPIとインタビューを用いて留学の効果について検証したところ，留学後のGPIのスコアが，留学前よりも高かったことから，留学は大学生のセルフ・オーサーシップの発達に肯定的に影響を与えることが確認された。

　以上のような先行文献の結果は，留学経験が社会性の向上や，人としての成長に肯定的な影響を与えることを示している。自国の慣れた環境を飛び出し，異国で勉学に励む中で自己が鍛えられ，内面的に成熟し人として一回り成長できるということは，留学の期待される効果としてよく語られているが，これらの調査からそれが実証的に裏付けられた。さらに，個人の社会性や人としての成長は，留学のインパクトの他の側面と比較して，留学した個人がその効果を大きく認識する側面であり，留学の主要なインパクトであるといえる。

4．キャリア・エンプロイアビリティ（雇用され得る能力）

　留学経験が，その後のキャリアやエンプロイアビリティに与える影響を探求した調査は，近年，欧州を中心に実施されてきた。留学のキャリアやエンプロイアビリティにおけるインパクトについては，留学後に仕事に実際に就いた経験を踏まえることなく分析をすることはできないため，留学の中・長期的なインパクトとして論じられることが多い。

　まず，留学のキャリア上のインパクトに関して，留学経験者が就く業務の特徴に言及したい。第4章にも触れられている欧州における先行研究プロジェクトである CHEERS（Careers after Higher Education: A European Research Study Higher Education and Graduate Employment in Europe: 高等教育後の雇用状況に関する調査）のデータを用いた出版物のひとつにおいて，Teichler & Jahr（2001）

は，欧州 11 ヵ国と日本の大学の卒業生の合計約 36,000 人について，卒業後 4 年後の時点での就職および進路状況を大学在籍時の留学経験の有無によって比較した。その結果，留学経験者の方が大学卒業後に国際的な業務に従事している，海外勤務経験があると回答した者の割合が高かった。また，CHEERS の後継プロジェクトである REFLEX（Research into Employment and professional FLEXibility：知識社会における柔軟な雇用形態）でも同様の傾向が確認された（Allen & van der Velden, 2007; Teichler, 2007）。さらに，Wiers-Jenssen（2008）は，ノルウェー国内の大学で学位を取得した 1,386 名とノルウェー国外の大学で学位を取得した 914 名について，学位取得後のキャリアに関する比較をしたところ，留学経験者は未経験者よりも，仕事上での外国語の使用，外国人とのやり取り，海外出張や海外勤務の頻度が高いことがわかった。これらの欧州における比較調査から，留学経験は，その後の国際的な仕事上への関与や，担当業務を広げることにつながることがみて取れる。

　欧米における先行研究では，留学経験がその後のエンプロイアビリティに与える影響についての調査も行われている。Di Pietro（2013）は，留学経験者と未経験者を含む，イタリアの高等教育機関の卒業生 33,015 名のデータを用いて，留学経験はエンプロイアビリティを 23.7％上昇させることを統計的なモデルによって示した。Franklin（2010）による，アメリカの大学在学中に留学を経験した卒業生 52 名に対する調査結果でも，回答者の 73％が，留学経験が自分自身の市場価値を高めたと認識したと回答し，また，自分の言語能力や異文化コミュニケーション能力などが就職活動で評価されたとコメントを残している。これらの調査では，留学を通じて留学経験者の汎用的なスキルが伸びたことを雇用者が採用活動で考慮していると考えられるとしている。

　さらにアメリカにおいては，Institute of International Education の Farrugia & Sanger（2017）によって，留学経験者 4,500 人に対するサーベイと 30 名のフォローアップインタビュー調査が行われ，留学経験のキャリア面におけるインパクトが留学期間の長短との関連で探求された。それによると，留学経験は，仕事上で必要とされる 21 世紀型スキル（異文化間能力，探究心，柔軟性と適

応力，自信，自己理解，対人能力，コミュニケーションスキル，問題解決能力，外国語運用能力，不確実性への対処，学術面における知識）の向上に特に概ね肯定的な影響があり，キャリアの可能性を広げ，長期的なキャリアの発達と昇進に影響があったことなどが述べられている。さらに，この調査では，長期（1年間）の留学経験者の方が，短期（8週間以内）の留学経験者よりも，留学経験が留学後に仕事をえる上で役に立ったと認識し，さらに雇用者に評価される21世紀型スキルのほとんどの要素において，より大きく向上したと認識していた。この調査から，長期留学の方が仕事面における留学のインパクトを享受できる傾向が示唆されている。

　さらに，留学がエンプロイアビリティを高めるかについて，経年的に調査を行った例として，欧州において1988年，1994年，2000年のいずれかにエラスムス奨学金を受給し，1年間留学した者に対して，帰国後5年の時点で調査を実施した回答を比較したものがある。その結果，「留学経験が卒業後最初の仕事をえることに役立った」と肯定的に回答した者は，それぞれ71％，66％，54％に達し，中立または否定的な回答を上回った（Janson, Schomburg & Teichler, 2009）。しかし，その割合は年を追うごとに減少していたことから，著者らは，欧州では近年留学経験をもつ者が増え，留学経験が当たり前となってきており，留学の有無によるエンプロイアビリティへのインパクトが弱くなってきているのではないかと指摘している。

　他方，留学経験が収入の上昇に与える影響については，欧州における同調査で「現在の収入レベルについて」の質問項目で，それぞれ25％，22％，16％が肯定的な回答をしており，上述のエンプロイアビリティに関するインパクトと比べて低かった。Schmidt & Pardo（2012）によるアメリカでの調査においても，留学経験者の仕事に対する満足度は高い一方で，必ずしも留学経験が収入の向上に関連があるわけではないと報告されていた。Franklin（2010）は，アメリカの調査において，留学経験者の方が未経験者よりも収入レベルが高いという結果を引用しているが，その差は留学経験のみによる影響であると結論付けることはできないとし，留学経験者と未経験者で，同大学で同年の卒業生

と比較することが必要であると述べている。留学経験はエンプロイアビリティ
や，長期的にみた場合に仕事上での高い役職をえることには肯定的な関連性が
みられるものの，収入の上昇に与える影響は限定的であると認識されている。
留学経験が収入に与える影響は限られているとみられる一方，エラスムス・イ
ンパクト・スタディ（ERASMUS IMPACT STUDY）においては，大学卒業から
10年後の時点では留学経験者の方が留学未経験者よりも管理職についている
者の割合が20％高かったということが明らかになっており（European
Commission, 2014），留学経験と高い役職に関連があることが示されている。留
学経験と収入や役職の関係については，今後さらなる調査が必要であろう。

　以上の先行文献から留学経験者は，より国際的な業務や幅の広い仕事を担当
する傾向があるという，キャリア上のインパクトが確認された。そして，長期
での留学の方がキャリア上でのインパクトを実感しやすい傾向にあることもわ
かった。さらに留学経験は，エンプロイアビリティを高めるのに役立つという
調査結果も共通していた。ただし，欧州においてはエンプロイアビリティへの
肯定的なインパクトは時代とともに小さくなってきていたこと，さらに，留学
経験は必ずしも収入の向上に肯定的なインパクトをもたらすとは認識されてい
ないということも明らかになっている。学生にとって，その後の就職やキャリ
アは大きな関心事であり，留学が個人のキャリアに与える影響については今後
も知見の蓄積が求められるといえる。

5．社会貢献

　ここまで述べてきたように，留学経験のインパクトに関する調査の多くは，
留学経験者個人への影響に焦点を当てていた。しかし，留学がより一般的にな
り，国際教育分野に公的な資金が費やされる場面が出てきたことを背景に，留
学経験が留学した個人の変化を超え，地域社会や世界全体に与える波及的なイ
ンパクトにも注目が集まっている。以下では，留学を通じた社会貢献や環境へ
の配慮に関連する意識や知識の向上について述べた先行文献に言及する。ま
た，本書の第10章にある多層的市民意識の形成についての議論のなかでも関

連の先行文献が言及されているのでご参照頂きたい。

　留学が社会貢献に与えるインパクトに関するパイオニア的な先行文献とし
て，アメリカのミネソタ大学の研究者を中心に行われたSAGE（Study Abroad
for Global Engagement：グローバル・エンゲージメント（国際社会参画）に関して留学
が与える長期的インパクト）とよばれる研究プロジェクトがある（Paige, Fry,
Stallman, Josic, & Jon, 2009 など）。本書の第4章でも言及しているが，SAGE の
研究者のなかには，本研究の海外協力者として関わっている者も含まれてお
り，本研究とも関連がある。SAGE では，本書の第10章の内容とも関連の深
い「グローバル・エンゲージメント」という概念を用いて，留学経験が留学経
験者の社会貢献に関する意識や行動に与える影響について探求し，留学が社会
全体へ与える波及効果について検討した。SAGE では1960年から2005年まで
の約50年間にアメリカから海外へ留学した6,391名に対し，2007から2008
年に質問票調査が実施され，さらにその回答者中63名に対して，フォローア
ップのインタビュー調査および複数のケーススタディが実施されている。
SAGE では，「市民社会参画（Civic Engagement）」「慈善事業（Philanthropy）」
「知識創造（Knowledge Production）」「社会起業（Social entrepreneurship）」「自発
的で簡素な生活（Voluntary Simplicity）」という5つの国際社会参画の側面と，
教育・職業の状況について調査項目とした。調査の結果，留学経験は社会貢献
に関する意識や態度に肯定的なインパクトをもたらすこと，なかでも，「自発
的で簡素な生活」の変化が顕著であったことが明らかになった。さらに，
Murphy, Sahakyan, Yong-Yi & Magnan（2014）は，前述のSAGE で留学未経
験者との比較分析が欠如していたことから，SAGE と同様のグローバル・エン
ゲージメントについての5領域におけるインパクトについて，留学経験者270
名と留学未経験者1,013名に対して質問紙調査を実施した。その結果，留学経
験者の方が未経験者よりも，「市民社会参画」および「自発的で簡素な生活」
に関する項目でのインパクトが特に高く認識されていたことがわかった。

　社会貢献に関連して，留学がグローバル・シチズンシップの育成に与える影
響について焦点を当てた調査も存在する。Tarrant, Rubin & Stoner（2014）

は，グローバル・シチズンシップに関する3つの意識変化の尺度として
Environmental Citizenship（環境に関する市民性），Support for Public
Environmental Policies（公共的環境政策への支援），Ecologically Conscious
Consumer Behavior（環境に配慮した消費者行動）を用いて短期留学経験のグロ
ーバル・シチズンシップの育成に与える効果について検証した。この調査で
は，留学の有無および環境の持続可能性に関する授業の受講の有無によって，
調査対象の学生グループを4つ設定し，それぞれに対してプレ・ポストテスト
を実施した。その結果，「環境に関する市民性」に関する尺度と，「環境に配慮
した消費者行動」に関する尺度については，留学中に環境に関する授業を受講
した学生のグループが，他のグループに比べて統計的に有意なスコアの上昇を
示した。この結果から，グローバル・シチズンシップとしての素養は，必ずし
も留学をするだけによって培われるわけではなく，留学経験と環境問題に関す
る授業を履修するという教育的介入の組み合わせが有効であることが示唆され
た。Tarrant らは，留学という機会を通じたグローバル市民としての素養を効
果的に向上させるために，環境の持続可能性に関する授業の履修を留学プログ
ラムに組み込むことや，ファシリテーターとしての教員の研修に力を入れるこ
とが重要であると主張している。本書の第10章にも言及があるが，グローバ
ル・シチズンシップとは対照的に，留学が地域的な市民意識を高め，ヨーロッ
パ人としてのアイデンティティが高まったとする調査結果も報告されている
（King, R. and Ruiz-Gelices, E. 2003）。

　留学の個人への影響を超えた波及効果に関連して，環境問題への意識の高ま
りに焦点を当てた先行事例もある。Rexeisen（2013）は，ニュー・エンバイロ
メンタル・パラダイム（The New Environmental Paradigm; NEP）（Dunlap 他，
1978）というアセスメント・ツールを用いて，環境に関する意識の変化を検証
した。研究対象者は，イギリスの大学に1学期間留学をしたアメリカの某大学
の学生86名であり，アセスメントは留学前，留学終了時，留学後4週間の時
点で行われた。調査の結果，学生は，全般的に留学を通じて環境に関する意識
の高まりが促進され，留学後も高まった環境問題への意識が維持されていたこ

とが確認された。ただし，環境に関する要因のひとつのサブスケールのスコア
は留学後に低下していた。さらに，別のスケールのスコアについては，留学直
後に上昇したが，4 ヵ月後の測定では留学前のレベルに戻っていた。上述の異
文化間能力のなかで述べた Rexeisen（2012）による「留学のブーメラン効果」
が，環境に対する意識へのインパクトの側面においても共通して確認されたと
いえる。ただし，環境問題への配慮を含む，留学帰国後におけるインパクトの
変化については，さらなる研究が必要であるとしている。

　これらの結果から，留学は社会貢献意識の高まりや社会貢献活動への参加に
も影響を与えることが示され，留学経験は個人へのインパクトを超えて，留学
経験者の周囲の社会，ひいては世界レベルに肯定的な影響を与えることが示唆
された。ただし，留学を通じて社会貢献意識の高まりや，社会貢献活動に参加
する頻度を向上させ，そのインパクトを維持するためには，留学中・帰国後に
社会貢献に関する授業を行うなどの教育的介入が必要であるとの指摘がなされ
ており，そのような効果的な教育的介入の方法とインパクトについても，今後
さらなる調査が求められる。

6．日本国内における留学のインパクトに関する先行文献

　以上，欧米で行われている留学のインパクトに関する先行文献を領域ごとに
概観してきたが，日本における留学のインパクトに関する大規模な調査は限ら
れている。その限られた先行文献のなかで主要なものとして，日本学生支援機
構は，海外留学経験者に対する追跡調査を行い，その結果を 2005 年と 2012 年
に発表している。2012 年の追跡調査では，過去 15 年以内の留学経験者 1,506
人に対して，自己評価に基づく質問紙調査を行った（日本学生支援機構，2012）。
この調査では，留学経験者が留学の結果としてえられたものの上位に，視野の
広がり，語学力，異文化・国際感覚，友人，価値観・考え方の変化などがあげ
られていた。さらに，この調査では，留学期間別，留学先の学校種別，留学形
態別による回答の相違が比較可能となっている。語学力，コミュニケーション
能力，友人を留学の結果としてえられたと回答した割合については，3 ヵ月未

満の留学経験者が，３ヵ月以上の留学経験者よりも特に低くなっており，短い期間の留学では，語学力，コミュニケーション能力，友人をえることには限界があることが示されている。その一方，視野の広がり，異文化・国際感覚，価値観・考え方については，留学期間の長さにかかわらずインパクトが実感されていた。また，同調査によると，キャリア・エンプロイアビリティに関連して，留学経験者の半数以上が，留学経験が現在の仕事に役立っていると回答していた。

　また，野水・新田（2014）は，日本学生支援機構による留学生交流支援制度を利用した１年以内の留学の効果について，自己評価に基づく質問紙調査を行っている。この調査では，学業関連，語学関連，異文化理解関連，進学・就職関連，その他の質問項目群が設定された。その結果，概ね語学面と異文化理解面に関する項目について，他の側面（学業関連，進学・就職関連，その他）よりも，留学経験の効果がみられたと回答した者の割合が高かった。またこの調査では，留学期間が３ヵ月未満のプログラムと３ヵ月以上１年未満のプログラム参加者の回答の比較も行っている。すべての項目について，３ヵ月以上１年未満の留学経験者の方が，３ヵ月未満の留学経験者よりも留学の効果があったと回答した割合が高かった。ただし，３ヵ月未満の留学でも，語学学習への意欲や異文化理解関連のインパクト（例：外国語で発言する勇気や慣れ，語学の勉強へのモチベーションの向上，異文化コミュニケーション力の向上，生活習慣や文化の違いを肌で実感など）の項目については，回答者の８割以上が留学の効果を実感したと回答していた。他方，学業関連，進学・就職関連のインパクトについては，語学学習への意欲や異文化理解関連のインパクトよりも低く，特に３ヵ月未満の留学経験者の低さが際立っていた。このことから，日本人の比較的短期の留学のインパクトとしては，外国語使用への慣れや言語学習への意欲，また，異文化間能力において，本人がその伸びを認識している場合がある一方，学業面やキャリア面での効果についての認識は限定的であるといえる。

　さらに日本人の留学がキャリア面に与える影響については，海外留学経験者向けの就職情報やイベントを開催する株式会社ディスコによる「海外留学生の

キャリア意識と就職活動状況」において，留学経験者の留学後現在の英語力の自己評価は留学未経験者よりも総じて高いことが報告されている。また，留学をしたことのメリットとして，語学力の向上，異文化対応力の向上などが特に高い割合で実感されており，また，異文化対応力や語学力を企業に評価してもらいたいと回答した割合が他の項目に比べ高くなっていた。しかし，この調査は，これから就職活動を行う日本人学生に対して実施されたため，実際に仕事に就いた経験を元に留学の効果を回答しているわけではなく，キャリア上のインパクトを明らかにするために，さらに詳細な調査が求められる。

　以上に述べた日本における先行調査における課題として，先行研究自体の数が限られていることに加え，現存の大規模な調査においては，質問項目が広く浅いものに止まっており，特にキャリアやエンプロイアビリティ，社会貢献に関連する質問項目は限られていることがあげられる。多くの日本の大学生や大学院生は，自らの進路について高い関心をもっていることから，今後，特に海外留学のキャリア面におけるインパクトについて，日本の文脈でさらに理解を深め，留学の意義や課題を明らかにする必要がある。また，留学経験は，留学した個人に裨益するという視点が根強いなか，海外留学の社会貢献面におけるインパクトについて，日本という文脈においても今後調査を行うことが重要であろう。

まとめ・今後の課題

　本章では，留学のインパクトに関する主要な先行文献をその領域ごとに概観した。まず，欧米における調査から，海外留学は，異文化間能力・外国語運用能力，学業面，社会性・人としての成長，キャリア・エンプロイアビリティ，社会貢献についてそれぞれ肯定的な影響を与えることが示された。ただし，留学期間別，留学先国別のインパクトの違いや，インパクトの経年変化，留学効果の獲得・維持のための教育的介入について，さらなる検証が求められている。

　日本国内においては，留学のインパクトに関する大規模な調査自体が限られ

ているものの，留学経験者がさまざまな側面についてインパクトを実感していることが明らかになっている。ただし，キャリアやエンプロイアビリティについてのインパクトや，個人へのインパクトを超えた社会への波及的効果についての調査，また留学経験者と未経験者の回答を比較した留学のインパクトに関する包括的な調査は行われていなかったため，そのような調査が実施されることが望まれる。また，日本からの海外留学は，学位取得を目的とした留学と，日本国内の大学に所属しながらの交換留学・短期留学という形態が混在しているため，交換留学や短期留学がほぼ全体を占めるアメリカや，域内の流動性が高い欧州と比較すると状況が異なるため，留学のインパクトも異なることが予想される。また，グローバル化のなか，特に長期での日本人の留学者数が伸び悩んでいる傾向についても欧米とは異なっている。そのため，欧米の先行事例と対比させながら，日本人を対象としたより詳細な調査を行なうことが重要である。

　本書では，これまで調査が欠けていた，日本人の留学経験者と留学未経験者との比較を交えながら，留学の多様なインパクトを明らかにするための大規模な調査の結果が報告されている。これにより，日本人の留学経験がもたらし得るさまざまなインパクトについての理解が深まり，日本人の海外留学促進に向けた新たな知見がもたらされることが期待される。

【注】
1）本書では，「エンプロイアビリティ」を「雇用され得る能力」と訳しているが，「雇用され得る可能性（雇用可能性）」，「雇用の獲得可能性」，「雇用される機会」を意味する場合もある。
2）クロスカルチュラル・コンピテンスについて，本章では「異文化間能力」と訳したが，第3章では，クロスカルチュラル・コンピテンスのなかでも適応力に特化したものに焦点を当てているため，「異文化適応力」と訳すことにした。

【参考文献】
ディスコ「海外留学生のキャリア意識と就職活動状況」2016年。http://www.disc.co.jp/uploads/2016/04/cfn201604.pdf（2018年1月10日閲覧）
日本学生支援機構『平成23年度「海外留学経験者追跡調査」報告書：海外留学に

関するアンケート』2012 年。http://ryugaku.jasso.go.jp/link/link_statistics/link_statistics_2012/（2018 年 1 月 10 日閲覧）

野水勉・新田功「海外留学することの意義：平成 23・24 年度留学生交流支援制度（短期派遣・ショートビジット）追加アンケート調査結果分析結果から」『ウェブマガジン留学交流』第 40 号, 2014 年, pp.20-39。http://www.jasso.go.jp/ryugaku/related/kouryu/2014/__icsFiles/afieldfile/2015/11/18/201407ryugakukoryu.pdf（2018 年 1 月 10 日閲覧）

Allen, J. & van der Velden, R. K. W. (Hg.). (2007). *The Flexible Professional in the Knowledge Society.* Maastricht, The Netherlands.

Baxter-Magolda, M. B. (2008). Three Elements of Self-Authorship. *Journal of College Student Development,* 49 (4), 269-284.

Braskamp, L. A., Braskamp, D. C. & Merrill, K. (2009). Assessing progress in global learning and development of students with education abroad experiences. *Frontiers : The Interdisciplinary Journal of Study Abroad,* 18, 101-118.

Chieffo, L. & Griffiths, L. (2004). Short-term study abroad: It makes a difference! *IIE Networker,* (Spring), 28-32.

Di Pietro, G. (2013). Do study abroad programs enhance the employability of graduates? (IZA Discussion Paper No. 7675). Bonn, Germany: IZA - Institute for the Study of Labor.

Douglas, C. & Jones-Rikkers, C. G. (2001). Study abroad programs and American student worldmindedness: An empirical analysis. *Journal of Teaching in International Business,* 13 (1), 55.

Doyle, D. (2009). Holistic assessment and the study abroad experience. *Frontiers : The Interdisciplinary Journal of Study Abroad,* 18, 143-156.

Dwyer, M. M. (2004). More is better: The impact of study abroad program duration. *Frontiers : The Interdisciplinary Journal of Study Abroad,* 10, 151-163.

Engle, L. & Engle, J. (2004). Assessing language acquisition and intercultural sensitivity development in relation to study abroad program design. *Frontiers : The Interdisciplinary Journal of Study Abroad,* 10, 219-236.

European Commission. (2014). *The ERASMUS impact study : Effects of mobility on the skills and employability of students and the internationalisation of higher education institutions.* Retrieved from http://ec.europa.eu/dgs/education_culture/repository/education/library/study/2014/erasmus-impact_en.pdf（2018 年 1 月 10 日閲覧）

Farrugia, C. & Sanger, J. (2017). *Gaining an Employment Edge : The Impact of Study Abroad on 21st Century Skills & Career Prospects in the United States, 2013-2016.* Institute of International Education. Retrieved from https://www.iie.org:443/Research-and-Insights/Publications/Gaining-an-employment-edge---

The-Impact-of-Study-Abroad（2018 年 1 月 10 日閲覧）

Franklin, K. (2010). Long-term career impact and professional applicability of the study abroad experience. *Frontiers : The Interdisciplinary Journal of Study Abroad,* 19, 169–190.

Hofstede, G., Hofstede, G. J. & Minkov, M. (2010). *Cultures and Organizations : Software of the Mind, Third Edition* (3rd ed.). New York : McGraw-Hill Education.

Janson, K., Schomburg, H. & Teichler, U. (2009). *The professional value of ERASMUS mobility : The impact of international experience on former students' and on teachers' careers.* Bonn : Lemmens.

King, R. & Ruiz-Gelices, E. (2003). International student migration and the European "year abroad": effects on European identity and subsequent migration behaviour. *International Journal of Population Geography,* 9 (3), 229–252.

Marcotte, Claude, Desroches, Jocelyn & Poupart, Isabelle. (2007). Preparing internationally minded business graduates : The role of international mobility programs. International Journal of Intercultural Relations, 31, 655–668.

Murphy, D., Sahakyan, N., Yong-Yi, D. & Magnan, S. S. (2014). The impact of study abroad on the global engagement of university graduates. *Frontiers : The Interdisciplinary Journal of Study Abroad,* 24, 1–24.

O'Rear, I., Sutton, R. C. & Rubin, D. L. (2012). *The effect of study abroad on college completion in a public university system.* http://glossari.uga.edu/?page_id=42&did=32（2018 年 1 月 10 日閲覧）

Potts, D. (2015). Understanding the early career benefits of learning abroad programs. Journal of Studies in International Education, 19 (5), 441–459.

Paige, R. M., Fry, G. W., Stallman, E. M., Josic, J. & Jon, J. (2009). Study abroad for global engagement : the long‐term impact of mobility experiences. Intercultural Education, 20 (sup1), S29–S44.

Rexeisen, R. J. (2012). Study abroad and the boomerang effect: The end is only the beginning. *Frontiers : The Interdisciplinary Journal of Study Abroad,* 22, 166–181.

Rexeisen, R. J. (2013). The impact of study abroad on the development of pro-environmental attitudes. *The International Journal of Sustainability Education,* 9 (1), 7–19.

Sampson, D. L. & Smith, H. P. (1957). A scale to measure world-minded attitudes. *Journal of Social Psychology,* 45 (1), 99–106.

Schmidt, S. & Pardo, M. (2012, April 17). *The contribution of study abroad to human capital for United States college students* (Preliminary). Union College, Schenectady, NY.

Sutton, R. C. & Rubin, D. L. (2004). The GLOSSARI Project: Initial findings from a system-wide research initiative on study abroad learning outcomes. *Frontiers : The Interdisciplinary Journal of Study Abroad,* 10, 65–82.

Tarrant, M. A., Rubin, D. L. & Stoner, L. (2014). The added value of study abroad fostering a global citizenry. *Journal of Studies in International Education,* 18 (2), 141–161.

Teichler, U. (2011). International Dimensions of Higher Education and Graduate Employment. In J. Allen & R. van der Velden (Eds.), *The Flexible Professional in the Knowledge Society : New Challenges for Higher Education* (177–197). Netherlands: Springer Netherlands.

Teichler, U. & Jahr, V. (2001). Mobility during the course of study and after graduation. *European Journal of Education,* 36 (4), 443–458.

Vande Berg, M., Connor-Linton, J. & Paige, R. M. (2009). The Georgetown Consortium project: Interventions for student learning abroad. *Frontiers : The Interdisciplinary Journal of Study Abroad,* 18, 1–75.

Wiers-Jenssen, J. (2008). Does higher education attained abroad lead to international jobs? *Journal of Studies in International Education,* 12 (2), 101–130.

Zorn, C. R. (1996). The long-term impact on nursing students of participating in international education. Journal of Professional Nursing, 12 (2), 106–110.

留学効果分析のアプローチ
～異文化適応力をテーマに～

第 **3** 章

■ 花田　真吾

　第2章では，留学の多様なインパクトに関する先行研究を概観した。そのなかで，異文化間能力を取り上げ，異文化に関連したさまざまな態度，スキル，知識全般について議論を行った。本章では，異文化間能力のうち，異文化適応力に焦点を当て，「海外留学の異文化適応力に対する効果はどのようにして測れるのであろうか？」という問いについて，先行研究を踏まえて考察するとともに，研究上の課題について論じる。

　グローバル化する社会において，文化的背景の異なる人びとと協働を図るための資質として異文化適応力が注目されている。たとえば，日本国内においては，グローバル人材に求められる能力として，文化の違いに由来する価値感や特性の違いに適応し，他者と協調できる力が謳われている（グローバル人材育成推進会議，2012）。また，日本国外では，たとえばアメリカ合衆国（以下，アメリカ）を例にあげると，1970年代にアメリカから海外への渡航者数とアメリカ国内への移民数の増加をうけ，異文化に適応するための具体的な能力としての異文化適応力への注目が高まり，1980年代にはひとつの研究分野と位置づけられるに至った。

　このように，異文化適応力は社会的なテーマと関連づけられている。国際教育分野においては，海外留学によって涵養が期待される能力のひとつとしてあげられることが多い。近年はさまざまな国が留学生政策を策定しており，それに対応する形で大学をはじめとする高等教育機関が留学生の送り出しや受け入れを推進している。こうした背景をうけて，海外留学の学習成果・効果に対す

る関心が高まっており，現在多くの研究者によって海外留学の異文化適応力への効果に関する実証研究が進められている。

１．異文化適応力の概念

　異文化適応力は個人の信条や価値感などの内面性に関わる能力であり，それを科学的に実証することは困難な課題である。まず前提として，異文化適応力を構成する要素は多種多様であるため，その概念を定義すること自体が難しい。たとえば，Spitzberg & Changnon（2009）によると，異文化適応力の個々の要素は325個あり，その言葉がもつ多様性と一義的に概念化することの難しさが読み取れる。また，異文化適応力の捉え方は本来であれば文化によってさまざまだと考えられるが，これまでの先行研究の多くは欧米諸国の文化的背景をもとにしている（OECD, 2016）。今後，非欧米諸国を対象とした研究が蓄積されれば，その捉え方がより一層多様化する可能性がある。さらに，異文化適応力の概念は，学問分野によっても様相が異なる。たとえば，異文化適応と強く関連性がある異文化摩擦について，ビジネス交渉で発生する異文化摩擦と，移民が現地社会への適応で経験する異文化摩擦とではその内容は必ずしも一致しない。このように異文化適応力とは，それを捉える主体によって多様である。その多様性への理解こそが重要である一方で，実証を困難にしている要因でもある。

　こうした広範な性質をもつ異文化適応力を捉えるためのひとつの鍵として，コンピテンス（competence）について考えたい。Spitzberg & Cupach（1984）は，1950年代から1970年代においてコンピテンスを扱った研究を精査し，その意味の共通性を調査した。その結果，コンピテンスとは「目的の達成に向けて，置かれた環境に効果的に適応できる力[1]」であると定義した。また，Boys（1995）はコンピテンス（competence）とパフォーマンス（performance）の比較を通じてコンピテンスの概念を捉えている。具体的には，コンピテンスには意識的な側面と無意識の側面があるのに対して，パフォーマンスは実際に目にみえて体現される行動を指す。たとえば，コンピテンスには他者に共感し，それ

を行動で示そうとする意識的な側面と，信条や価値感などの無意識な側面の双方がある。これに対して，パフォーマンスは，実際に共感できた場合に体現される行動を指す。一方で，Bowden & Marton（1998）はコンピテンスの発達段階を4段階に分けて，その概念を提示している。第一段階はある課題に対して行動することで対応している Behaviorist Stage，第二段階は行動に加えてその課題に関する知識を備えているが，両者が相互関係となっておらず，知識が行動に対してあくまで付加的（additive）にしか作用していない Additive Stage を指す。次の第三段階は，行動と知識が有機的に機能しつつある Integrative Stage，最後の第四段階は，行動力と知識の相互関係が十分に機能している Holistic Stage である。このモデルは，コンピテンスは行動が知識に裏付けされることでその質が高まることを示している。Boys（1995）と Bowden & Marton（1998）の研究から，コンピテンスには視覚で認知できる面と，個人の知識や内面性を捉えてこそ認知できる面の両面性があることがわかる。

　こうしたコンピテンスに関する研究をもとに，異文化適応に関わるコンピテンスの概念化に特化した研究も行われている。その例として，Howard-Hamilton, Richardson & Shuford（1998）は異文化適応力構成モデル（Intercultural Competence Components Model）を通じて，異文化適応力とは，態度（Attitude），知識（Knowledge），スキル（Skills）の3要素から構成されることを提唱している。また，Deardorff（2006）は，異文化適応力は態度（Requisite Attitudes），知識と理解（Knowledge and Comprehension）スキル（Skills），内面的な成果（Desired Internal Outcomes），外面的な成果（Desired External Outcomes）の5つの要素から構成されることを異文化適応力ピラミッドモデル（Pyramid Model of Intercultural Competence）を通じて提唱している。その一方で，Aerden（2015）は，個人が涵養した異文化に関するコンピテンスを学習成果として可視化することがより重要だと提唱する。具体的には，目標とする学習成果が具体的に示されていること（Specific），教育プログラムが学習目標を達成するために適切に検討されていること（Achievable），学習成果として示されている内容が，特定の資格枠組みや学術ないし実践分野で求められる力と関連づけられていること（Referenced），

学習成果が特定の評価指標や基準を用いて客観的に評価できること（Assessable）の 5 項目が重要だと示している。このように異文化適応に関わるコンピテンスについては，その構成要素の抽出や学習成果の可視化などのさまざまな角度から概念化が進められている。

2．留学効果分析のアプローチ

　以上の異文化適応力の性質から，異文化適応力をどのように測定するかについては，確立された方法があるとはいえない。そのため，この分野における研究者はさまざまなアプローチを用いて実証研究を行っている。本章でテーマとしている海外留学の異文化適応力に対する効果分析については，そのアプローチは 2 つに大別できる。ひとつ目は，海外留学にはどのような学習効果があったのかについて，その要素自体を探求することに焦点を当てた成果分析型アプローチである。2 つ目は，研究者があらかじめ異文化適応力のある要素に着目し，その要素の成長に対して海外留学のどのような経験が効果的であったのかについて焦点を当てた要因分析型アプローチである。

　成果分析型アプローチでは，学生が留学後にリフレクションペーパーを作成し，それを教育・研究者が分析をして留学の成果や効果を導き出す手法が採用されることが多い。たとえば，Gilin & Young（2009）は，アメリカの大学において実施されたイタリアへの 10 日間の社会福祉プログラムに参加した 16 名の学生について，留学後に提出されたリフレクションペーパーの分析を通じて，学生の学びの成果について検証を行った。その結果，10 日間という短期間のプログラムであったが，アメリカ人である自分たちがイタリアにおいて異文化の人びとになる経験を通じて，他者への理解を深めようとする姿勢の涵養に効果があったことを報告している。要因分析型アプローチと比較すると，成果分析型アプローチは国内外の教育・研究者に多く利用されている手法といえよう。

3．要因分析型アプローチ

　要因分析型アプローチでは，異文化適応力のある要素を分析するための尺度を用いる場合がある。ここでいう尺度とは，個人の異文化適応力を可視化するためのツールを指す。Fantini（2009）によると，異文化適応力を測定するための主な尺度として 44 個の尺度が開発されており，具体的なものとして，Intercultural Development Inventory（IDI）[2]，Cross-Cultural Adaptability Inventory（CCAI）[3]，Beliefs, Events, and Values Inventory（BEVI）[4]，Global Perspective Inventory（GPI）[5] などがあげられている。

　IDI は，個人の異文化適応力を計測する尺度である。この尺度は，個人の異文化感受性の発達段階をモデル化して提唱した Developmental Model of Intercultural Sensitivity（DMIS）を理論的根拠としている。被験者は 50 項目の質問に回答することで自分の異文化適応力を認識でき，また現状の課題およびその克服に向けたアドバイスを結果通知書によってうけることができる。CCAI は，異文化間コミュニケーションの主要なスキルとして，忍耐力（Emotional Resilience），柔軟性（Flexibility/Openness），知覚力（Perpetual Acuity），自律性（Personal Autonomy）の 4 つに着目する。被験者は 50 項目の質問に回答することで，4 つのスキルにおける自分の強みと弱みを内省し，自分の異文化間コミュニケーション能力に対する自己認識を深めていく。BEVI は，個人の信念（Beliefs），価値観（Values），世界観（Worldviews）の形成過程を理論化した Equilintegration Theory に基づき，異文化に対する感受性や寛容性を含む 18 項目について自己認識するために利用される。最後に，GPI は認知力（Cognitive），内省力（Intrapersonal），対人関係（Interpersonal）の 3 要素に着目し，個人の自文化に対する見方および文化的背景が異なる他者との関わり方に関する能力を測定する。具体的には，用途ごとに留学調査（Study Abroad Form），大学新入生調査（New Student Form），一般調査（General Form）の 3 タイプの質問紙があり，被験者は 35 項目の共通質問と各タイプ別に用意されている質問の双方に回答することで，自分自身の 3 要素の現状について判定をうける。

　要因分析型アプローチでは，海外留学する学生に対して，留学前と留学後に
尺度を用いて異文化適応力の要素を評価し，その比較から海外留学の効果を分
析する研究が多い。その一方で，その要素に影響を与えた海外留学の具体的な
中身に焦点をあてた研究も行われている。たとえば，学生の留学先での経験や
海外留学プログラムの内容，学生の特性などを細分化し，どのような経験や教
育，学生個人の資質が異文化適応力の涵養に効果をもたらした要因であるのか
を探求する。以下に，その代表的な要因である(1)留学期間，(2)現地での人び
ととの関わり，(3)教員によるメンタリング，(4)学生の性別，(5)外国語運用能
力，(6)学生の留学前における海外経験について着目するとともに，具体的な
先行研究を取り上げる。

(1)　留学期間

　海外留学の要因分析においてもっとも広く認知されている問いは，留学期間
による効果の違いであろう。留学期間が長いほど，異文化適応力の涵養により
効果があるのだろうか？　この問いに対して，留学期間が長い留学の方が短い
留学よりも有意な効果が認められたと実証している先行研究は数多くある。し
かしその一方で，短い期間の留学でも効果的であったとされる先行研究もあ
り，留学期間が長い方が好ましいと一概にはいえない。

　留学期間の効果を分析する上で，まず検討が必要なことは，留学期間の区分
である。たとえば，長期留学と短期留学による効果の違いを分析するために
は，長期と短期の具体的な期間を定義する必要がある。これについては，研究
者の研究目的に基づき判断されることになるが，国際的に認知度の高い参考資
料の一例としては，Association of International Educators（NAFSA）から発
行されている報告書 "The Guide to Successful Short-Term Programs Abroad"
があげられる。この報告書では，短期留学の定義は過去50年間を通じて大き
く変化していることを指摘している。具体的には，かつては1年間までの留学
が短期留学と見なされる傾向があったが，海外留学の形態が多様化するにつれ
て，1セメスター（約4ヵ月〜5ヵ月），1クウォーター（約8週間）となり，現

在では２週間の海外体験プログラムも短期留学と認知されている（Spencer & Tuma, 2002）。実際に，短期留学（short-term study abroad）を研究対象とした先行研究をみると，その留学期間は，８週間（Kehl & Morris, 2008），７週間（Dwyer, 2004），５週間（Chieffo & Griffiths, 2004），４週間（Anderson, Lawton, Rexeisen & Hubbard, 2005），３週間（Jessup-Anger & Aragones, 2013），２週間（Long, Akande, Purdy & Nakano, 2010），９日間（Mapp, 2012）とさまざまである。以上を踏まえ，留学期間の効果に焦点を当てた研究を，特定の留学期間における効果を分析したものと，異なる２つ以上の留学期間の比較検証をしたものに分けて概観する。

　特定の留学期間における効果を分析した研究は，異文化適応力のある要素が留学前後でどの程度変化したかを分析する場合が多い。たとえば，Mapp（2012）の研究は，アイルランド，タイ，ベトナムに２週間，コスタリカとエクアドルに９日間の社会福祉に関するサービスラーニングおよび異文化と現地の歴史を学ぶ海外留学プログラムに参加したアメリカ人学生計87名を対象に，この５つのプログラムの異文化への適応性（cultural adaptation）の成長に対する効果を検証している。その結果，５つのプログラムすべてで留学前後に有意な成長が認められたことを報告している。また，Chieffo & Griffiths（2004）は，グローバル社会への意識（global-awareness）の涵養に対する５週間の留学プログラムの効果を検証した。Mapp（2012）の研究では留学をした学生のみを対象としていたが，この研究では５週間の留学プログラムに参加した学生群に加え，同じ期間に留学せずに所属大学でグローバル社会への意識に関する授業をうけた学生群を対照群として，両群間における比較検証を行った。その結果，留学プログラムに参加した学生群が有意に成長を遂げていることが示された。この研究は，ChieffoとGriffithsが所属する大学でえたのべ約2,300名のデータに基づく研究結果である。

　次に，異なる留学期間の比較検証をした研究として，Engle & Engle（2004）があげられる。この研究は，アメリカ人学生を対象に，フランスに１年間留学した32名の学生群と１セメスター留学した257名の学生群間におけるフラン

ス文化への感受性（intercultural sensitivity）とフランス語能力の成長度ついて
検証を行った。その結果，フランス文化への感受性とフランス語能力の双方に
ついて，1 年間留学した学生群の成長度が 1 セメスター留学した学生よりも高
かったことが確認された。この研究は，留学期間が長期である方が短期である
よりも高い効果が見込めることを示した研究例である。Kehl & Morris（2008）
は，アメリカの 3 大学の学生 520 名を，1 セメスターの留学プログラムに参加
した学生群，8 週間の留学プログラムへ参加した学生群，これから留学プログ
ラムに参加する学生群の 3 つの学生群に分類し，グローバル・マインディドネ
ス（global-mindedness）の成長度について比較した。その結果，1 セメスター留
学した学生群は，他の 2 群よりも統計的有意に成長を遂げていることが確認さ
れた。また，8 週間の留学プログラムに参加した学生群は，これから留学する
学生群との比較において，その有意性が認められなかった。この研究では海外
留学のグローバル・マインディドネスの涵養に対する効果があらわれるまでに
は，一定程度の留学期間が必要であることが示唆されている。最後に，Vande
Berg, Connor-Litton, & Paige（2009）の研究も，留学期間が異文化適応力の成
長に対して影響があることを例証している。この研究は，Georgetown Consortium
を通じてアメリカ国内の 190 大学において海外留学を経験した 1,159 名の学生
群と，留学をしなかった 138 名の対照群を用いて，留学前後の異文化感受性の
変化を分析したものである。具体的には，学生を 1 ～ 3 週間，4 ～ 7 週間，8
～ 12 週間，13 ～ 18 週間，19 週～ 25 週間，26 週間以上 1 年間以下の 6 つの
留学期間ごとに分類し，留学前後の異文化感受性の成長度を比較検証してい
る。その結果，13 ～ 18 週間の学生群が他のどの学生群よりも統計的有意性を
もって成長度が高いことが明らかとなった。この研究により，13 ～ 18 週間と
いう約 1 セメスターの留学までは，留学期間の影響が大きく出るが，それ以上
長い期間の海外留学については留学期間が主要な要因ではなく，他の要因が単
一的あるいは複合的に影響を及ぼしている可能性があることが推察される。

　上記 3 つの研究は，一定程度の期間がある留学が異文化適応力の涵養に対し
て有意に影響していることを示している。その一方で，比較的短い留学期間で

あっても効果が認められていることを実証している研究もある。Dwyer (2004) は，アメリカ合衆国にある非営利組織である Institute for International Education of Students（IES）を通じて，1950 年から 1999 年の間に留学プログラムに参加した元学生 3,723 名からえた回答をもとに留学期間の効果について分析を行った。具体的には，1 セメスターの留学プログラムと 6 ～ 7 週間の夏季留学プログラムに参加した学生群間で異文化適応力の成長度の違いについて検証した。その結果，異文化におけるあいまいさへの耐性（tolerance for ambiguity）や異文化理解の学び対するモチベーションなどのいくつかの要素の成長度については両群間で同程度だったと報告されている。この研究は，海外留学の効果は一概に留学期間によって決定づけられるものではないことを示した研究例である。

⑵　現地での人びととの関わり

　留学先では，同じ国籍の学生や他の国からの留学生よりも，現地の人びととの関わりを深めるべきだろうか？　現地での人びととの関わりは，学生が留学先でどのような人びとと関わりをもっているかを指す。たとえば，日本人学生は留学先において，授業外では日本人同士で日本語を使って一緒に行動する場合が散見されることは，留学教育に携わる教育・研究者の間で指摘されているところである。こうした学生の現地での人びととの関わりが異文化適応力の成長に与える影響に焦点を当てた研究として，まず Marion（1980）の研究について触れたい。この研究では，アメリカ人学生を対象に，留学先でのホームステイを通じてホストファミリーと過ごした学生群と，学生寮に入居して他のアメリカ人学生と過ごした学生群間における異文化への理解度について比較検証した。その結果，ホームステイをした学生群では，かえって自文化に対する愛着感をもつ傾向が強くなったことが報告されている。その一方で，学生寮で過ごした学生群の方が，自文化と異文化との違いへの親和性を強めたという結果が報告された。これと同様に，Vande Berg et al.（2009）では，留学先で同じ国籍であるアメリカ人学生や他国からの留学生との関わりが強かった学生群と，

ホストファミリーや現地の学生との関わりが強かった学生群を比較し，前者の
異文化適応力の成長度が統計的有意に高かったと報告している。こうした結果
となった要因については，2 つの研究で詳細に触れられてはいないし，現地の
人びととの関わりの意義を否定するものではないが，現地の人びととの関わり
を機械的に増やすことが異文化適応力の涵養に必ずしも効果的であると断言で
きないことを示している。

⑶　教員によるメンタリング

　教員によるメンタリングとは，学生が留学前に異文化適応力の成長を高める
ための事前指導を教員からうけることを指す。[7] そして，こうしたメンタリング
をうけることが，学生の異文化適応力の成長に作用するのだろうか？
Hanada（2015）は，学生が留学前に異文化適応力に関するメンタリングを専門
家からうけることが，異文化適応力の成長に効果的であることを明らかにした
研究例である。この研究では，アメリカとカナダに留学した日本人大学生 344
名について，留学前にメンタリングうけた 163 名とうけなかった学生 181 名の
2 つに分類し，さらに 25 名の留学をしなかった対照群を含めて比較検証を行
った。その結果，メンタリングをうけた学生群は，メンタリングをうけなかっ
た学生群と比べて，留学を通じた異文化適応力の成長度が統計的有意に高かっ
たことを報告している。また，Nichols（2011）の研究では，異文化適応力の成
長度を促すひとつの手段として，異文化環境における人びととの関わりや留学
先の言語を学ぶ重要性を留学前にメンタリングすることを推奨している。これ
らの研究から，学生の海外留学を推進するなかで，派遣人数などの量的拡大だ
けでなく，留学教育を通じた学生支援に取り組む必要性が理解できる。

⑷　性　　別

　学生の性別は，異文化適応力の成長に影響を与えるのだろうか？　この点に
ついて実証した研究として，Nichols（2011）があげられる。この研究は，性別
の違いが留学前後における異文化感受性の変化に与える影響を検証した。その

結果，女子学生が男子学生よりも成長度が高く，その要因として，女子学生は男子学生よりも異文化理解や留学先の言語に関する授業を積極的に受講し，現地での専門家によるメンタリングもより積極的にうけていることを指摘している。また，Vande Berg et al.（2009）は，既述の全1,159名を対象に留学前後の異文化適応力の変化を男女別に検証したところ，女子学生は向上した一方で，男子学生は下降していたことを報告している。さらに，Thomlison（1991）の研究も，女子学生は男子学生に比べて留学中の人間関係と異文化に対する意識変化が大きく，そのことが異文化に対する耐性の成長に繋がっていると指摘している。これらの研究は，性別が有意に影響していることを示しており，その影響を小さくするために留学前教育としてどのような支援ができるかを検討する必要性を含意しているといえよう。

⑸　外国語運用能力

　外国語運用能力は，留学先国・地域の第一言語の運用能力を指し，学生の言語能力と異文化適応力の関係性について注目する。たとえば，留学を開始した時点で，その国の第一言語能力が高い学生の方が，異文化適応力の成長度が高いのだろうか？　Smith, Paige & Stegtlitz（2003）は，より高い言語力を有する学生の方が現地の人びととより良い人間関係を築くことができ，それが異文化への適応をより円滑にしていることを指摘した。また，Allen & Herron（2003）は6週間のフランス留学をした25名の学生について調査し，言語力の高さが文化的差異への不安感（anxiety）を軽減させる効果があったと報告している。さらに，Vande Berg et al.（2009）は，留学先の第一言語について授業で学んだ学生は，そうではない学生と比較して有意に異文化適応力が向上していることを示している。このように，外国語運用能力の高さと異文化適応力の成長には少なくとも相関関係があることが多くの研究で示されているが，特に短期留学プログラムに参加する学生を中心に海外留学する学生の多くが外国語運用能力に優れているとは言い切れない。そのため，これらの研究は，外国語運用能力が比較的低い学生に対して，外国語運用能力の低さの影響を少しでも

抑えるためには，どのような海外留学プログラムの設計が適切であるのかについて検討する必要性を示しているといえる。

⑹　事前の海外経験

　事前の海外経験は，学生の過去の海外経験に着目する[8]。たとえば，ある学生に今回の留学以前に海外経験がある場合，その経験は今回の留学による異文化適応力の成長に影響を与えるのだろうか？　これについて，Nicholas（2011）とPedersen（2010），は共通して，事前の海外経験がない学生は，海外経験がある学生と比較して，海外留学を通じて異文化適応力の伸び幅が高いことを指摘している[9]。一方で，Vande Berg et al.（2009）の研究は，事前の海外経験の有無は有意な影響を与えないと報告している。先行研究によって見解が分かれるところであるが，それは事前の海外経験が異文化適応力の成長に対する主要な要因であるのか，もしくは他の要因と複合的に組み合わせた場合には要因となり得るのかなどについて今後の研究が期待されるところである。

4．研究上の課題

　これまで述べてきた通り，異文化適応力には多種多様な要素があり，その測定に向けて，さまざまな研究者がさまざまな視点から取り組みを行っている。ここではそうした研究成果を踏まえて，2つの研究上の課題を考察したい。

　第1に，実証研究に用いられるサンプルデータについてである。この研究分野の実証研究では，研究者が勤務する大学において海外留学プログラムに参加した学生をサンプルデータとする場合が多い。そのため，ある大学の一部の学生のみのデータであったり，データ数が少なかったりするため，研究成果の客観性が課題となる場合がある。本章で取り上げた先行研究のなかで，データ数が多い研究は大学コンソーシアムなどの大学間組織を通じたものが多く，こうした研究は研究者が単独で行うことは難しい現状が垣間見える。

　第2に，研究手法についてである。先行研究によると質的研究か量的研究のどちらか一方のアプローチを用いた研究が多い。質的研究の場合は，一定量の

データ数を必要とする量的研究と比較して，比較的少数のデータ数でも深く対象を分析することで示唆に富んだ研究成果を導き出せる特徴がある。その一方で，量的研究の場合は，研究者を問わず再現性の高いデータを導き出せる特徴がある。しかし，この2つのアプローチの双方を活かした混合研究による研究が少ないことは，今後の研究上の課題といえよう。たとえば，異文化適応力の涵養について留学前後の成果分析を行う場合，量的分析を通じて留学前後の伸びやその要因の全体的傾向を示すことができるが，具体的に留学中のどのような経験がその伸びに寄与したのか，またはその要因は具体的にどのように成果に作用しているのかを明らかにするためには，質的研究を通じて学生の経験をより深く考察していくことが求められる。

　こうしたサンプルデータと研究手法の課題を踏まえ，実証データの客観性をより高めていくためのひとつの方策として，複数研究者による連携が考えられる。たとえば，複数の大学の教育・研究者が連携することで，特定の学生の域を越えたデータ分析が実施できる可能性がある。また，異なる研究手法を用いる研究者が連携することで，より重層的な分析が行われる可能性がある。こうした研究体制を通じて，実証研究をより一層蓄積していくことが望まれる。

5．日本への示唆と本調査の位置づけ

(1)　日本への示唆

　以上を踏まえ，日本における研究に対する示唆を行いたい。これまでの先行研究はアメリカ人学生を対象とした研究が多く，日本人学生を含めて，その他の国・地域の学生を対象とした研究は極めて少ない。また，異文化適応力の捉え方は文化によって異なる可能性があるため，アメリカ人学生と日本人学生では同じ研究テーマや研究手法を用いた場合でも異なる結果が導き出される可能性がある。そのため，欧米の先行研究を日本人学生に応用するだけでなく，日本人学生を対象とした独自の実証研究が望まれる。これまでも日本人学生を対象とした留学成果に関する研究は行われてきたが，特に次の2点に関する要因分析型アプローチによる実証研究のより一層の蓄積が望まれる。

　第1に，留学期間による成果の違いを実証する研究である。日本人学生の海外留学者数は2004年の82,945人ピークから減少傾向にあり，2014年には53,197名まで落ち込んでいる（日本学生支援機構，2017）。しかし，図3－1の通り，日本国内の高等教育機関に在籍する学生の大学間協定に基づく海外留学プログラムへの参加者数は増加傾向にある。そのなかでも特に1ヵ月未満の短期留学する学生数の伸びが著しい。そのため，現在の日本の高等教育において，短期留学は中心的な留学形態といっても過言ではなく，短期留学と長期留学との効果の違いや，短期留学がもたらす具体的な効果などについて，日本人学生を対象とした実証研究を進める必要性は高いと考えられる。

　第2に，留学効果をより高めるための要素を探求する実証研究である。現在，大学を中心とする日本の高等教育機関が日本人学生の海外留学への送出しを推進しているが，家計への負担が大きい長期留学や一定の外国語運用能力を出願要件に求める交換留学などに多くの学生が参加できるとは限らない。そのため，留学期間が短い海外研修や海外体験プログラムなどにおいて，学生の成長を最大限に促せる留学教育のあり方について模索していくことは重要な視点である。たとえば，どのような属性を有する学生に，どのような経験を留学中に提供すると短期留学の効果が高まるのかなどについて探求することは有益であろう。また，長期留学であったとしても，海外留学に送出せば学生が自ら成長をしてくれると考えるのではなく，海外留学に向けた事前研修や現地でのメンタリングなどの学びの質を高めるための取り組みが期待されることは，先行研究でも示されているところである。このような研究を通じて日本人学生の特徴を実証することで，海外留学の受入れ先の留学教育者による日本人学生への理解も進むことが期待される。

⑵　本研究の位置づけ

　本章では，「海外留学の異文化適応力に対する効果はどのようにして測れるのであろうか」という問いについて，海外の先行研究を通じて考察してきた。その論点を踏まえ，本研究は，日本人学生を対象とした研究蓄積の一助になる

図３－１　日本の大学在学中の期間別海外留学生数

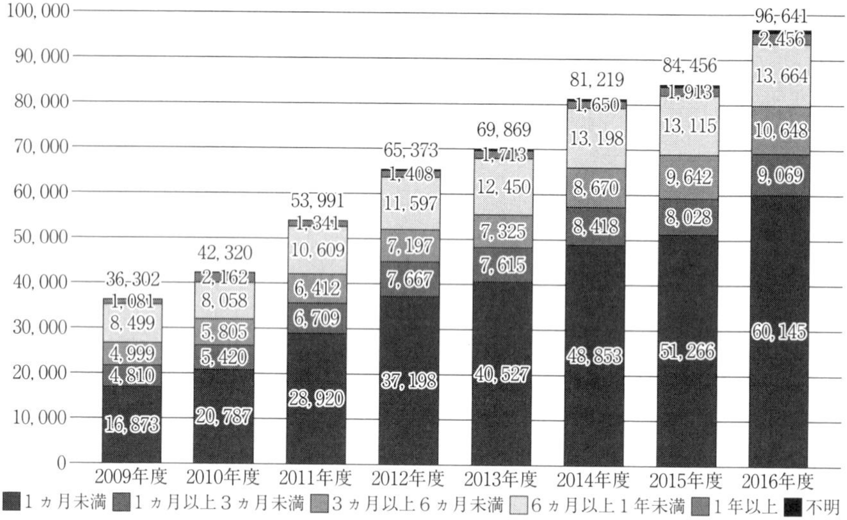

凡例：■ 1 ヵ月未満　■ 1 ヵ月以上 3 ヵ月未満　□ 3 ヵ月以上 6 ヵ月未満　□ 6 ヵ月以上 1 年未満　■ 1 年以上　■ 不明

出所）第 1 章図 1 － 2（再掲）

こと，要因分析型アプローチを用いて留学期間による成果の違いや留学効果を
より高めるための要素を明らかにすることを探求した。これにより，国内外の
留学教育に関わる教育・研究者が留学プログラムの設計を検討する際に参照可
能な実証データを提供することを目指した。これを可能にするため，特に次の
3 点を重視して海外留学の効果を多角的に分析する研究デザインとなってい
る。[10] 第 1 に，サンプルデータについては，日本全国 4,489 名の留学経験者を対
象に，大学時代の海外留学だけでなく，大学院留学や高校時代の留学を含めて
多様な留学を分析した。さらに，1,298 名の留学未経験者を対照群として，両
群の比較分析を行った。第 2 に，分析項目については，異文化への意識や能力
だけでなく，キャリア形成，生活などの人生への影響，多層的市民意識の形成
など，留学効果を多角的な視点から捉えた。また，留学経験者の雇用主調査を
通じて，海外留学した本人だけでなく，他者からみた視点についても調査し
た。第 3 に，分析手法については，量的研究を中心としながらも，若干の質的
研究の視点についても加味することで，可能な限り実証データの客観性を高め

た。

　以上を通じて導き出された実証データを踏まえ，次章以降で海外留学による日本人学生の異文化適応力への効果についてさまざまな視点から考察する。

【注】

1）原文は，"an individual's ability to adapt effectively to the surrounding environment over time to achieve goals" (p.35).

2）Intercultural Development Inventory（IDI）のウェブサイト：https://idiinventory.com/products/the-intercultural-development-inventory-idi/（2017 年 10 月 22 日閲覧）

3）Cross-Cultural Adaptability Inventory（CCAI）のウェブサイト：http://ccaiassess.com/（2017 年 10 月 22 日閲覧）

4）Beliefs, Events, and Values Inventory（BEVI）のウェブサイト：http://www.thebevi.com/aboutbevi.php（2017 年 10 月 22 日閲覧）

5）Global Perspective Inventory（GPI）のウェブサイト：http://www.gpi.hs.iastate.edu/（2017 年 10 月 22 日閲覧）

6）Association of International Educators（NAFSA）は，国際教育交流を推進する目的で 1948 年に設立されたアメリカの非営利団体。

7）留学中および留学から帰国後のメンタリングもあるが，ここでは留学前のメンタリングに限定する。

8）本来であれば，海外経験はその目的，内容，期間についても考察が必要であるが，ここでは海外経験の有無に簡略化する。

9）絶対値の比較ではなく，伸び幅の比較においてである。初めて海外渡航する際に発生する異文化接触のインパクトの大きさを例証している。

10）本研究の背景・目的・構造・方法の詳細については，第 4 章を参照のこと。

【参考文献】

グローバル人材育成推進会議『グローバル人材育成戦略（グローバル人材育成推進会議　審議まとめ）』2012 年。http://www.kantei.go.jp/jp/singi/global/120601 1matome.pdf（2017 年 10 月 22 日閲覧）

日本学生支援機構『日本人の海外留学状況』2017 年。http://www.mext.go.jp/a_menu/koutou/ryugaku/__icsFiles/afieldfile/2017/05/24/1345878_1.pdf（2017 年 10 月 22 日閲覧）

Aerden, A. (2015). *An introduction to international and intercultural learning outcomes.* European Consortium for Accreditation in Higher Education.

Allen, H. W. & Herron, C. (2003). A Mixed-Methodology Investigation of the Linguistic and Affective Outcomes of Summer Study Abroad. *Foreign Language*

Annals, 36 (3), 370-385.

Anderson, P. H., Lawton, L., Rexeisen, R. J. & Hubbard, A. C. (2005). Short-term study abroad and intercultural sensitivity: A pilot study. *International Journal of Intercultural Relations,* 30 (4), 457-469.

Bowden, J. & Marton, F. (1998). *The University of Learning : Beyond Quality and Competence.* London: Routledge-Falmer.

Boys, C. (1995). National Vocational Qualifications: The Outcomes-Plus Model of Assessment. In A. Edwards & P. Knight (Eds.), *Assessing Competence in Higher Education* (25-42). London: Kogan Page.

Chieffo, L. & Griffiths, L. (2004). Large-Scale Assessment of Student Attitudes after a Short-Term Study Abroad Program. *Frontiers : The Interdisciplinary Journal of Study Abroad,* 10, 165-177.

Deardorff, D. K. (2006). Identification and assessment of intercultural competence as a student outcome of internationalization. *Journal of Studies in International Education,* 10 (3), 241-266.

Dwyer, M. M. (2004). More is Better: The Impact of Study Abroad Program Duration. *Frontiers : The Interdisciplinary Journal of Study Abroad,* X, 151-164.

Engle, L. & Engle, J. (2004). Assessing language acquisition and intercultural sensitivity development in relation to study abroad program design. *Frontier : The Interdisciplinary Journal of Study Abroad.* 10, 219-236.

Fantini, A. E. (2009). Assessing Intercultural Competence. In D. K. Deardorff (Ed.), *The SAGE Handbook of Intercultural Competence* (456-476). Thousand Oaks, CA: SAGE Publications, Inc.

Gilin, B. & Young, T. (2009). Educational benefits of international experiential learning in an MSW program. *International Social Work,* 52 (1), 36-47.

Hanada, S. (2015) *Assessing Intercultural Competence : A Comparative Study of Japanese Students in Study Abroad Programs.* Doctoral Dissertation at University of Toronto. 1-202.

Howard-Hamilton, M. F., Richardson, B. J. & Shuford, B. (1998). Promoting multicultural education- : A holistic approach. *College Student Affairs Journal,* 18 (1), 5-17.

Jessup-Anger, J. E. & Aragones, A. (2013). Students' Peer Interactions Within a Cohort and in Host Countries During a Short-Term Study Abroad. *Journal of Student Affairs Research and Practice,* 50 (1), 21-36.

Kehl, K. L. & Morris, J. (2008). Differences in Global-Mindedness between short-term and semester-long study abroad participants at selected private universities. *Frontiers : The Interdisciplinary Journal of Study Abroad,* 15, 67-79.

Leeds-Hurwitz, W. (1990). Notes in the History of Intercultural Communication: The Foreign Service Institute and Mandate for Intercultural Training. *Quarterly Journal of Speech,* 76 (3), 262–281.

Long, S. O., Akande, Y. S., Purdy, R. W. & Nakano, K. (2010). Deepening Learning and Inspiring Rigor Bridging Academic and Experiential Learning Using a Host Country Approach to a Study Tour. *Journal of Studies in International Education,* 14 (11), 89–111.

Mapp, S. (2012). EFFECT OF SHORT-TERM STUDY ABROAD PROGRAMS ON STUDENTS' CULTURAL ADAPTABILITY. *Journal of Social Work Education,* 48 (4), 727–737.

Marion, P. B. (1980). Relationships of student characteristics and experiences with attitude changes in a program of study abroad. *Journal of College Student Personnel,* 21 (1), 58–64.

Nichols, K.P. (2011). *Fostering Intercultural Competence Through Study Abroad : A Gender-Based Analysis of Individual and Program Factors Influencing Development* (Doctoral dissertation), Retrieved from University of Minnesota Libraries Digital Conservancy (http://conservancy.umn.edu/bitstream/handle/11299/119984/?sequence=1).

OECD (2016). *Global competency for an inclusive world.* OECD.

Pedersen, P. (2010). Assessing intercultural effectiveness outcomes in a yearlong study abroad program. *International Journal of Intercultural Relations,* 34 (1), 70–80.

Smith, S., Paige, R. M. & Stegtlitz, I. (2003). Theoretical Foundations of International Training and Applications to the Teaching of Culture. In D. L. Lange & R. M. Paige (Eds.), *Culture as the Core : Perspectives on Culture in Second Language Learning* (pp.89–125). Greenwich: Information Age Publishing.

Spencer, S. E. & Tuma, K. (2002). *The Guide to Successful Short-Term Programs Abroad.* Association of International Educators.

Spitzberg, B. H. & Changnon, G. (2009). Conceptualizing intercultural competence. In D. K. Deadorff (Ed.), *The SAGE Handbook of Intercultural Competence* (2–52). Thousand Oaks, CA: SAGE Publications, Inc.

Spitzberg, Spitzberg, B. H. & Cupach, W. R. (1984) B. H., & Cupach, W. R. (1984). *Interpersonal Communication Competence.* London: SAGE Publications, Inc.

Thomlison, T. D. (1991). *Effects of a Study-Abroad Program on University Students : Toward a Predictive Theory of Intercultural Contact.* Paper presented at the 8th Annual Intercultural Communication Conference, Miami, Florida.

Vande Berg, M., Connor-Linton, J. & Paige, R. M. (2009). The Georgetown

Consortium Project : Interventions for Study Abroad Learning. *The Interdisciplinary Journal of Study Abroad,* 18, 1-75.

第二部

留学のインパクトに
関する調査結果

グローバル人材育成と留学の 長期的なインパクトに関する調査 ~その目的と方法~

■ 横田　雅弘

　本書第1章で詳細に述べられているように，留学生交流は世界の大学を大きく変化させ，高等教育の市場化やグローバル人材の育成という政治や経済にも大きな影響を及ぼす重要課題となっている。ここでいう留学生交流とは，受入れと送出しの両輪で構成される学生モビリティのことであるが，日本ではこれまで外国人留学生の受入れを中心に実践も研究も進められてきた。しかし，近年その動向は大きく変化し，むしろ送出しに重点が移ってきた。本調査は，そのような背景のなかで，「留学は良いもの」「留学は憧れ」など漠然とした肯定的「感覚」で語られてきた留学経験の意味，効果，影響について，大規模調査で実証を試みた日本初の研究である。

　本章では，最初にこの調査に至る歴史的背景を概観し，次に具体的な調査の狙いと方法について述べる。

1．本調査に至る背景~外国人留学生の受入れから日本人学生の 　　海外留学へ~

(1)　外国人留学生の受入れ

　1983年に文部科学省（当時は文部省）が発表した「21世紀への留学生政策の展開について」による留学生受入れ10万人計画が突然始まったことで，留学生の急増に伴う問題解決の必要性から，実践的なニーズに基づく調査や問題点の指摘がなされた。当時は，研究者はおろか実務担当者ですら留学生の事情を知る者はほとんどいない状態であったから，留学生担当者間の情報交換や研修

が喫緊の課題となり，当時任意団体であった現 NPO 法人 JAFSA（Japan Association for International Education：国際教育交流協議会）がその役割を果たした。特に，夏期研究集会（通称「夏期研」）には全国の大学，関係諸機関から留学生担当者が集まり，日本で唯一の貴重な合宿研修が開催されていた。残念ながら現在はこのような世代を超えた経験者交流による研修は実施されていない。

　一方，研究としては，1981 年に海外・帰国児童生徒の問題解決を中心課題として発足した異文化間教育学会が，90 年代になると留学生研究にも積極的に取り組むようになった。そして 1996 年に，それまで学会にはあまり馴染みのなかった日本語学校や専門学校の担当者も交えて，受入れの実態に合った実践研究を標榜する留学生教育学会が発足している。

　2008 年には，2020 年を目途に 30 万人の留学生を受入れるという「留学生 30 万人計画」が策定され，それを推進するために文部科学省の「国際化拠点整備事業（大学の国際化のためのネットワーク形成推進事業）」，いわゆるグローバル 30 がスタートしている。この時点では，文科省と大学のフォーカスは外国人留学生の受入れにあった。

(2)　世界の潮流〜送出しと受入れの総合的なモデル〜

　海外の状況をみると，1987 年に西ヨーロッパで EC（欧州共同体）が共同体を運営する人材育成として開始したエラスムス計画（ERASMUS）が制定されており，さらに 1993 年に EC が EU（欧州連合）になると，その発展形として高等教育のみならず学校教育まで含むソクラテス計画（SOCRATES）が打ち出された。ヨーロッパ人材の育成を目指す巨大な「地域統合モデル」（横田・白土，2004）が形成されていたのである。

　アジアでは，オーストラリアがいち早く国策としての留学生政策を打ち出し，留学生の「市場」というマーケティング概念を高等教育に導入して，先進国の責任あるいは援助といった受入れ理念を大きく転換させた。その実証的な背景となったのが留学生受入れの「コスト・ベネフィット分析」（江淵，1997）

である。当時オーストラリアの公的な機関であった IDP Education Australia
は，2002 年と 2007 年に 2025 年の留学生の世界的な潮流に関する予測を発表
したが，多様な観点から留学生受入れが国としてコストよりもベネフィットの
方が大きいことを「証明」してみせた。また，2025 年の世界の留学生数の予
測は衝撃的なもので，当時全世界でおよそ 200 万人程度であった留学生総数
が，2020 年には 600 万人に，2025 年には 760 万人に増加すると予測した
(IDP, 2003)。この数字は当時その信頼性について訝しむ声も多かったが，現
在 460 万人を超えるといわれるその現実の数は，彼らの予測に近いものであ
る。日本の留学生 30 万人計画も，その数字を分析すると，世界の留学生総数
の 5 ％という当時のシェアを 2020 年に確保するために必要な数字であること
がわかる（横田ほか，2007）。

⑶　送出しへの関心のシフト

　2011 年の東日本大震災と原発事故は，日本に留学しようとしていた海外の
留学希望者やその親の意欲を大きく削ぐことになった。日本の大学も，当面海
外からの留学生の増加は難しいと判断せざるをえない状況にあったため，大学
の国際化を示す指標として，留学生を増やすことよりも日本人学生を海外に派
遣する方向に踏み出したのである。実のところ，大学の教職員にも，手間も経
費もかかる外国人留学生の受入れよりも日本人学生を相手にする送出しの方が
やりやすいという感触があったのではないかと思われる。ここから，国の政
策，大学の取り組み，研究のフォーカスが揃って送出しに傾いていくことにな
る。学生モビリティに関する世界の潮流を掴むという意味では，受入れと送出
しを総合的に捉える視点が重要であり，研究が一方に偏ることは望ましくな
い。実際，今必要な受入れに関する研究も少なくない。特に ASEAN の経済
発展を視野に入れたアセアンからのブリッジ人材の受入れと育成では，日本語
学校への受入れの急増に比べて大学にはなかなか進学してこない現状がある。
彼らの日本語の壁に対して，大学が英語で受入れるなどの対応ができていない
といえるが，今後の日本・アセアン関係を考えると大いに懸念される。

　しかし，それにしてもマイノリティである外国人留学生の研究から，マジョリティである日本人学生の研究へと関心が広がったことは，大学全体が留学生交流の問題を捉えるようになったという意味では重要な変化であった（横田，2013）。

(4)　留学生政策を活性化させる重要な研究

　受入れにしても送出しにしても，それぞれ大きなメリットがあることを実証的に証明しなければ活性化は望めない。ニーズのないところに潮流としての留学は発生しないが，そのニーズとは送出す側（国，社会，留学生本人など）にも，受入れる側（国，社会，大学，日本人学生）にもあり，それぞれどのレベルでどのようなメリットがあるのか，そしてコストになるのかを明らかにすることが重要である。

　受入れについては，イギリスで当時のサッチャー首相が留学生の大幅な学費値上げを伴う「フルコストポリシー」を断行したのも，オーストラリアが，受入れを途上国援助のスキームから経済的にもプラスであると方針転換したのも，その根拠としてコスト・ベネフィット分析が用いられたという（具体的な方程式が明らかになっているわけではない）。もちろん，留学生を受入れることの意味は多様で，しかもそれをコストとベネフィットという形で「算出する」というのは詳細には不可能である。しかし，自国の強みと弱みを分析し，主なステークホルダーを見定め，短期・中期・長期の影響を何等かの条件を設定して解析することは，どこまで可能かは別として実施すべきことであり，その過程で有益な情報がえられるだろう。このような情報がなければ，そもそも留学生「市場」のマーケティングは不可能である。

　それでは，送出しについてはどうだろうか。海外留学が昔のようにごく限られた富裕層のエリート学生にのみ許されていた時代には，政府の派遣や企業の幹部候補生の留学は別として，一般的に留学の意思決定は極めて個人的なものであった。しかし，グローバル化の進展は，一部のエリートだけが留学すれば事足りるという状況を過去のものにしてしまった。それにもかかわらず，全世

界で留学生数が激増するなか，日本人の海外留学は 2004 年の約 8 万 3 千人から年々減少し，6 万人を切る状況になって「日本人学生の内向き志向」といった語られ方をしてきた。近年はある程度の上昇傾向がみられているが，OECD諸国のなかでは依然として海外留学がもっとも低調な国のひとつであり，国も大学も焦って送出し重視の方向で施策を展開している。このあたりの状況については，本書と対になる『大学の国際化と日本人学生の国際志向性』（横田・小林，2013）をご覧いただきたい。

　留学する学生の数が増えないことについては，圧倒的に多い米国留学に関してその授業料が驚くほど高騰していることや，ASEAN はもとより韓国や中国の学生に比べても英語力が低いことなどが指摘されてきた。すなわち，留学を妨げる要因についての検討である。しかし，それにもめげずに留学しようと志すためには，留学が人生にとってどのようなインパクトをもたらすのか，また，より現実的なところでは，留学はそのコストに見合うベネフィットがあるのかという疑問に答えられる実証的な研究が必要である。この観点からのコスト・ベネフィット分析も，留学が個人的な経験という側面を色濃くもっている以上，精緻に実証することは難しい。しかし，大規模調査による傾向の分析は可能であり，実際に第 2 章で紹介されているとおり，欧米ではいくつかの研究が実施されてきた。今回，文部科学省科学研究費（基盤 A：グローバル人材育成と留学の長期的なインパクトに関する調査）の助成をえて，これらの先行研究を参考にしながら，同世代・層の留学非経験者との比較という海外でもあまり実施されていない手法も用いた大規模調査を実施することができた。第 2 部はこの研究成果の報告である。

2．本研究の概要

　本研究では，現代日本の喫緊の課題であるグローバル人材育成に留学が果たす長期的なインパクトについて，包括的・体系的な調査分析を実施した。もちろん，留学は企業で活躍するグローバル人材を育成するためだけにあるのではない。極めて個人的な関心や人生の充実などが留学の大きな動機になってお

り，しかも人生の充実といっても，どの時点でどのように留学経験が生きてくるかは人それぞれで，直接知ることは難しい。しかし，調査対象となる回答者の数を大きくすることで，留学経験者の意識や行動傾向，留学と現在の生活や仕事などとの関係について，ある程度の傾向を把握することはできる。特に，本調査では対象となった留学経験のある回答者とほぼ同じ層とみなされる留学非経験者層に対しても同じ質問紙を用いた調査を行っている。先行研究にも少ない試みであり，興味深い結果を見出した。

　なお，補足的な調査として，留学経験者を雇用している企業を対象にした質問紙調査を㈱DISCOの協力をえて実施している。これについては本書第11章で報告される。また，本研究は，当初から実践への貢献につながることを念頭に行ってきた。このため，第2部の最後に，これらの調査をどのように授業に結びつけ，実際に留学に関心のある学生の背中を押せるのかを第12章として示した。

(1)　先行研究

　先行研究の概要は本書第2章と第3章をご覧いただきたい。ここでは，本調査と直接関係の深い先行研究のみ取り上げる。まず，欧州の先行研究であるCHEERSは，本研究の海外協力者でもあるUlrich Teichler教授（ドイツ・カッセル大学）を研究代表者として，1998年から2年間にわたり，欧州と日本の合計12ヵ国で大卒者（36,000人）の大学経験と職業経歴に関するデータを分析したものである。この後継プロジェクトであるREFLEXは，欧州を中心に16ヵ国，70,000人の高等教育修了者を対象に調査し，国際的な能力が就職に有利に働くことを示した。米国では，2006年から3年間，同様に本研究の海外協力者であるMichael Paige教授を代表とするミネソタ大学の研究チームにより，SAGEというプロジェクトが実施された。SAGEは，米国22大学の協力をうけ，留学経験のある卒業者6,391名の回顧的追跡調査（retrospective tracer study）を分析したもので，「市民社会参画」，「慈善事業」，「知識創造」，「社会起業」，「自発的で簡素な生活」という5つの側面に加え，「教育」や「職業」

についても測定した。国際的価値に関する留学の効果としては，「寛容性や多元的な視点」「国際的な活動への理解」「アイデンティティと価値に関する認識の変化」などが指摘されている。なお，SAGE に関する情報を直接収集して本研究に活かすため，SAGE にリーダーの 1 人として関わったミネソタ大学の Gerald Fry 教授を 2014 年 9 月に招聘し，研究会を開催した。

　日本において実施された関係の深い研究としては，グローバル人材の定義や指標に関する研究「大学におけるグローバル人材育成のための指標調査」（みずほ情報総研，2011），大学における国際教育の運用事例を調査した研究「グローバル人材育成のための大学教育プログラムに関する実証研究」（北村ほか，2010），大学生の留学と就職意識を調べた「日本人留学生の就職意識」（ディスコ，2012），雇用主の留学経験者に対する採用意識に関する「採用活動に関する企業調査」（ディスコ，2012），本書の対となる『大学の国際化と日本人学生の国際志向性』に収録されている日本人大学生が抱く外国人留学生受入れ意識と自らの留学希望などを調べた「日本人学生の国際志向性」（横田・竹田・河野，2013）などがある。しかし，留学の長期的効果や影響について組織的かつ包括的に行った調査はない。

(2)　調査の方法と内容
1 ）留学経験者調査
① 留学経験者の定義

　本調査で留学経験者として設定（定義）したのは，少なくとも小・中学校は主に日本で過ごし，高校卒業後に 3 ヵ月以上の海外留学を経験した人である。ただし，卒業後も留学を経験していれば，高校在学中に海外留学を経験していてもよいこととした。また，留学先の対象は，海外の高等学校，大学，大学院，職業・専門学校，語学学校である。インターナショナルスクールや民間のビジネス研修機関などは含まれていない。また，海外留学の目的は語学習得や学位取得などに限り，ボランティアやワーキングホリデーで海外に滞在した者は含まれていない。

② 調査期間・調査方法・対象者数

　調査は，本調査で立ち上げたホームページに質問紙をアップして，そこに直接回答していただく方式である。2015年1月〜5月の期間に，研究に参加した研究者・関係諸機関からよびかけて回答を促すとともに，条件に合う調査会社のモニターにも回答を依頼した。

　また，回答者ができるだけこれまでの海外留学者を代表できるように，文部科学省発表のこれまでの海外留学者数推移のデータを参考に，ほぼそのカーブに沿う形で回答者を集めた（本書巻末の「留学インパクト科研サマリーレポート：留学生送り出しの人数の比較」参照）。回収されたデータについてデータクリーニングを厳しく実施し，最終的に有効回答は 4,489 票となった。

③ 調査内容

　先に示した SAGE を参考に，留学中の経験や苦労，留学によって向上した能力，留学終了後の就職やキャリアへの影響，価値観・行動の変化について，自分の留学を振り返って回答してもらう回顧的追跡調査（retrospective tracer study）である。具体的な質問項目は巻末の調査票をご参照頂きたい。

　なお，複数の留学経験をもつ対象者については，自分にもっとも影響のあった留学経験を指定して回答してもらった項目もある。

2）留学非経験者調査

① 留学非経験者の定義

　本調査で留学非経験者として設定（定義）したのは，国内の大学もしくは大学院（修士課程・博士課程）を卒業した人で，日本にある企業（外資系企業を含む）に勤めているか，もしくは主婦・無職の人である。また，3ヵ月以上の海外留学や海外在住経験がなく（3ヵ月以内の海外旅行などは可），帰国子女ではなく，家庭内での外国語使用などにより大学・大学院入学前に外国語運用能力を身につけていた人ではなく，さらに国内のインターナショナルスクールにも通ったことがない人である。

② 調査期間・調査方法・対象者数

　調査内容は基本的に留学経験者と同じであるが，条件に照らして多少の文言

の修正を行っている。調査の実施期間は留学経験者調査終了後の 2015 年 8 月 ～ 9 月で，条件に合う調査会社のモニターを対象としてインターネット調査行い，データクリーニングを行って 1,298 票の有効回答をえた。

③ 調査内容

留学非経験者に対しては，できる限り留学経験者の質問項目と比較できるように配慮して，国内の大学・大学院での経験や卒業（修了）後のキャリアなどについて設定した。こちらも具体的な質問項目は巻末の調査票をご参照頂きたい。

3）雇用主意識調査

補足的に行ったものであるが，留学経験者とキャリアについての調査分析に実績をもつ㈱ディスコ社に委託して，企業の人事担当者などが，留学経験をもつ雇用者の資質や能力をどのように評価しているかをオンライン調査で実施した。本調査の結果ならびに㈱ディスコ社が行っている調査結果を合わせた報告は本書第 11 章に掲載されている。

(3) 分析の方法

アンケート調査票は，本研究メンバーで統計学の専門家である新田功明治大学教授監修のもと全メンバーで作成した。データ処理については，この分野の調査に定評のある㈱エールバリューに委託し，調査票作成時点から参加して頂いた。基本統計量はもとより，各種検定，多変量解析などを実施し，可能な限りこのデータを有効に活かす形で研究を進めてきた。

３．研究成果の発表

本研究については，現在「国際教育研究コンソーシアム（RECSIE: Research Consortium For the Sustainable Promotion of International Education）」のホームページに掲載されている。研究成果は 2017 年 5 月現在，国内外の下記の学会などで発表しており，発表資料はほとんどが公開されているので，詳しくは資料をダウンロードしてご覧頂きたい。また，関連研究の文献リストと文献解題な

どもホームページに掲載した。

■異文化間教育学会　第36回大会　2015年6月6日〜7日　千葉大学

　　発表名　「グローバル人材育成と留学の長期的なインパクトに関する研究―留学がその後のキャリアや人生に与える影響について―」

■日本比較教育学会　第51回大会　2015年6月13日（土）宇都宮大学峰キャンパス

　　発表名　「海外留学の長期的なインパクト：キャリア，能力・スキル，意識・行動，人生の満足度」

■留学生教育学会　第20回年次大会　2015年8月29日（土）日本電子専門学校

　　発表名　「海外留学の長期的なインパクト調査　留学後のキャリアと人生に対する満足度に焦点を当てて」

■Go Global Japan Expo 2015　第3回　2015年12月20日（日）明治大学

　　発表名　「海外留学の驚くべきインパクト」

■日本高等教育学会　第18回大会　2015年6月28（日）早稲田大学

　　発表名　「留学がもたらす長期的インパクトに関する国際比較調―グローバル人材育成において留学が果たす役割とは―」

■APAIE Annual Conference and Exhibition. March 2, 2016. Melbourne Convention and Exhibition Centre

　　発表名　Exploring Long-term Impact of Study Abroad and Fostering a Globally-Minded Workforce

■Comparative and International Education Society. March 7, 2016. Sheraton Wall Centre Vancouver, British Columbia, Canada

　　発表名　Exploring Long-term Impact of Japanese Study Abroad Experience: Undergraduate and Graduate Education

■G7 International Higher Education Summit "International Higher Education-Challenges for a Greater Impact on Global Academic Mobility-

"May 19, 2016.　JASSO Tokyo International Exchange Center

発表名　Exploring the long-term impact of study abroad: A case study of Japanese people

■異文化間教育学会　第 37 回大会　2016 年 6 月 5 日　桜美林大学

発表名　「海外留学の中長期的なインパクト：留学経験者と未経験者に対するオンライン質問票調査結果の比較から」

■国際アジア文化学会　第 25 回大会　2016 年 6 月 25 日　和洋女子大学

発表名　「グローバル人材育成と留学の中・長期的インパクトに関する研究　留学経験者と未経験者に対するオンライン調査結果より」

■大学教育における海外体験学習研究会　第 2 回研究会　2016 年 8 月 28 日　東洋大学

発表名　「キャリア形成の可能性」

■Australian International Education Conference. October 20, 2016. Melbourne Convention and Exhibition Centre

発表名　Exploring the Long-term Impact of Study Abroad: A Case Study of Japanese

■AAS-in-Asia. June 25, 2017. Korea University, Seoul

発表名　Monetary and non-monetary benefits brought about by study abroad for a degree: a comparative study between study for a degree in Japan and abroad

■留学生教育学会大会　第 22 回大会　2017 年 8 月 19 日　東洋大学

発表名　Comparison between monetary and non-monetary benefits brought about by studying for an undergraduate or graduate degree in Japan and abroad

【参考文献】

江淵一公『大学国際化の研究』玉川大学出版部，1997 年

ディスコ「日本人留学生の就職意識」「採用活動に関する企業調査」など。http://

www.disc.co.jp/career_research/（2017 年 10 月 30 日閲覧）

北村友人「グローバル人材育成のための大学教育プログラム」2010 年。http://
　library.criced.tsukuba.ac.jp/educate/pdf/global/001.pdf（2017 年 10 月 30 日閲覧）

みずほ情報総研「大学におけるグローバル人材育成のための指標調査」（経済産業
　省委託事業）2011 年

横田雅弘「序章　外国人留学生の受入れと日本人学生の国際志向性」横田雅弘・小
　林明編著『大学の国際化と日本人学生の国際志向性』学文社，2013 年

横田雅弘（研究代表者）『留学生交流の将来予測に関する調査研究』平成 18 年度文
　部科学省先導的大学改革推進経費による委託研究（委託先：一橋大学）2007 年

横田雅弘（研究代表者）「グローバル人材育成と留学の長期的なインパクトに関す
　る調査」科学研究費助成事業（基盤研究（A）課題番号 25245078）2016 年

横田雅弘・白土悟『留学生アドバイジング』ナカニシヤ出版，2004 年

横田雅弘・竹田理貴・河野有紀「日本人学生の国際志向性」，横田雅弘・小林明編
　著『大学の国際化と日本人学生の国際志向性』学文社，2013 年

IDP Education Australia（2003）*Global Student Mobility 2025 : Analysis of
　Global Competition and Market Share.*

留学の類型と特徴
～3ヵ月以上の留学経験者データ分析に基づいて～

■ 渡部　由紀

　OECD などの統計に基づいて文部科学省が発表する「日本人の海外留学状況」が 2004 年の 82,945 人をピークに減少の一途をたどり，2010 年頃から日本の若者の内向き志向が問題視されるようになった。2015 年には 54,676 人とピーク時の 3 分の 2 まで落ち込む一方で，日本学生支援機構による「協定等に基づく日本人学生留学状況調査結果」では，日本人の留学者数は，調査開始時の 2009 年の 36,302 人から 2016 年の 96,641 人と 7 年で 2.7 倍に増えている。2 つの調査の日本人留学者数の違いは，対象者の違いにある。前者では 1 年以上高等教育機関に在籍する留学生数のデータを収集し，後者では大学間の学生交流協定に基づき，教育や研究を目的として海外の大学などに留学した日本の高等教育機関に在籍している学生数のデータを収集している。つまり前者は外国の高等教育機関で学位取得を目指す日本人学生が主対象で，後者は日本の大学に在籍中で 1 年未満の海外留学をする日本人学生が主対象であり，日本人の留学傾向を理解するには，どちらも必要不可欠なデータである。

　これらの調査データから，留学と一口にいっても，その形態が多様であることがわかる。留学の目的，留学先（国・教育機関），留学の期間，時期（高校生，大学生，大学院生，社会人），費用など，個人が留学のあり方を決める要素は色々とある。前者の調査では高等教育機関に 1 年以上在籍する留学生を対象としているため，その多くが学位取得を目的として留学した学生だと推察されるが，単位取得や研究のために留学している学生もいるだろう。一方，後者の調査では，3 ヵ月未満の短期留学が 71.6%，3 ヵ月以上 1 年未満の中期留学が

25.2%，1年以上の長期留学が2.5%と，その大半が短期留学である（JASSO, 2017)。近年，日本の大学では，グローバル人材の育成に取り組んでおり，多様な短期海外留学プログラムの開発が進んでいる。従来の語学習得や異文化体験を目的とした語学・文化研修プログラムに加え，特定のテーマを設定し，講義やフィールドワークを主体としたプログラム，将来のキャリア形成のためのインターンシップ・プログラムなど，大学は留学の目的，学生の海外経験や語学力のレベルに応じた幅広い短期留学プログラムを提供するようになってきている。また，中期留学は海外協定校への1～2学期の単位取得留学が主流だと考えられるが，その数も2009年の13,498人から2016年の24,312人と7年で1.8倍の増加である。

　グローバル人材育成と留学の長期的なインパクトに関する調査では，1970年代以降に3ヵ月以上の留学を経験した人を対象としている。留学のインパクトの検証には，まずは多様な留学のあり方を体系的に理解することが重要である。そこで，本章では20代から60代の4,489人のもっとも重要な留学の回答

表5—1　「グローバル人材育成と留学の長期的なインパクトの関する調査」
に関する留学類型

教育機関	分類の基準	類型	回答数
学部	留学形態	学位取得型留学	747
		単位取得型留学	741
		その他の留学	382
大学院	専攻分野	文系1留学（人文・語学系，教養系）	147
		文系2留学（経済・経営系，社会学系，スポーツ・芸術系）	301
		理系留学（理工系，医療・看護・福祉系）	120
	留学費用の支弁方法	企業派遣型留学	202
語学学校	留学時期	学生時期の留学	607
		大学・大学院卒業後の留学	784
高校	留学形態	卒業型留学	82
		単位取得型留学	43

出所）著者作成

の分析結果から留学を類型化する（表5－1）。学部，大学院，語学学校，高校
の4種類の教育機関別に留学を類型化し，各留学類型の特徴とその主要な留学
パターンについて報告する。

1．学部留学の類型と特徴

(1)　学部留学の3類型

　学部留学をもっとも重要な留学と回答した留学経験者は1,870人で，30
代・40代が中心で各33％，20代・50代以上は各17％であった。回答者全体
の性別は，男性が52.0％，女性が48.0％とほぼ同割合であったが，年代別で
は20代・30代は女性の割合（59％，57％）が高く，40代・50代以上は男性の
割合（55％，73％）が高いという特徴がみられた（図5－1）。

　学部留学をもっとも重要だと回答した留学経験者は，いつ頃，どのような形
態の学部留学をしたのだろうか。78.4％が学生時期（高校在籍中・高校卒業後・
大学在籍中・大学院在籍中）に学部留学を開始したと回答しており（図5－2），
開始年齢も高校卒業後また大学在籍中の年齢にあたる18歳〜23歳が73.5％
を占めた（図5－3）。大学・大学院卒業後の学部留学も21.6％を占め，回答
者の年代が高くなるのに比例して，その割合が高くなっている（図5－2）。

図5－1　学部留学経験者の性別：年代別

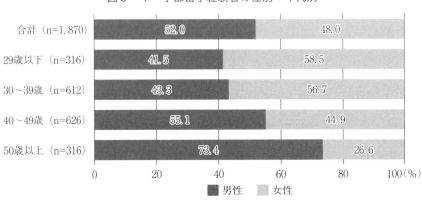

出所）著者作成

　留学形態については，学位取得／卒業（以下，学位取得型留学），単位取得（交換留学など）（以下，単位取得型留学），その他（以下，その他の留学）の 3 つの選択肢を提示し，回答を求めた。その結果は，学位取得型留学が 39.9％，単位取得型留学が 39.6％，その他の留学が 20.4％であった（図 5 ― 4）。年代別で比

図 5 ― 2　学部留学の時期：年代別

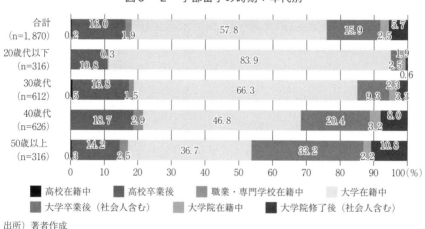

出所）著者作成

図 5 ― 3　学部留学の開始年齢（n = 1,870）

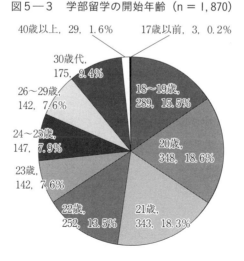

出所）著者作成

図５—４　学部留学の留学形態：年代別

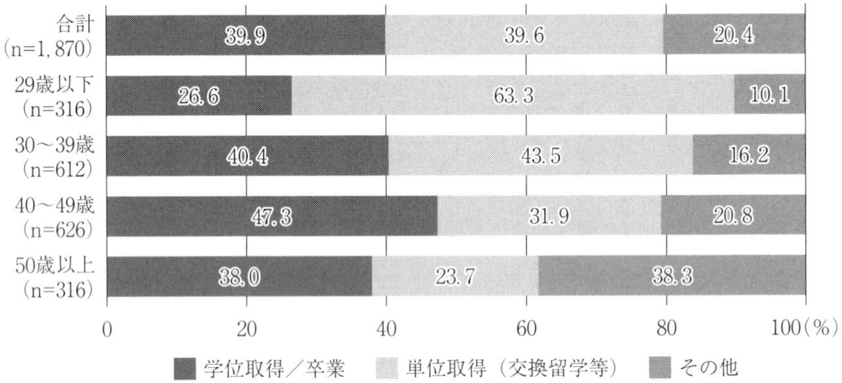

出所）著者作成

較すると，20代において，学位取得留学者の占める割合（26.6％）が低く，単位取得型留学者の占める割合が高いという，特徴的なパターンがみられた。単位取得型留学については，年代が下がるほど，その割合が高く，50代以上では23.7％だが，20代では63.3％であった（図５—４）。その一方で，その他の留学は，年代が上がるほど，その割合が高かった。これらの結果から，近年，日本の大学で交換留学の制度化と実用化が進み，若い年代において，単位取得型留学が留学の選択肢として定着したことが推察できる。

　学部留学の回答者の特徴をまとめると，30代・40代の回答者が多く，全体の男女比はほぼ同等であるが，年代が下がるほど女性の占める割合が高くなる。学生時期に留学した人が大半を占めており，大学在籍年齢にあたる18歳〜23歳に留学を開始した人が多い。留学形態は学位取得型留学と単位取得型留学が主流であるが，20代は他の年代と異なり単位取得型留学が多数を占める。この結果を踏まえ，学部留学を学位取得型留学，単位取得型留学，その他の留学と３つのタイプに分類し，それぞれの特徴を表５—２にまとめた。各学部留学類型の特徴について，(2)〜(5)項で，留学の期間，時期，留学先，留学費用の支弁方法，学問分野，留学理由の６項目に言及しながら，比較的に描写し，(6)項に本節のまとめとして，各学部留学類型の主要な留学パターンを考察

表5—2　学部留学の3類型と特徴

	学位取得型留学	単位取得型留学	その他の留学
年代	20代で，回答の比率が低い留学形態 20代　2.5割強，その他の年代　4～5割	年代が下がるにつれて，回答の比率が高い留学形態 特に20代の回答比率が高い 20代　6割強，50代　2割弱	年代が下がるにつれて，回答の比率が低い留学形態 特に50代での回答の比率が高い 20代　1割，50代　4割弱
性別	男女の割合はほぼ同等	男女の割合はほぼ同等	男性　6割 女性　4割
留学期間	2年以上5年未満　6割	1年未満　8割 1年以上2年未満　2割	1年未満　6割 1年以上2年未満　2.5割 2年以上3年未満　1割
留学時期	高校卒業後，大学在籍中，または大学卒業後 18歳～23歳に留学を開始した人が7割強	大学在籍中 18歳～23歳に留学を開始した人が約9割	大学在籍中，大学卒業後，または大学院修了後 18歳～23歳に留学を開始した人が5割 24歳以上が5割（30代で留学を開始した人が約4人に1人）
留学先	英語圏　約9割 アメリカ　7割強	英語圏　7.5割 アメリカ　5割	英語圏　約6割 アメリカ　4割 中国・韓国・台湾への留学が4人に1人
支弁方法	私費　9割強	私費　6割弱 給付奨学金　4割	私費　6割 勤務先からの援助　2割 給付奨学金　2割
学問分野	経済・経営系，人文・語学系，教養系の割合が高いが，比較的均等に分布している	人文・語学系が5割を占める 理系の割合が低い	人文・語学系が5.5割弱を占める 他の留学形態と比較して，理系の割合が高い
留学理由	1．語学習得 2．視野の拡大 3．知識・技能の習得 4．留学そのものが目的 5．現地での歴史・文化の学習	1．語学習得 2．視野の拡大 3．現地での歴史・文化の学習 4．知識・技能の習得 5．留学そのものが目的	1．語学習得 2．視野の拡大 3．現地での歴史・文化の学習 4．知識・技能の習得 5．最先端の学習環境

出所）著者作成

表5—3 学部留学時期：留学形態別

	高校在籍中	高校卒業後	職業・専門学校在籍中	大学在籍中	大学卒業後（社会人含む）	大学院在籍中	大学院修了後（社会人含む）	合計
学位取得／卒業	1	278	22	256	164	5	21	747
	0.1%	37.2%	2.9%	34.3%	22.0%	0.7%	2.8%	100.0%
単位取得（交換留学等）	2	5	5	676	24	20	9	741
	0.3%	0.7%	0.7%	91.2%	3.2%	2.7%	1.2%	100.0%
その他	1	16	9	148	110	22	76	382
	0.3%	4.2%	2.4%	38.7%	28.8%	5.8%	19.9%	100.0%
合計	4	299	36	1080	298	47	106	1,870
	0.2%	16.0%	1.9%	57.8%	15.9%	2.5%	5.7%	100.0%

出所）著者作成

表5—4 学部留学期間：留学形態別

	3ヵ月以上～6ヵ月未満	6ヵ月以上～1年未満	1年以上～2年未満	2年以上～3年未満	3年以上～4年未満	4年以上～5年未満	5年以上～6年未満	6年以上	合計
学位取得／卒業	29	62	99	140	172	151	50	44	747
	3.9%	8.3%	13.3%	18.7%	23.0%	20.2%	6.7%	5.9%	100.0%
単位取得（交換留学等）	168	406	146	17	3	1	0	0	741
	22.7%	54.8%	19.7%	2.3%	0.4%	0.1%	0.0%	0.0%	100.0%
その他	87	141	101	39	11	1	1	1	382
	22.8%	36.9%	26.4%	10.2%	2.9%	0.3%	0.3%	0.3%	100.0%
合計	284	609	346	196	186	153	51	45	1,870
	15.2%	32.6%	18.5%	10.5%	9.9%	8.2%	2.7%	2.4%	100.0%

出所）著者作成

表5—5 学部留学先：留学形態別

	アメリカ	イギリスなどEU英語圏	オセアニア	カナダなど北中米英語圏（米以外）	その他英語圏	ドイツ・フランスなどEU非英語圏	中国・韓国・台湾	その他	合計
学位取得／卒業	548	46	34	29	3	31	48	8	747
	73.4%	6.2%	4.6%	3.9%	0.4%	4.1%	6.4%	1.1%	100.0%
単位取得（交換留学等）	382	67	56	44	4	75	86	27	741
	51.6%	9.0%	7.6%	5.9%	0.5%	10.1%	11.6%	3.6%	100.0%
その他	152	40	12	12	4	52	92	18	382
	39.8%	10.5%	3.1%	3.1%	1.0%	13.6%	24.1%	4.7%	100.0%
合計	1,082	153	102	85	11	158	226	53	1,870
	57.9%	8.2%	5.5%	4.5%	0.6%	8.4%	12.1%	2.8%	100.0%

出所）著者作成

表5―6　学部留学費用の支弁方法：留学形態別

	給付奨学金（海外の政府・大学・団体等の奨学金も含む）	勤務先からの援助	私費（貯金，家族等からの援助，留学のための教育ローンの利用も含む）	合計
学位取得／卒業	54	10	683	747
	7.2%	1.3%	91.4%	100.0%
単位取得（交換留学等）	313	18	410	741
	42.2%	2.4%	55.3%	100.0%
その他	66	72	244	382
	17.3%	18.8%	63.9%	100.0%
合計	433	100	1337	1,870
	23.2%	5.3%	71.5%	100.0%

出所）著者作成

図5―5　学部留学の学問分野：留学形態別

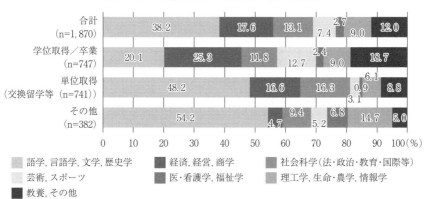

出所）著者作成

する。

(2)　学位取得型留学

　学位取得型留学経験者747人の7割強が18歳～23歳までに留学を開始したと回答しており，留学時期は主に高校卒業後（37.2%），大学在籍中（34.3%），大学卒業後（22.0%）と3つ異なる時期がみられた（表5―3）。留学期間は3年以上4年未満（23.0%），4年以上5年未満（20.2%）がもっとも多く，一般的に大学卒業に要する期間（3～5年）といえる（表5―4）。また，3年未満

の回答の合計も 44.2％を占めている。前述の通り，留学時期を日本の大学在籍中また大学卒業後と回答した数が約 6 割を占めており，日本の大学で取得した単位を互換し，外国の大学を卒業するという留学パターンもかなりの割合を占めていると推測できる。

　留学先は英語圏が主流で 88.5％を占めた（表 5 − 5）。なかでもアメリカ留学が圧倒的多数（73.4％）を占めた。

　留学費用の支弁方法は，私費（貯金，家族などからの援助，留学のための教育ローンの利用も含む）が 91.4％を占め（表 5 − 6），学部レベルの学位取得留学で奨学金を受給したケースは非常に限られていることがわかる。

　学問分野は，経済・経営・商学（以下，経済・経営系），語学・言語学・文学・歴史学（以下，人文・語学系），教養・その他（以下，教養系）がもっとも多く，順に 25.3％，20.1％，18.7％でそれぞれ 2 割程度を占めた（図 5 − 5）。学位取得型留学を他の留学形態と比較すると，学問分野が比較的均等に分布しており，芸術・スポーツ（以下，芸術・スポーツ系），社会科学（法・政治・教育・国際など）（以下，社会科学系），理工学・生命・農学・情報（以下，理工系）も，12.7％，11.8％，9.0％と，1 割程度を占めた。

(3)　単位取得型留学

　単位取得型留学は，回答者 741 人の 91.2％が大学在籍中に留学し，77.5％が留学期間を 1 年未満と回答しており，大学在籍中の 1 年以内の交換留学または休学留学（大学を休学して，外国の大学へ留学）が主要なパターンと考えられる（表 5 − 3，4）。留学開始年齢も，約 9 割が大学在籍年齢にあたる 18 歳〜 23 歳であった。

　留学先は学位取得型留学同様，英語圏が主流で 74.6％を占めた（表 5 − 5）。しかし，アメリカは全体の 51.6％で，アメリカ以外の英語圏への留学者の割合が，学位取得型留学と比較すると若干高かった。また，4 人に 1 人が非英語圏に留学しており，単位取得型留学における留学先はより多様な傾向がみられた。特に 20 代・30 代の留学先が多様になっており，アメリカの占める割合は

50％以下で，20代はEU非英語圏が15％強，東アジアが15％弱，30代は東アジアが15％弱，オセアニアが10％強を占めた。

　留学費用の支弁方法は，私費が55.3％，給付奨学金（海外の政府・大学・団体などの奨学金も含む）が42.2％と二分しており，学位取得型留学と比較すると奨学金をえて留学したケースが多かった（表5—6）。

　学問分野は，人文・語学系が48.2％を占めており（図5—5），以下に述べる(5)留学理由の結果からも，単位取得型留学においては，専門分野の学習成果よりも，外国語とその国の文化に関する知識の習得などの異文化コミュニケーション能力の向上を目的とした留学が多い傾向がみられる。単位取得型留学のもうひとつの特徴は，他の留学形態に比べて，理系の占める割合が低いことである（図5—5）。その要因として，必修科目が多く，積み上げ型教育課程を特徴とする理系分野で学ぶ学生にとって，海外の大学で取得した科目の単位を卒業要件科目の単位数として認定する単位取得型留学はハードルの高い留学形態であることが推察される。

(4)　その他の留学

　その他の留学は，前述の2つの留学形態と比較すると，留学の開始年齢がやや高く，留学の時期も遅い傾向がみられた。留学時期は回答者382名の38.7％が大学在籍中，28.8％が大学卒業後，19.9％が大学院修了後と回答しており（表5—3），留学開始年齢においては，18歳から23歳までが5割（47.9％）に満たず，24歳以降に留学を開始した人が5割（52.1％）以上であった。また，30代以上で留学を開始した人が30.6％を占め，理工系または医療・看護・福祉系を専攻した人がその半数を占めた。

　留学期間は単位取得型留学と同様に1年未満が多く，59.7％を占めているが，1年以上2年未満が26.4％，2年以上3年未満が10.2％とやや長めの傾向が伺える（表5—4）。特に理工系と医療・看護・福祉系は留学期間が長期的な傾向があり，82人中42人（51.2％）が1年以上3年未満に該当した。

　留学先は他の留学形態に比べ，英語圏の占める割合が低く57.5％で，アメ

リカ留学も 4 割未満であった（表5-5）。一方，約 4 人に 1 人が東アジアへ留学しているという特徴がみられた。東アジアへの留学経験者 92 人中 79 人（85.9％）が人文・語学系の専攻であった。

　留学費用の支弁方法は，他の留学形態と比較すると，勤務先からの援助の占める割合が 18.8％と高かった（表5-6）。学部留学全体で勤務先からの援助があった回答者は 100 人であったが，そのうち 72 人がその他の留学と回答している。

　学問分野においては，単位取得型留学と同様に人文・語学系がもっとも多く，54.2％を占めた（図5-5）。また，理工系（14.7％），医療・看護・福祉系（6.8％）の割合が，他の留学形態と比較して高いという特徴がみられた。これらの学問分野の留学経験者は勤務先からの援助をうけている割合が高く，その他全体では 18.8％（382 人中 72 人）であるのに対し，理工系は 37.5％（56 人中 21 人），医療・看護・福祉系は 34.6％（26 人中 9 人）と約 2 倍であった。さらに，給付奨学金の受給割合においても，その他全体では 17.3％（382 人中 66 人）であるのに対し，理工系は 32.1％（56 人中 18 人），医療・看護・福祉系は 30.8％（26 人中 8 人）であった。

⑸　留学の理由

　留学を考える際には，一般的に複数の目的があり，また外的要因（周囲の勧め，過去の海外居住経験など）が留学の決定に与える影響も大きい。もっとも重要な留学の主な理由について，16 の選択肢[1]を提示し，最大 3 つまで選択し，重要度の高い順に回答してもらった。1 位 3 点，2 位 2 点，3 位 1 点として得点を換算し，得点の高い上位 5 つの留学の理由について，3 つの学部留学類型間で比較した。その結果，学部留学では，3 類型間で重要な留学の理由に共通した傾向がみられた（表5-2）。

　まず，学位取得型留学と単位取得型留学の上位 5 つの理由は順位に一部違いはあるものの，すべて同じであり，上位から「語学を学びたかったから（以下，語学の習得）」「外国生活により視野を広げたかったから（以下，視野の拡

大)」「知識・技能をえたかったから（以下，知識・技能の習得）」「その国の歴史・文化について現地で学びたかったから（以下，現地での歴史・文化の学習）」「とにかく留学したかったから（以下，留学そのものが目的）」であった。その他の留学も異なった理由はひとつで，「留学そのものが目的」の代わりに「学問・研究領域が最先端の国・大学で学びたかったから（以下，最先端の学術環境）」が5位に入った。

(6)　まとめ

　最後に，本節のまとめとして，分析した学部留学の3類型の特徴から各留学類型における主要なパターンを考察する。

　学部・学位取得型留学は，アメリカをはじめとする英語圏への私費留学が主流で，留学先の大学での専攻分野は多様である。留学の主なルートは日本の高校を卒業後に外国の大学に入学，または日本の大学に入学し，在籍中または卒業後に外国の大学に編入するという2つのパターンがある。留学期間は2年以上5年未満で，留学前の日本での高等教育経験により異なる。この留学類型は，20代の回答者に占める割合が少なかった留学類型である。

　学部・単位取得型留学は，日本の大学在籍中に主に人文・語学系の学習を目的とした1年未満の留学が主流である。学問分野を問わず，給付奨学金の受給率が比較的高い。留学先はアメリカをはじめとする英語圏が中心であるが，若い年代において，非英語圏へ留学者数が増加傾向にある。この留学類型は年代が低くなるほど回答者の割合が高くなり，特に20代の回答者の多数を占める留学類型となっている。

　その他の留学には，2つの主要なパターンがみられた。ひとつは日本の大学在籍中または日本の大学・大学院卒業後に主に人文・語学系の学習を目的とした1年未満の留学である。主な留学先はアメリカをはじめとする英語圏であるが，東アジアへの留学も一定の割合を占める。もうひとつは日本の大学在籍中または日本の大学・大学院卒業後に，主に研究や実習を目的とした留学である。このタイプの留学は理系に多く，勤務先からの援助をうけた企業派遣留

学，また給付奨学金を受給しているケースが多い。留学先は学問領域での最先端の学術環境を求めて，アメリカ，イギリス，ドイツ，フランスへの留学が多い。

　学部留学の理由は，留学類型にかかわらず，語学の習得や視野の拡大といった異文化コミュニケーション能力の向上を目的とした理由が重視されている。成人期に入る前の大学時代の留学では，留学経験がもたらす人間的成長への期待がアカデミックな学習成果よりも大きいことが推測される。

2. 大学院留学の類型と特徴

(1)　大学院留学の4類型

　大学院留学をもっとも重要な留学と回答した留学の経験者は770人で，30代・40代が中心で36.4%，30.3%で，次いで50代以上が24.8%で，20代は8.5%であった。留学類型別にみると，理系（理工系，医療・看護・福祉系）留学は20代・30代の回答者が多く（48.3%），回答者の年代が若い傾向にあった（図5−6）。一方，企業派遣留学は50代以上の回答者の割合が61.4%と非常に高く，40代・50代以上の合計が85.7%と大半を占めており，他の留学類型の回答者の年代パターンと大きく異なっていた。

　回答者の性別は，男性が70.4%，女性が29.6%と男性の割合が約40%高かった。年代別にみると20代・30代・40代は女性が占める割合が38.8%，46.0%，31.6%と3割を超えていたが，50代以上の女性の割合が13.6%と低かった（図5−7）。平成28年度の日本の大学院在籍者数に占める女性の割合は31.5%[2]であり，回答者の年代を考慮すると，大学院留学経験者に占める女性の割合は比較的高いといえる。

　本調査の大学院留学の結果を基に，大学院留学を4つのタイプに分類した。大学院留学は，その目的を学術的な成果を第一義とすることが多いため，まず，学問分野に基づいて，文系1留学（人文・語学系，教養系），文系2留学（経済・経営系，社会学系，スポーツ・芸術系），理系留学（理工系，医療・看護・福祉系）に3分類した。さらに，大学院留学において，4人に1人が勤務先からの

図 5 ― 6　大学院留学経験者の現在の年代：留学類型別

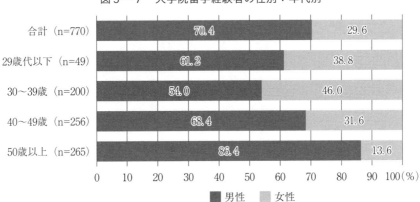

出所）著者作成

図 5 ― 7　大学院留学経験者の性別：年代別

出所）著者作成

援助をうけていたため，企業派遣留学を学問分野に関係なくひとつの留学類型
として加えた。各大学院留学類型の特徴について，(2)～(6)項で，回答者の年
代，性別，教育課程，留学形態，留学期間，留学時期，留学開始年齢，留学
先，留学費用の支弁方法，留学理由の 10 項目に言及しながら，比較的に描写
し，(7)項に本節のまとめとして，各大学院留学類型の主要な留学パターンを考
察する。

表5—7　大学院留学の4類型

	文系1留学 （人文・語学系，教養系）	文系2留学 （経済・経営系，社会学系，スポーツ・芸術系）	理系留学 （理工系，医療・看護・福祉系）	企業派遣留学
回答者の年代	50代　2.5割強 40代　4割弱 30代　3割弱 20代　1割	50代　2.5割弱 40代　4割 30代　3割 20代　0.5割強	50代　2.5割弱 40代　3割弱 30代　3.5割 20代　1.5割弱	50代　6割強 40代　2.5割 30代　1.5割 20代　0.5割
性別	男性　5.5割弱 女性　4.5割強	男性　6割弱 女性　4割強	男性　8割強 女性　2割弱	男性　9.5割 女性　0.5割
教育課程	修士課程　6割強 博士課程　4割弱	修士課程　8割 博士課程　2割	修士課程　5割 博士課程　5割	修士課程　8割強 博士課程　2割弱
留学形態	学位取得　7割強 （修士7.5割，博士6.5割） 単位取得　1.5割 その他　1割弱	学位取得　9割 単位取得　0.5割強	学位取得　5.5割 （修士6割弱，博士5割） 単位取得　2割 （修士3割，博士1.5割） その他　2.5割 （修士1.5割，博士4割）	学位取得　7.5割 （修士8割，博士5割） 単位取得　1割弱 その他　1.5割
留学期間	1年以上2年未満　3.5割	1年以上2年未満　3割 2年以上3年未満　3.5割	1年未満　4割弱 3年以上　3割強	1年以上2年未満　6割強 2年以上3年未満　2割強
留学時期	大学卒業後　4割 大学院在籍中　3割	大学卒業後　6割程度	大学院在籍中　5割以上	大学卒業後　6.5割 大学院卒業後　3割
留学開始年齢	26歳〜29歳　4割 30歳代　2.5割 平均値　27.59歳 中央値　27.0歳	26歳〜29歳　3割弱 30歳代　3割 平均値　27.90歳 中央値　27.0歳	24歳〜25歳　3割弱 26歳〜29歳　3割弱 平均値　27.06歳 中央値　25.5歳	26歳〜29歳　3.5割強 30歳代　5割弱 平均値　30.39歳 中央値　30.0歳
留学先	アメリカ　4割 イギリス　2割弱 フランス　1割弱 オーストラリア　1割弱 ドイツ　0.5割強	アメリカ　5.5割 イギリス　2.5割 （芸術・スポーツ系はドイツ留学の割合がアメリカ留学と同等に高く，2.5割，次いでイギリスが1.5割）	アメリカ　5.5割 イギリス　1割 ドイツ　0.5割強	アメリカ　8割強 イギリス　1割弱
支弁方法	給付奨学金　4割弱 私費留学　6割強	給付奨学金　2.5割 私費留学　7.5割強	給付奨学金　6割弱 私費留学　4割強	勤務先からの援助　10割
留学理由	1．最先端の学習環境 2．知識・技能の習得 3．語学の習得 4．海外の学位の取得 5．視野の拡大	1．最先端の学習環境 2．知識・技能の習得 3．海外の学位の取得 4．視野の拡大 5．語学の習得	1．最先端の学習環境 2．知識・技能の習得 3．視野の拡大 4．自己鍛錬 5．留学そのものが目的	1．最先端の学習環境 2．知識・技能の習得 3．視野の拡大 4．海外の学位の取得 5．語学の習得

出所）著者作成

(2)　文系1留学（人文・語学系，教養系）

　文系1留学（人文・語学系，教養系）の回答者数は147人で，男性が53.7％，女性が46.3％とほぼ同割合で，大学院留学4類型のなかで女性の占める割合がもっとも高かった。学位課程は修士課程が63.9％，博士課程が36.1％を占め，他の大学院留学類型と比較すると博士課程の割合が高い傾向がみられた。留学形態は学位取得型留学が72.1％（修士76.6％，博士64.2％）と高く，単位取得型留学が14.3％（修士14.9％，博士13.2％），その他の留学が13.6％（修士8.5％，博士22.6％）とほぼ同割合であった。留学時期は，大学卒業後が37.4％，大学院在籍中が32.7％，大学院卒業後が18.4％で，大学院在籍中の留学が比較的多い傾向にあった（図5—8）。留学開始年齢は26歳〜29歳がもっとも多く40.8％を占め，次いで30代の23.1％であった。教育課程別に留学開始の平均年齢をみてみると，修士課程が26.59歳，博士課程が29.36歳であった。留学期間は，1年以上2年未満が35.4％ともっとも多く，残りは1年未満，2年以上3年未満，3年以上の各期間に2割前後で分散していた（図5—9）。

　留学先は10人以上の回答数があったのは，アメリカ（40.8％），イギリス（17.0％），フランス（9.5％），オーストラリア（8.8％）の4ヵ国で全体の76.2％を占めた（表5—8）。

　留学費用の支弁方法は，私費が61.9％，給付奨学金（海外の政府・大学・団体などの奨学金も含む）が38.1％（修士25.5％，博士60.4％）であった（図5—10）。給付奨学金の受給率は博士課程の単位取得型留学またはその他の留学（84.2％）がもっとも高く，修士課程の学位取得型留学（12.5％）がもっとも低かった。

(3)　文系2留学（経済・経営系，社会学系，スポーツ・芸術系）

　文系2留学（経済・経営系，社会学系，スポーツ・芸術系）の回答者数は301人で，男性が57.8％，女性が42.2％で男性の割合が高かった。教育課程は修士課程が81.4％と大半を占め，博士課程は18.6％と低かった。また，留学形態は学位取得型留学が91.7％（修士92.2％，博士89.3％）と非常に高かった。留学時期は，大学卒業後が57.5％を占めた（図5—8）。留学開始年齢は26歳〜29

歳（32.9%）と 30 歳代（29.2%）に二分しており，合計で 6 割強を占めた。留学期間は，一般的な修士課程の修業年限に当たる 1 年以上 2 年未満が 35.9%，2 年以上 3 年未満が 31.9%で，約 7 割となった（図 5－9）。

　留学先は 10 人以上の回答数があったのは，アメリカ（54.8%），イギリス

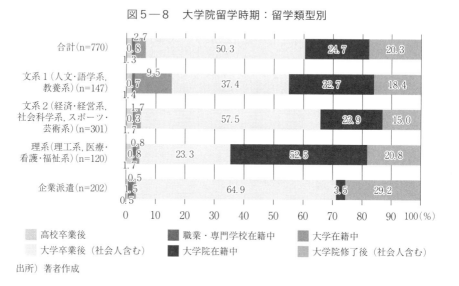

図 5－8　大学院留学時期：留学類型別

出所）著者作成

図 5－9　大学院留学期間：留学類型別

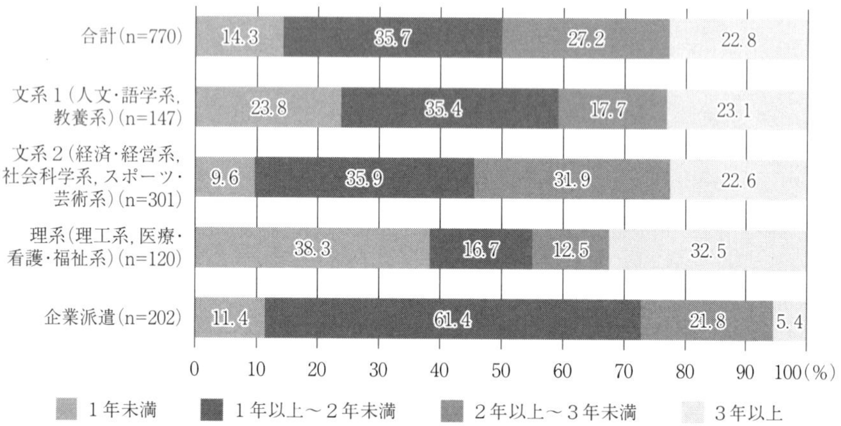

出所）著者作成

表 5 — 8　大学院留学先上位 10 ヵ国：留学類型別

文系 1（人文・語学系，教養系）		文系 2（経済・経営系，社会科学系，スポーツ・芸術系）		理系（理工系，医療・看護・福祉系）		企業派遣	
国名	回答数	国名	回答数	国名	回答数	国名	回答数
アメリカ	60	アメリカ	165	アメリカ	67	アメリカ	165
イギリス	25	イギリス	72	イギリス	13	イギリス	15
フランス	14	ドイツ	11	ドイツ	8	フランス	6
オーストラリア	13	カナダ	8	オーストラリア	4	オーストラリア	4
ドイツ	9	オーストラリア	6	カナダ	4	カナダ	3
中国	5	フランス	5	ニュージーランド	4	台湾	1
カナダ	4	中国	5	スウェーデン	4	ドイツ	1
台湾	3	スイス	4	フランス	2	韓国	1
韓国	3	台湾	4	スイス	2	アイルランド	1
フィリピン	3	スウェーデン	3	タイ	2	イタリア	1
その他	8	オランダ	3	その他	10	シンガポール	1
		その他	15			タイ	1
						ブラジル	1
						ロシア	1
合計	147	合計	301	合計	120	合計	202

出所）著者作成

図 5 — 10　大学院留学費用の支弁方法：留学類型別

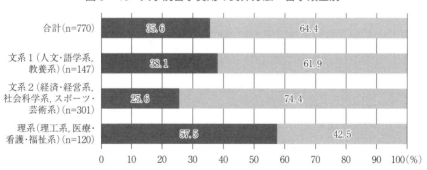

合計（n=770）　35.6　64.4
文系 1（人文・語学系，教養系）（n=147）　38.1　61.9
文系 2（経済・経営系，社会科学系，スポーツ・芸術系）（n=301）　25.6　74.4
理系（理工系，医療・看護・福祉系）（n=120）　57.5　42.5

0　10　20　30　40　50　60　70　80　90　100（%）

■ 給付奨学金（海外の政府・大学・団体等の奨学金も含む）
▨ 私費（貯金，家族等からの援助，留学のための教育ローンの利用も含む）

出所）著者作成

（23.9％），ドイツ（3.7％）の3ヵ国で全体の82.4％を占めた（表5-8）。アメリカとイギリスの占める割合が約8割と非常に高いのが，この留学類型の特徴である。また，ドイツはスポーツ・芸術系分野の留学経験者が大半（11人中9人）を占めた。

　留学費用の支弁方法は，私費が74.4％，給付奨学金（海外の政府・大学・団体などの奨学金も含む）が25.6％と，すべての大学院留学類型のなかで，私費留学の割合がもっとも高かった（図5-10）。文系2留学のなかでは，経済・経営系が私費留学の割合がもっとも高く，82.9％（修士89.2％，博士52.4％），社会学系がもっとも低く，66.7％（修士71.8％，博士46.4％）であった。

⑷　理系留学（理工系，医療・看護・福祉系）

　理系留学（理工系，医療・看護・福祉系）の回答者数は120人で，男性が81.7％，女性が18.3％で，圧倒的に男性の占める割合が高かった。学位課程は修士課程が51.7％と博士課程が48.3％とほぼ同割合であった。また，留学形態は学位取得型留学の割合が54.2％（修士58.1％，博士50.0％）で，他の大学院留学類型と比較すると，その割合はかなり低かった。また，留学時期において，大学院在籍中が52.5％と高く（図5-8），留学開始年齢が24歳〜25歳が28.3％，26歳〜29歳が26.7％で，他の留学類型と比較すると留学開始年齢が低い傾向がみられた。留学期間は1年未満が38.3％ともっとも多く，次いで3年以上が32.5％となっており，他の留学類型とは異なるパターンがみられた（図5-9）。

　留学先は10人以上の回答数があったのは，アメリカ（55.8％），イギリス（10.8％）の2ヵ国で全体の66.7％を占めている（表5-8）。

　留学費用の支弁方法は私費が42.5％，給付奨学金（海外の政府・大学・団体などの奨学金も含む）57.5％（修士41.9％，博士74.1％）と，企業派遣留学を除くすべての留学類型のなかで，私費留学の割合がもっとも低かった（図5-10）。理系留学（理工系，医療・看護・福祉系）は単位取得型留学とその他の留学を合計した割合が45.8％と高く，これらの留学形態で，給付奨学金の受給割合が高

かった。学位取得型留学における給付奨学金の受給割合は 46.2％（修士 27.8％，博士 69.0％）だが，単位取得型留学では 69.2％（修士 66.7％，博士 75.0％），その他の留学では 72.4％（修士 50.0％，博士 81.0％）であった。

(5)　企業派遣留学

　企業派遣留学の回答者数は 202 人で，男性が 94.6％，女性が 5.4％で，大学院留学の 4 類型のなかで，男性の占める割合がもっとも高かった。また，回答者の年代をみると，50 代以上の占める割合が 61.4％と非常に高く，他の留学類型とは異なる企業派遣留学特有のパターンとなっている（図5－6）。学位課程は修士課程が 82.7％，博士課程が 17.3％で，修士課程が大半を占めた。しかしながら，学問分野によって，留学する学位課程に違いがあり，理系分野では 6 割が博士課程（理工系 57.1％，医学・看護・福祉系 5.7％）であった。留学形態は学位取得型留学が 76.2％（修士 82.0％，博士 48.6％），単位取得型留学が 7.9％（修士 9.0％，博士 2.9％），その他の留学が 15.8％（修士 9.0％，博士 48.6％）であった。留学期間は，一般的な修士課程の修業年限に当たる 1 年以上 2 年未満が 61.4％，2 年以上 3 年未満が 21.8％で，約 8 割を占めた（図5－9）。また留学開始年齢は 2 人に 1 人が 30 代（48.5％）で，次いで 26 歳〜29 歳が 36.1％を占めており，他の留学類型と比較すると留学開始年齢が高い傾向がみられた。企業派遣留学の学問分野は，経済・経営・商学が 44.1％と高く，次いで社会科学（法・政治・教育・国際など）が 26.2％，理工学・生命学・農学・情報学が 21.3％であった。留学先はアメリカが 81.7％，次いでイギリスが 7.4％で，2 ヵ国で約 9 割を占めた（図5－11）。

(6)　留学の理由

　留学した主な理由は，重要度のもっとも高い留学の理由の上位 1 〜 3 位を得点化（1 位 3 点，2 位 2 点，3 位 1 点）し，得点の高かった上位 5 つの理由を大学院留学の類型間で比較した。

　大学院留学の 4 類型のうち，理系留学を除くすべての類型で上位 5 位の理由

図5―11　企業派遣留学の学問分野（n＝202）

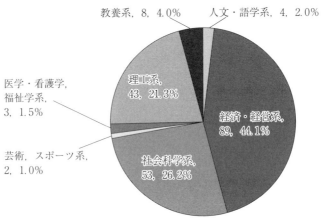

出所）著者作成

が共通していた。理系留学においても，「最先端の学習環境」「知識・技能の習得」「視野の拡大」の3つは共通しており，最初の2つの理由は，すべての類型で上位2位にあり，大学院留学では学術的な成果に関する理由が重視されていることがわかる（表5―7）。

　理系留学を除く3類型に共通していた他の2つの理由は，「海外の学位の取得」「語学の習得」であった。一方，理系留学特有の理由は，社会人基礎力に関係のある「自己鍛錬」「留学そのものが目的」であった。理系留学で，「学位取得」が留学の理由として重要度が低かった要因に，他の留学類型と異なり，学位取得型留学の占める割合が低かったことがあげられる。そこで，学位取得型留学のみの留学理由の結果を留学類型間で比較したところ，学位取得は理系留学では5位に，他の留学類型では上位2位または3位となった。理系留学において，学位取得は，留学理由としての重要度が相対的に低い傾向がみられた。

(7)　まとめ

　最後に，本節のまとめとして，分析した大学院留学4類型の特徴から主要な

パターンを考察する。

　大学院・文系 1 留学（人文・語学系，教養系）では，3 つの主要なパターンがみられる。1 つ目は，大学卒業後，学位取得を目的とした修士課程への私費留学である。これがもっとも多くみられたパターンである。2 つ目が，学位取得を目的とした博士課程への私費または給付奨学金での留学である。このパターンは，大学卒業後，大学院卒業後，そして日本の大学院在籍中に留学する 3 つのルートが同割合でみられる。3 つ目が，日本の大学または大学院在籍中の単位取得または研究を目的とした 2 年未満の留学である。このパターンの留学では，修士課程では，単位取得を目的に，博士課程では，研究を目的にする（単位取得を必要としない）ケースが多い。また，このパターンの留学は給付金奨学金の受給率が高い。最後に，大学院・文系 1 留学（人文・語学系，教養系）の留学先はすべてのパターンにおいて，アメリカをはじめとする英語圏が中心ではあるが，一定の割合でフランスやドイツ，また東アジアへ留学する人がいる。

　大学院・文系 2 留学（経済・経営系，社会学系，スポーツ・芸術系）の主要なパターンはひとつで，社会人を経験し 20 代後半から 30 代前半に，アメリカまたはイギリスへの学位取得を目的とした修士課程の私費留学である。

　理系留学（理工系，医療・看護・福祉系）の主要なパターンは 2 つで，ひとつは修士号または博士号の学位取得を目的としたアメリカを中心とする先進国への留学である。もうひとつは，大学院在籍中に修士課程であれば単位取得，博士課程であれば研究を目的としたアメリカを中心とする先進国への 1 年未満の留学である。理系留学は給付奨学金の受給率が留学類型にかかわらず高い。

　最後に，企業派遣留学の主要な留学パターンは，20 代後半から 30 代にかけてのアメリカでの MBA をはじめとする，より実用的な学問分野の修士号の取得を目的とした留学である。そして，割合としては多くないが，産学連携による研究開発を目的とした理工系分野を中心とした留学もこの留学類型の一パターンとしてあげておきたい。このタイプの留学は 30 代が多く，留学先はアメリカである。

　大学院留学の理由は，類型にかかわらず，共通しており，最先端の学習環境

や知識・技能といった学術的な成果に関する理由がもっとも重視されている。学術的な理由以外の留学理由では，理系留学を除く類型（文系１・２留学と企業派遣留学）で共通しており，語学の習得が重視されている。一方，理系留学では自己鍛錬や留学そのものが目的といった社会人基礎力の向上に関係する目的があげられている。

３．語学留学の類型と特徴

(1)　語学留学の２類型

　もっとも重要な留学を語学留学とした回答者は1,391人で，男性が36.6％，女性が63.4％で，女性の占める割合が高かった。回答者の年代は，30代・40代が多く，32.4％，40.5％，20代・50代以上は9.4％，17.7％であった。

　留学時期は，学生時期（高校在籍中・高校卒業後・大学在籍中・大学院在籍中）の語学留学が43.6％で，大学・大学院卒業後の留学が56.4％であった（図5―12）。留学開始年齢は高校から大学の一般的な在籍年齢に当たる23歳以下が46.5％で，社会人年齢に当たる24歳以上は53.1％であった（図5―13）。特に24歳～29歳の割合が35.7％と高い割合を占めた。また年代が高くなるほど，大学・大学院卒業後の語学留学の割合が高くなる傾向がみられた。

　本調査の語学留学の結果を基に，語学留学を２つのタイプに分類した（表5―10）。語学留学は，留学した時期と年齢から，学生時期の語学留学，そして大学・大学院卒業後の語学留学の２類型とした。以下に，各語学留学類型の特徴を，留学期間，留学開始年齢，留学先，留学費用の支弁方法，留学理由の５項目に言及しながら，比較的に描写し，最後に本節のまとめとして各語学留学類型の主要な留学パターンを考察する。

　学生時期の語学留学とは，高校在籍中，高校卒業後，大学在籍中，大学院在籍中のいずれかの時期の語学留学である。一方，大学・大学院卒業後の語学留学とは，社会人経験者を含む20代半ばから30代を中心とした語学留学である。

　まず，語学留学の２類型の大きな違いは留学開始年齢である。学生時期の語

図 5 ─ 12　語学留学の時期：年代別

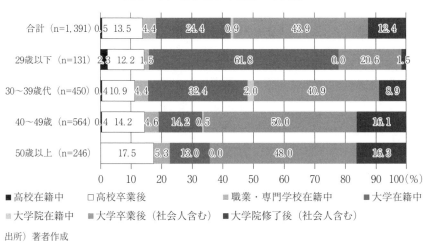

■高校在籍中　　□高校卒業後　　　■職業・専門学校在籍中　■大学在籍中
■大学院在籍中　■大学卒業後（社会人含む）　■大学院修了後（社会人含む）

出所）著者作成

図 5 ─ 13　語学留学の開始年齢（n ＝ 1,391）

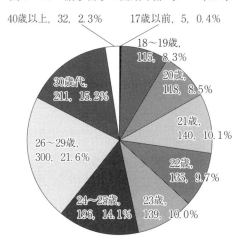

出所）著者作成

学留学は大学在籍年齢にあたる 18 〜 23 歳が 81.6％を占め，大学・大学院卒
業後の留学は 24 歳以上が 80.6％を占めた（図 5 ─ 14）。

　留学期間については，学生時期の語学留学は 1 年未満の留学が 80.1％を占
めた（図 5 ─ 15）。一方，大学・大学院卒業後の留学では 1 年未満が 64.3％で，

表5—9　語学留学の2類型と特徴

	学生時期の語学留学 （高校在籍中・高校卒業後・大学在籍中・大学院在籍中の留学）	大学・大学院卒業後の語学留学
性別	男性4割，女性6割	男性3割，女性7割
留学期間	1年未満　8割	1年未満　6.5割 1年以上2年未満　2.5割
留学開始年齢	18歳〜22歳　約7割	20代半ば〜30代　約9割
留学先	英語圏留学　8割強，非英語圏留学　2割弱 英語圏留学 ・アメリカ留学の割合が高い（3割強） ・40代・50代以上はアメリカ，イギリスへの留学が7〜8割を占めるが，20代・30代は5割程度	英語圏留学　7割，非英語圏留学　3割 英語圏留学 ・年代が下がるにつれて，アメリカ，イギリス留学の占める割合が低くなり，オーストラリア，カナダ，その他の英語圏の占める割合が高くなる
支弁方法	私費留学が9割5分	私費留学が9割 勤務先からの援助が1割弱 勤務先からの援助の受給者の大半が40代・50代以上の男性
留学理由	1．語学の習得 2．視野の拡大 3．現地での歴史・文化の学習 4．留学そのものが目的 5．自己鍛錬	

出所）著者作成

1年以上2年未満も26.5％を占め，学生時期の語学留学に比べて，長期で留学する人の割合が高かった。

　留学先については，語学留学の類型にかかわらず，世界共通語である英語の習得を目的とした英語圏への留学が主流であった。全体で英語圏への留学が75.5％（1,050人），非英語圏への留学が24.5％（341人）であった。非英語圏の外国語については，もっとも多かった中国語でも7.0％（98人）に過ぎなかった。次いで，フランス語（64人），韓国語（53人），スペイン語（32人），ドイツ語（28人）であった。

　類型別では，まず学生時期の語学留学は，英語圏が82.5％で，アメリカが

図 5—14 　語学留学の開始年齢：留学類型別

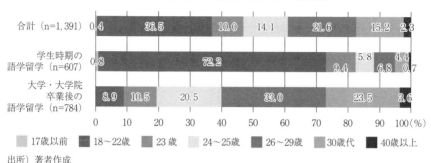

出所）著者作成

図 5—15 　語学留学の期間：留学類型別

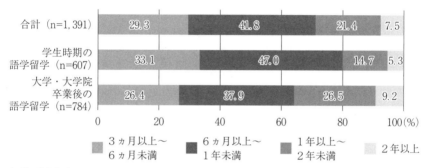

出所）著者作成

　もっとも多く，全体の 31.5％ を占めた（図 5—16）。一方，大学・大学院
後の語学留学では，英語圏の優勢は同様で 69.9％ を占めたが，非英語圏の割
合も 3 割に達した。英語圏への留学については，学生時期の語学留学とは異な
り，アメリカの割合が突出して高いことはなく，アメリカ，イギリス，オース
トラリアで約 2 割ずつに分散する傾向がみられた。
　さらに，年代によって英語圏の留学先に違いがみられた。40 代・50 代以上
は語学留学の類型にかかわらず，アメリカ，イギリスの占める割合が 7 〜 8 割
程度と非常に高かった。しかし，30 代ではアメリカ，イギリスの占める割合
は 5 割程度，20 代においては，学生時代の語学留学では 5 割程度だが，大
学・大学院卒業後の留学では 2 割に過ぎなかった（図 5—17・18）。20 代・30

図5—16 語学留学の留学先：留学類型別

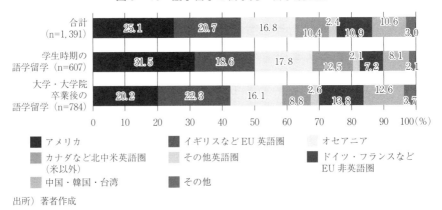

出所）著者作成

図5—17 大学・大学院卒業後の語学留学：年代別留学先

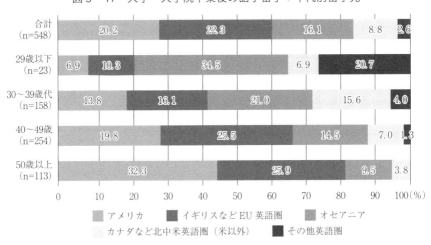

出所）著者作成

代の語学留学は，英語圏の留学先が多様化していることに特徴がある。特に大学・大学院卒業後の語学留学では，これまで英語留学の主要な留学先であったアメリカとイギリスではなく，オセアニアの占める割合がもっとも高かった。若者の間で，経済的負担を抑えて，英語が習得できる留学先として，ワーキングホリデー制度のあるオーストラリアやニュージーランドが定着している様子

図5―18　学生時期の語学留学：年代別留学先

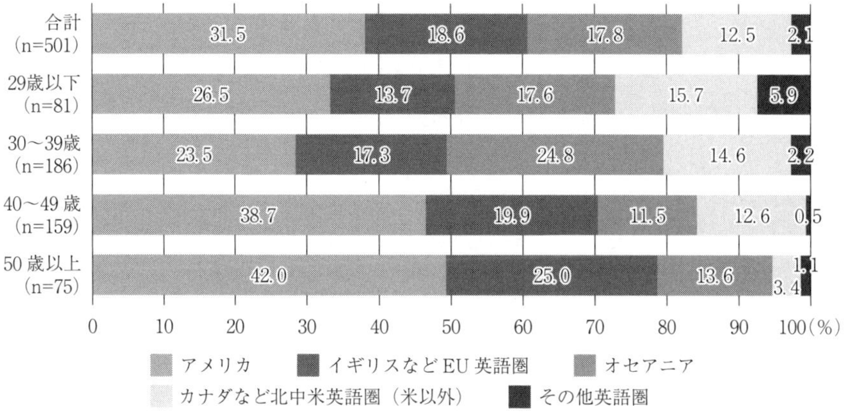

出所）著者作成

がうかがえる。また，フィジー共和国への留学経験者も8人いた。もうひとつの若い世代の語学留学の特徴として，その他英語圏の割合が高まっていることがあげられる。その他英語圏には，シンガポールやフィリピンといったアジアの英語圏があげられていた。特に地理的に近く，安価で英語が学べるフィリピンは，近年，日本のビジネスマンや学生の英語留学の選択肢として人気が高まってきている。また，マルタ共和国への留学経験者が9人いた。欧州の英語留学先であるマルタ共和国は，留学費用が比較的安く欧州へのアクセスが良いという立地条件もあり，近年日本でも英語留学先の選択肢として紹介されるようになってきている。

　留学費用の支弁方法は，私費（貯金，家族などからの援助，留学のための教育ローンの利用も含む）が92.5％，給付奨学金（海外の政府・大学・団体などの奨学金も含む）が2.5％，勤務先からの援助が5.0％であり，私費留学が大半を占めた。回答者の69人が勤務先からの援助をうけていたが，64人が男性で，女性はわずか5人であり，また50代以上（34人）・40代（27人）が88.4％を占めた。一方，給付奨学金の受給者は35人中25人が女性であり，30代（20人）・20代（6人）が74.3％を占めた。

　留学した主な理由は，重要度のもっとも高い留学の理由の上位1～3位を得点化（1位3点，2位2点，3位1点）し，得点の高かった上位5つの理由を語学留学の類型間で比較した。語学留学類型間で留学の理由に相違はなく，上位から「語学の習得」「視野の拡大」「現地での歴史・文化の学習」「留学そのものが目的」「自己鍛錬」であった（表5—9）。

(2)　まとめ

　最後に，本節のまとめとして，分析した語学留学2類型の特徴から主要なパターンを考察する。まずは語学留学の主要なパターンは英語留学である。実に4人に3人が英語留学であった。英語留学には2つの異なるパターンがあり，ひとつは学生時期のアメリカを中心とした英語圏への1年未満の私費留学である。もうひとつは20代半ばから30代の社会人を中心とした私費留学で，留学期間や留学先は前者のパターンに比べ，多様である。まず，留学期間は3～6ヵ月，6ヵ月～1年，1年～2年の3種類があり，1年以上の留学をする人も一定の割合を占める。そして，留学先は英語が国語であるアメリカ，イギリス，オセアニア（オーストラリア・ニュージーランド）が主要な留学先だが，若い年代においては，英語を公用語とする国（フィリピン，シンガポール，フィジー共和国，マルタ共和国）へ留学する人も一定数いた。次に，非英語圏への語学留学についてであるが，約4人に1人を占めるとはいえ，外国語別にみると1割を満たすほどの主要な留学パターンはなかった。最後に，語学留学の理由であるが，留学類型にかかわらず，異文化コミュニケーション能力の向上に関する語学の習得，視野の拡大，歴史・文化の学習が重視されている。

4．高校留学の類型と特徴

(1)　高校留学の2類型

　高校留学をもっとも重要な留学と回答した留学経験者は143人で，30代，20代，40代，50代以上の順に多く，58人，51人，21人，14人で，20代と30代の若い年代の回答者が75.1％を占めた。また，男性が35.7％，女性が

表5—10　高校留学の2類型と特徴

	卒業型留学	単位取得型留学
性別	男性が3.5割，女性が6.5割	
留学期間	3ヵ月以上6ヵ月以内〜6年以上のすべての期間に分散 全体の2割以上を占めたのは，3年以上4年未満，2年以上3年未満 3ヵ月以上6ヵ月未満と6ヵ月以上1年未満を1年未満にまとめれば，約3割で最も多くを占める	6ヵ月以上1年未満　6.5割 次いで，1年以上2年未満が2.5割，3ヵ月以上6ヵ月未満が1割
留学時期	高校在籍中	高校在籍中
留学先	英語圏　9.5割：アメリカ　7割，イギリスなどEU英語圏とオセアニア　1割ずつ	英語圏　9割強：アメリカ　6割，オセアニア　2割
支弁方法	私費が8割弱 給付奨学金が2割弱	私費が6.5割 給付奨学金が3割
留学理由	1．語学の習得 2．視野の拡大 3．日本での生活に不満 4．現地での歴史・文化の学習 5．自己鍛錬	1．語学の習得 2．視野の拡大 3．現地での歴史・文化の学習 4．日本での生活に不満 5．留学そのものが目的

出所）著者作成

64.3％であり，女性の占める割合が高かった。

　留学時期は97.3％が高校在籍中と回答しており，留学形態は高校卒業が30.1％，単位取得（交換留学など）が57.3％，その他が12.6％であった。この結果から，高校留学の主なパターンは，日本の高校に入学後，高校在籍中に単位取得を目的とした交換留学（以下，単位取得型留学），または外国の高校に転校して卒業（以下，卒業型留学）いう2類型が考えられる。

　本調査の高校留学の結果を基に，高校留学を卒業型留学と単位取得型留学の2類型とした（表5—10）。以下に，各高校留学類型の特徴を，留学期間，留学開始年齢，留学先，留学費用の支弁方法，留学理由の5項目に言及しながら，比較的に描写し，最後に本節のまとめとして各高校留学類型の主要な留学パターンを考察する。

　留学期間は，単位取得型留学では1年未満が76.9％と大半を占め，残りの

表5―11　高校留学の留学期間：留学形態別

	3ヵ月以上 ～6ヵ月未満	6ヵ月以上 ～1年未満	1年以上 ～2年未満	2年以上 ～3年未満	3年以上 ～4年未満	4年以上 ～5年未満	6年以上	合計
学位取得／ 卒業	6	8	4	9	12	1	3	43
	14.0%	18.6%	9.3%	20.9%	27.9%	2.3%	7.0%	100.0%
単位取得 （交換留学等）	9	54	19	0	0	0	0	82
	11.0%	65.9%	23.2%	0.0%	0.0%	0.0%	0.0%	100.0%
その他	8	4	6	0	0	0	0	18
	44.4%	22.2%	33.3%	0.0%	0.0%	0.0%	0.0%	100.0%
合計	23	66	29	9	12	1	3	143
	16.1%	46.2%	20.3%	6.3%	8.4%	0.7%	2.1%	100.0%

出所）著者作成

図5―19　高校留学の留学先：留学形態別

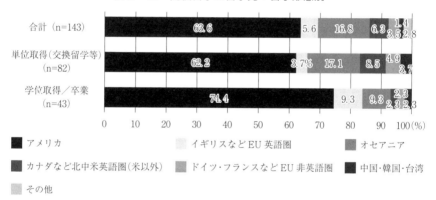

出所）著者作成

23.2%は1年以上2年未満であった（表5―11）。一方，卒業型留学は留学期間にばらつきがあり，留学期間の短いものから6年以上と長いものまで，すべてに分散していた。もっとも多かったのは，1年未満と短い留学期間で32.6%，次いで一般的な高校の修業年限に当たる3年以上4年未満[3]が27.9%，2年以上3年未満が20.9%であった。

　留学先は英語圏が92.3%，非英語圏が7.7%であった（図5―19）。英語圏はアメリカがもっとも多く63.6%で，次いでオセアニアが16.8%，カナダが6.3%であった。非英語圏はドイツ・フランスなどEU非英語圏が3.5%，そ

の他が2.8％，中国・韓国・台湾が1.4％であった。高校留学類型間で比較し
てみると，英語圏において，卒業型留学はアメリカの割合（74.4％）が高く，
次いでイギリスなどEU英語圏（9.3％）とオセアニア（9.3％）で二分してい
た。一方，単位取得型留学でもアメリカの割合（62.2％）が高かったが，卒業
型留学より12.2％低く，その分オセアニア（17.1％）とカナダ（8.5％）の割合
が高かった（図5−19）。

　留学費用の支弁方法は，私費（貯金，家族などからの援助，留学のための教育ロ
ーンの利用も含む）が69.9％，給付奨学金（海外の政府・大学・団体などの奨学金も
含む）が25.9％，勤務先からの援助が4.2％であった。私費留学が大半を占め
ていたが，給付奨学金も4人に1人が受給していた。単位取得（交換留学など）
型留学においては，給付奨学金の受給者の割合が30.5％とより高かった。

　留学した主な理由は，海外留学の重要度の高い理由の上位1〜3位を得点化
（1位3点，2位2点，3位1点）し，上位5位までの理由を高校留学類型間で比
較した（表5−11）。卒業型留学と単位取得型留学で，上位4つの理由が共通し
ており，上位2つは順位も同じであった。それらの理由は上位から「語学の習
得」，「視野の拡大」，「現地での歴史・文化の学習」，「日本での生活に満足でき
なかったから（以下，日本の生活に不満足）」であった。5位には，卒業型留学は
「自己鍛錬」，単位取得型留学は「留学そのものが目的」が入った。高校留学で
上位に入った「日本の生活に不満足」は，他の教育機関への留学には上位に入
っておらず，高校留学特有の理由といえる。

⑵　まとめ

　最後に，本節のまとめとして，分析した高校留学2類型の特徴から主要なパ
ターンを考察する。高校留学のもっとも主要なパターンは，日本の高校在籍中
に1年未満でアメリカを中心とした英語圏への単位取得型の私費留学である。
そして，単位取得型留学に比べると，その数は半分になるが，日本の高校に入
学後，外国の高校に転校し卒業する卒業型留学がある。この留学パターンもア
メリカを中心とする英語圏への私費留学が主で，留学期間は高校の就学期間で

ある３年または４年が多い。高校留学の理由は，異文化コミュニケーション能力の向上に関する語学の習得，視野の拡大，歴史・文化の学習が重視される一方で，日本の生活や現状に満足できないという理由もあげられている。10代の留学では，留学を通して何がえられるかという目的意識よりも外国への憧れが留学の動機になっている可能性が高いことが推察される。

【注】
１）海外留学をした主な理由の16の選択肢は以下の通り：１．語学を本場で学びたかったから，２．その国の歴史・文化について現地で学びたかったから，３．外国生活により視野をひろげたかったから，４．とにかく留学したかったから，５．知識・技能をえたかったから，６．学問・研究領域が最先端の国・大学で学びたかったから，７．スポーツ・芸術・文化領域が最先端の国・学校で学びたかったから，８．海外で学位を取りたかったから，９．将来の就職に有利だから，10．日本での生活に満足できなかったから，11．大学の課程に留学が組み込まれていたから，12．自分を鍛えたかったから，13．周囲に勧められたから，14．過去に訪れたことがあり，親近感をもっていたから，15．過去に日本でその国の人と交流したことがあり，親近感をもっていたから，16．その他
２）平成28年度学校基本調査の専攻分野別大学院学生数データを基に算出した。
３）アメリカは州や学区によって学制はさまざまであるが，もっとも多いのは６・２・４制で高校は４年間である。

【参考文献】
日本学生支援機構（JASSO）「平成28年度協定等に基づく日本人学生留学状況調査結果」2017年。http://www.jasso.go.jp/about/statistics/intl_student_s/2017/__icsFiles/afieldfile/2017/12/22/short_term16.pdf（2018年1月20日閲覧）
文部科学省「日本人の海外留学状況」2017年。http://www.mext.go.jp/a_menu/koutou/ryugaku/__icsFiles/afieldfile/2017/12/27/1345878_02.pdf（2018年1月20日閲覧）
文部科学省「平成28年度学校基本調査」2016年

第6章 留学による意識と能力の変化
～学部留学のインパクト～

■ 新見　有紀子
■ 渡部　由紀
■ 秋庭　裕子
■ 太田　浩

　海外の大学への留学中には，授業内外の活動に従事することになるが，学部留学経験者と，国内学部卒業の留学非経験者（以下，留学非経験者）を比較すると，授業内外の活動への取り組み方・参加度合いに違いがみられるのだろうか。また，そういった活動の結果もたらされる留学のインパクトは，留学非経験者の国内学部経験と比較して異なるのだろうか。本稿では，本科研調査で得られたデータから，学部留学経験者と留学非経験者の授業関連および授業外の経験についての自己評価を比較することによって，留学中の経験についての特徴を明らかにする。また，留学のインパクトのなかでも，能力の向上や意識の高まりに関する自己評価について，学部留学経験者と留学非経験者の比較を行う。さらに，学部留学経験者について，留学中のどのような活動への参加が，能力の向上および意識の高まりに影響があるかについての関連性も検証する。

1．科研調査のなかでの位置づけ・分析方法

(1)　対象データ

　調査で収集したデータ（留学経験者4,489件，留学非経験者1,298件）のなかから，本稿では，学部留学経験者（1,870件）とその対照群として留学非経験者（国内学部卒業者）（710件）を抽出した。その際，留学経験者について，複数回留学をしている場合は，回答者がもっとも重要な留学経験として選択したもの

表6―1　分析対象者の属性

		留学経験者 (n=1,870)(%)	留学非経験者 (n=710)(%)
性別	男	973（52.0）	334（47.0）
	女	897（48.0）	376（53.0）
年代	50歳代	316（16.9）	144（20.3）
	40歳代	626（33.5）	244（34.4）
	30歳代	612（32.7）	227（32.0）
	20歳代	316（16.9）	95（13.4）
主な留学先国	アメリカ	1082（57.8）	―
	中国	176（9.4）	
	イギリス	151（8.1）	
	カナダ	85（4.5）	
	オーストラリア	79（4.2）	

注）年代：留学非経験者ついては，60歳代以上を調査対象者としていない
出所）著者作成

についての回答を分析に用いた。本稿で分析対象とした学部留学経験者と留学非経験者の属性（性別・年代・留学経験者の留学先国）を表6―1に示した。

(2)　分析対象とした調査票の質問項目

　本稿では，調査で使用した質問項目のうち，授業関連の活動（5項目），授業外の活動（5項目），能力の向上（18項目），意識の高まり（16項目）に焦点を当てた。各質問項目は表6―2に示したとおりである。国内学部卒業の留学非経験者については，それぞれ対応する項目について，国内の大学での生活に基づき質問文を調整した。

　質問項目のうち，能力の向上や意識の高まりに関する項目のなかには，「グローバル人材」や「社会人基礎力」として議論されている素養に関連したものが含まれている。グローバル人材育成推進会議（2012）によると，「グローバル人材」とは，(1)語学力・コミュニケーション能力，(2)主体性・積極性，チャレンジ精神，協調性・柔軟性，責任感・使命感，(3)異文化に対する理解と日本人としてのアイデンティティという3要素に加え，幅広い教養と深い専門性，課題発見・解決能力，チームワークと異質な者の集団をまとめるリーダー

表6—2　本稿で分析対象とした調査票質問項目の概略

授業関連活動 （5項目）	① 授業で積極的に発言した，② 先生と積極的に交流した，③ クラスメートと積極的に交流した，④ 宿題に積極的に取り組んだ，⑤ 授業内のプレゼンテーション（発表や準備）に積極的に取り組んだ
授業外の活動 （5項目）	① 学生宿舎や寮で積極的に交流した，② アルバイト／インターンシップ／アシスタントシップで積極的に活動した（留学非経験者は「アルバイトで積極的に活動した」），③ クラブ活動に積極的に参加した（留学非経験者は「クラブ・サークル活動に積極的に参加した」），④ 学内の行事（学生自治会，学内のイベント）などで積極的に活動した，⑤ ボランティア活動に積極的に参加した
能力の向上 （18項目）	① 専門知識・技能，② 基礎学力・一般教養，③ 外国語運用能力，④ コミュニケーション能力，⑤ 留学先の社会・習慣・文化に関する知識（留学非経験者は「海外の社会・習慣・文化に関する知識」），⑥ リーダーシップ，⑦ 積極性・行動力，⑧ 異文化に対応する力，⑨ ストレス耐性，⑩ 目的を達成する力，⑪ 柔軟性，⑫ 協調性，⑬ 社交性，⑭ 創造力，⑮ 忍耐力，⑯ 問題解決能力，⑰ 批判的思考力，⑱ 論理的思考力
意識の高まり （16項目）	① 日本人としての意識，② アジア人としての意識，③ 地球市民としての意識，④ 政治・社会問題への関心，⑤ 外交・国際関係への興味，⑥ 環境・貧困問題等の地球的課題に対する意識，⑦ 平和に対する意識，⑧ 多様な価値観や文化的背景を持つ人々と共生する意識，⑨ 社会での男女共同参画の意識，⑩ 性別にとらわれずに家庭内における役割を担うことについての意識，⑪ 宗教に関する寛容性，⑫ リスクを取ること・チャレンジすることに関する意識，⑬ 価値判断を留保してなぜそうなのかを考える姿勢，⑭ 自己肯定感（自信），⑮ 自己効力感（自分はやるべきことを実行できるという意識），⑯ 自己有用感（社会の中で自分は必要とされているという意識）

注）国内学部卒業者に対して質問文を調整した場合は並記した
出所）著者作成

シップ，公共性・倫理観，メディア・リテラシーなどを兼ね備えた，世界で活躍できる人材像であるとしている。また，経済産業省が提唱している社会人基礎力という概念では，(1)前に踏み出す力（主体性・働きかけ力・実行力），(2)考え抜く力（課題発見力・計画力・創造力），(3)チームで働く力（発信力・傾聴力・柔軟性・状況把握力・規律性・ストレスコントロール力）が含まれる（社会人基礎力に関する研究会，2006；経済産業省，n. d.）。この文言を単純に参照すると，今回の調査における，能力の向上と意識の高まりに関する項目のなかで，グローバル人材と関連のある項目は，外国語運用能力，コミュニケーション能力，積極性・行動力，柔軟性，協調性，異文化に対応する力，日本人としての意識，専

門知識・技能，基礎学力・一般教養，問題解決能力，リーダーシップなどがあげられる。さらに，社会人基礎力と類似する項目には，積極性・行動力，問題解決能力，創造力，柔軟性，ストレス耐性などがあげられる。以下，留学のインパクトの分析にあたっては，これらの素養の育成に留学経験が影響を与えうるのかについても考察したい。

(3)　評価・分析方法

　質問項目の下位項目のうち，授業に関連する活動，能力の向上，意識の高まりについては，リッカート法の四段階尺度（強くそう思う，そう思う，あまりそう思わない，全くそう思わない）で回答を求めた。授業外の活動については，リッカート法の五段階尺度（強くそう思う，そう思う，あまりそう思わない，全くそう思わない，当てはまらない）で回答を求めたが，「当てはまらない」という回答を除外して分析に用いた。「強くそう思う」を4点，「そう思う」を3点，「あまりそう思わない」を2点,「全くそう思わない」を1点として，回答の加重平均値を算出した。項目ごとに t 検定を実施して留学経験者と留学非経験者で比較を行った。また，留学中の授業関連の活動と授業外の活動が能力の向上・意識の高まりに与える影響について重回帰分析を行った。

2．分析結果

(1)　授業関連の活動についての自己評価の比較

　学部留学経験者は国内学部卒業の留学非経験者と比較して，大学での授業関連・授業外の活動への参加度合いに関する自己評価は異なるのだろうか。授業関連活動の5項目について，留学経験者と留学非経験者それぞれの加重平均値を算出し，留学経験者の平均値の高いものから順に示したものが図6―1である。授業関連の活動について，留学経験者と留学非経験者では，すべての項目について留学経験者の自己評価の方が高く，t 検定の結果，統計的な有意差が認められた（表6―3）。この結果から，留学経験者の方が，授業に関連した活動に積極的に関わっていると自己評価していることが明らかになった。その加

図 6 ― 1　授業関連活動に関する自己評価の加重平均値の比較

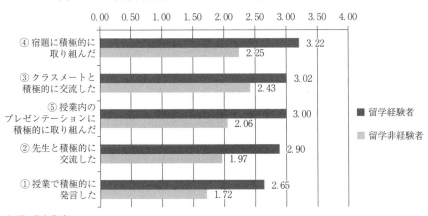

出所）著者作成

重平均値の差が特に顕著な項目は，「宿題に積極的に取り組んだ」（留学経験者 3.22，留学非経験者 2.25），「授業内のプレゼンテーションに積極的に取り組んだ」（留学経験者 3.00，留学非経験者 2.06），「授業で積極的に発言した」（留学経験者 2.65，留学非経験者 1.72）であり，それぞれ 1 ポイント近い差があった。

(2)　授業外の活動についての自己評価の比較

次に，授業外の活動の 5 項目の加重平均値を比較すると，「アルバイト／インターンシップ／アシスタントシップで積極的に活動した」のみ，加重平均値には有意差がみられず，その他のすべての項目では，留学経験者の自己評価が高く，t 検定の結果，統計的な有意差が認められた（図 6 ― 2・表 6 ― 3）。また，留学経験者と留学非経験者の加重平均値の差が特に大きかった項目は，「学生宿舎や寮で積極的に交流した」（留学経験者 2.91，留学非経験者 1.76），「ボランティア活動に参加した」（留学経験者 2.40，留学非経験者 1.62）などであった。

(3)　能力の向上についての自己評価の比較

能力の向上について，18 項目の加重平均値を比較すると，すべての項目に

図6―2 授業外の活動に関する自己評価の加重平均値の比較

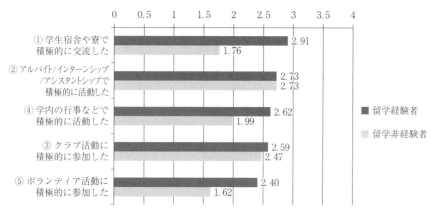

注) 対照群（留学非経験者）は「②アルバイト／インターンシップ／アシスタントシップで積極的に活動した」を「②アルバイトで積極的に活動した」，「③クラブ活動に積極的に参加した」を「③クラブ・サークル活動に積極的に参加した」として回答
出所）著者作成

ついて，留学経験者の方が高く自己評価しており，t検定の結果，統計的な有意差も認められた（図6―3・表6―4）。加重平均値の単純比較では，特に，留学経験との関連が強いと考えられる「外国語運用能力」（留学経験者3.35，留学非経験者1.83）「異文化に対応する力」（留学経験者3.34，留学非経験者2.00）「留学先（留学非経験者の場合は海外）の社会・習慣・文化に関する知識」（留学経験者3.27，留学非経験者1.87）の高まりについて，留学経験者と留学非経験者の差が大きかった。また，留学経験者は，グローバル人材や社会人基礎力として議論されている能力に関連して，コミュニケーション能力，積極性・行動力，ストレス耐性，柔軟性，目標を達成する力，忍耐力についても，加重平均値の比較で留学非経験者と比べて0.6ポイント以上高かった。

⑷ 意識の高まりについての自己評価の比較

　意識の高まりの16項目の加重平均値についても，すべての項目で，留学経験者の方が留学非経験者よりも高く，t検定の結果，統計的な有意差も認められた（図6―4・表6―5）。加重平均値を単純に比較すると，その差が大きか

表6—3　授業内外の活動の自己評価の加重平均値・標準偏差・t 検定結果

項目・変数	留学経験者		留学非経験者		t 値
	平均値	標準偏差	平均値	標準偏差	
① 授業で積極的に発言した	2.65	0.82	1.72	0.62	$t(1274.2) = 29.03$***
② 先生と積極的に交流した	2.90	0.77	1.97	0.76	$t(1055.8) = 26.25$***
③ クラスメートと積極的に交流した	3.02	0.76	2.43	0.76	$t(1170.3) = 17.24$***
④ 宿題に積極的に取り組んだ	3.22	0.75	2.25	0.79	$t(2519.0) = 28.34$***
⑤ 授業内のプレゼンテーションに積極的に取り組んだ	3.00	0.76	2.06	0.75	$t(2494.0) = 26.58$***
① 学生宿舎や寮で積極的に交流した	2.91	0.75	1.76	0.83	$t(498.3) = 24.20$***
② アルバイト／インターンシップ／アシスタントシップで積極的に活動した	2.73	0.88	2.73	0.93	$t(1702.0) = -0.11$
③ クラブ活動に積極的に参加した	2.59	0.92	2.47	1.09	$t(908.4) = 2.30$*
④ 学内の行事などで積極的に活動した	2.62	0.84	1.99	0.86	$t(945.0) = 14.92$***
⑤ ボランティア活動に積極的に参加した	2.40	0.92	1.62	0.77	$t(938.3) = 17.14$***

注1）対照群（留学非経験者）は「②アルバイト／インターンシップ／アシスタントシップで積極的に活動した」を「②アルバイトで積極的に活動した」，「③クラブ活動に積極的に参加した」を「③クラブ・サークル活動に積極的に参加した」として回答
注2）授業関連活動について，留学非経験者については「あてはまらない」という選択肢を設けていたが，その回答を除いて分析した
注3）*$P<.05$，**$P<.01$，***$P<.001$
出所）著者作成

った項目は，グローバル人材の素養に含まれる「日本人としての意識」（留学経験者3.27，留学非経験者2.07）に加え，「多様な価値観や文化的背景をもつ人びとと共生する意識」（留学経験者3.18，留学非経験者2.03），「外交・国際関係への興味」（留学経験者3.13，留学非経験者1.93）という，特に国際的な環境と関連の強い項目だった。

(5)　授業内外の活動と能力の向上・意識の高まりとの関連性

次に，留学中のどのような活動が，能力の向上および意識の高まりと関連しているかを検証した。まず，能力の向上に関する18項目と意識の高まりに関

図6－3　能力の向上に関する自己評価の加重平均値の比較

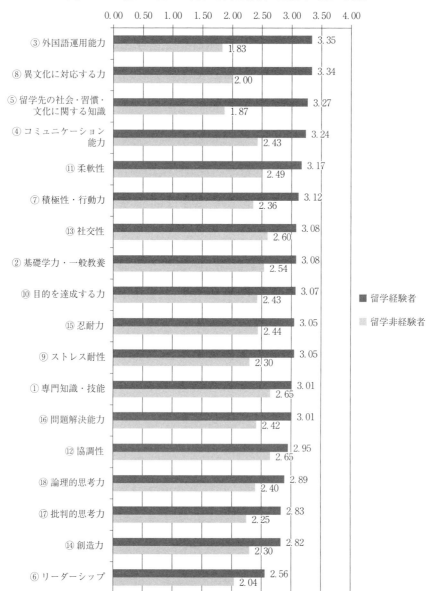

注）対照群（留学非経験者）は「⑤留学先の社会・習慣・文化についての知識」を「⑤海外の社会・
　　習慣・文化に関する知識」として回答
出所）著者作成

表6−4　能力の向上──留学のインパクトの加重平均値・標準偏差・t検定結果

項目・変数	留学経験者		留学非経験者		t値
	平均値	標準偏差	平均値	標準偏差	
① 専門知識・技能	3.01	0.72	2.65	0.78	$t(1274.2) = 1196.0^{***}$
② 基礎学力・一般教養	3.08	0.68	2.54	0.71	$t(1055.8) = 1230.2^{***}$
③ 外国語運用能力	3.35	0.65	1.83	0.65	$t(1170.3) = 1268.0^{***}$
④ コミュニケーション能力	3.24	0.68	2.43	0.78	$t(2519.0) = 1143.2^{***}$
⑤ 留学先の社会・習慣・文化に関する知識	3.27	0.63	1.87	0.69	$t(2494.0) = 2758.0^{***}$
⑥ リーダーシップ	2.56	0.81	2.04	0.73	$t(498.3) = 1400.7^{***}$
⑦ 積極性・行動力	3.12	0.73	2.36	0.76	$t(498.3) = 1234.2^{***}$
⑧ 異文化に対応する力	3.34	0.64	2.00	0.72	$t(498.3) = 1159.2^{***}$
⑨ ストレス耐性	3.05	0.75	2.30	0.76	$t(498.3) = 1259.9^{***}$
⑩ 目的を達成する力	3.07	0.71	2.43	0.78	$t(498.3) = 1189.7^{***}$
⑪ 柔軟性	3.17	0.68	2.49	0.75	$t(498.3) = 1176.0^{***}$
⑫ 協調性	2.95	0.73	2.65	0.76	$t(498.3) = 1235.3^{***}$
⑬ 社交性	3.08	0.71	2.60	0.77	$t(498.3) = 1198.8^{***}$
⑭ 創造力	2.82	0.77	2.30	0.75	$t(498.3) = 2758.0^{***}$
⑮ 忍耐力	3.05	0.72	2.44	0.77	$t(498.3) = 1214.1^{***}$
⑯ 問題解決能力	3.01	0.71	2.42	0.77	$t(498.3) = 1187.7^{***}$
⑰ 批判的思考力	2.83	0.78	2.25	0.73	$t(498.3) = 2758.0^{***}$
⑱ 論理的思考力	2.89	0.74	2.40	0.77	$t(498.3) = 1244.0^{***}$

注1）対照群（留学非経験者）は「⑤ 留学先の社会・習慣・文化についての知識」を「⑤ 海外の社会・習慣・文化に関する知識」として回答
注2）$^{*}P<.05$, $^{**}P<.01$, $^{***}P<.001$
出所）著者作成

する16項目の平均値，および，大学の授業関連活動と授業外の活動の各項目の平均値について，スピアマンの相関関係を算出したところ，相関係数は.008〜.634と低から中程度だった。さらに，能力の向上の18項目の平均値と意識の高まりの16項目の平均値をそれぞれ目的変数とし，授業関連活動と授業外の活動の各項目を説明変数として重回帰分析（ステップワイズ法）を行った。その結果が表6−6である。この際，それぞれの重回帰分析におけるVIFは1.210〜2.837であり，多重共線性の問題はないと判断した（小塩，2004, p.112）。能力の向上，意識の高まりともに調整済みの決定係数（Adj-R^2）の値は統計的に有意であった。

図6－4　意識の高まりに関する自己評価の加重平均値の比較

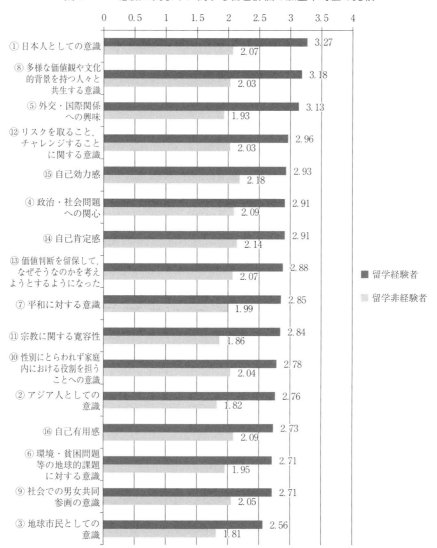

出所）著者作成

　能力の向上，意識の高まりの両方に正の影響を示した授業内外の活動要因
は，「宿題に積極的に取り組んだ」「授業内のプレゼンテーションに積極的に取

表6—5　意識の高まり——留学のインパクトの加重平均値・標準偏差・t検定結果

項目・変数	留学経験者		留学非経験者		t値
	平均値	標準偏差	平均値	標準偏差	
① 日本人としての意識	3.27	0.75	2.07	0.74	$t(1284.1)=36.71$***
② アジア人としての意識	2.76	0.87	1.82	0.66	$t(1681.0)=29.69$***
③ 地球市民としての意識	2.56	0.90	1.81	0.67	$t(1698.1)=23.09$***
④ 政治・社会問題への関心	2.91	0.81	2.09	0.80	$t(1698.5)=23.06$***
⑤ 外交・国際関係への興味	3.13	0.73	1.93	0.73	$t(2758.0)=37.25$***
⑥ 環境・貧困問題等の地球的課題に対する意識	2.71	0.83	1.95	0.73	$t(2758.0)=21.44$***
⑦ 平和に対する意識	2.85	0.82	1.99	0.74	$t(2758.0)=-24.23$***
⑧ 多様な価値観や文化的背景を持つ人々と共生する意識	3.18	0.75	2.03	0.77	$t(1260.2)=-34.43$***
⑨ 社会での男女共同参画の意識	2.71	0.85	2.05	0.77	$t(1397.0)=-18.84$***
⑩ 性別にとらわれず家庭内における役割を担うことへの意識	2.78	0.87	2.04	0.79	$t(1399.5)=-20.56$***
⑪ 宗教に関する寛容性	2.84	0.85	1.86	0.75	$t(1450.5)=-28.43$***
⑫ リスクを取ること，チャレンジすることに関する意識	2.96	0.79	2.03	0.73	$t(1374.6)=-28.17$***
⑬ 価値判断を留保してなぜそうなのかを考えようとするようになった	2.88	0.79	2.07	0.76	$t(2758.0)=-23.83$***
⑭ 自己肯定感	2.91	0.78	2.14	0.77	$t(2758.0)=-22.39$***
⑮ 自己効力感	2.93	0.75	2.18	0.77	$t(1254.6)=-22.27$***
⑯ 自己有用感	2.73	0.79	2.09	0.73	$t(1375.1)=-19.38$***

注1）　*$P<.05$，**$P<.01$，***$P<.001$
出所）著者作成

表6—6　留学のインパクトに関する重回帰分析の結果一覧

	能力の向上 β	意識の高まり β
授業で積極的に発言した		.088**
先生と積極的に交流した	.140***	
クラスメートと積極的に交流した		
宿題に積極的に取り組んだ	.200***	.209***
授業内のプレゼンテーションに積極的に取り組んだ	.172***	.158***
学生宿舎や寮で積極的に交流した	.171***	.198***
アルバイト／インターンシップ／アシスタントシップで積極的に活動した	.079**	
クラブ活動に積極的に参加した		
学内の行事などで積極的に活動した	.096**	
ボランティア活動に積極的に参加した	.100***	.199***
R^2	.528***	.451***
Adj-R^2	.525***	.448***

注）***p<.001，**p<.01

り組んだ」「学生宿舎や寮で積極的に交流した」「ボランティア活動に積極的に参加した」の4つであった。さらに，能力の向上にはこれら4つの項目に加えて，「先生と積極的に交流した」「アルバイト／インターンシップ／アシスタントシップで積極的に活動した」「学内の行事（学生自治会，学内のイベント）などで積極的に活動した」というほぼすべての項目が正の影響を与えていた。そして，意識の高まりについては，「授業で積極的に発言した」という項目にも正の影響を示した。

3．まとめと考察

(1)　授業内外の活動の比較について

　今回の分析の結果，学部留学経験者の方が国内学部卒業の留学非経験者と比較して，授業関連の活動について，全般的に積極的に取り組んだとする回答が得られた。このような結果となった背景として，先行文献が見当たらないため推測となるが，留学した個人の要因と，留学先の環境要因が考えられる。ま

ず，個人側の要因として，留学をする人は，留学をしない人に比べ，積極性がもともと高く，授業関連の活動にも積極的に取り組んだという可能性がある。また，海外留学は，限られた機会であり，かつ多額のコストがかかることから，留学経験者は留学中の授業関連の活動に，特に積極的に取り組んだ可能性もある。他方，留学先の環境要因として，日本と留学先の大学における教授法の違いが考えられる。本分析に用いた対象者の多くが留学したアメリカを始めとし，カナダやオーストラリアの大学では，学習者中心のアプローチが主に用いられているとされる (Smithee, Greenblatt & Eland, 2004)。学習者中心のアプローチでは，試験や論文に加え，自らの意見を授業内で発言し，プレゼンテーションやグループ・プロジェクトなどに携わることを通じて評価がなされる。他方，日本を含むアジアの国々においては，教育者中心のアプローチが主流である場合が多い。学生は講義を聞き，ノートを取り，教えられた内容を記憶し，試験や論文が課され，それに基づき評価がなされることが一般的である。日本において 2007 年に実施された全国大学生調査によると，回答者の約8割が，これまでに受けた授業形態は講義形式と回答していた（東京大学大学院教育学研究科大学経営・政策研究センター，2008）。このような個人や環境面での要素が，留学経験者と国内学部卒業者の授業関連の活動への積極性に影響を与えたのではないかと考えられる。

　次に，授業外の活動については，5項目のうちアルバイト・インターンシップ・アシスタントシップの活動のみ，学部留学経験者と留学非経験者に統計的な有意差がみられなかった。日本国内の学部学生は，一般的にアルバイトを行っている場合が多く，たとえば，全国大学生活協同組合 (2016) が日本国内の大学生に対して実施した調査では，回答者 9,471 名のうち，70.4％がアルバイトをしていると回答しており，本調査結果でも同様の傾向が示されたといえる。一方，学部留学経験者と国内学部卒業の留学非経験者に大きな差がみられた項目として，学生宿舎や寮での交流があげられる。留学経験者の方が宿舎や寮において積極的に交流したと自己評価しており，その背景のひとつに，欧米では，一般的に大学生の年齢になると家を出て，宿舎や寮生活を送ることが多

いことがあげられる。大学において宿舎や寮での交流は教育の一環であるとみなされていることも多く，多様な教育や交流プログラムが提供されている場合もある。ボランティア活動についても，留学経験者の方が留学非経験者よりも積極的に参加をしたと回答したが，留学先の多数を占めた欧米においては，伝統的に人びとの慈善活動への参加機会が多い傾向にあること（OECD，2009）の影響もあるのではないかと考えられる。

(2)　能力・意識に関するインパクトの比較について

　今回の分析から，学部留学経験者は，さまざまな能力や意識の高まりについて，留学非経験者と比較して高く自己評価していたことも明らかになった。欧米における先行文献でも，留学経験者と非経験者を比較した場合，留学経験者の方が，語学能力や異文化コンピテンス，社会性などの面での成長を高く評価しており，それらと同様の結果が得られたといえる。そして，グローバル人材としてあげられている素養に関連して，特に，語学能力および異文化の知識・対応力という海外の環境で力を発揮するためのさまざまな能力について，留学経験者は留学中に伸びたと自己評価していた。さらに，意識面でも，日本人としての意識や，国際関係への興味などの高まりについて，特に留学非経験者と比較して高く自己評価していた。留学中には，異文化・異言語の環境のなかで，日本人以外の人びとたちと接しながら生活する機会を得られることから，国際的な場面で必要となるさまざまな能力や意識をより効果的に高めることができるのではないかと考えられる。加えて，社会人基礎力と関連する素養である，コミュニケーション能力，積極性・行動力，ストレス耐性，柔軟性，目標を達成する力，忍耐力など，日本国内の大学生活でも育成が求められる汎用的な能力についても，留学経験者の方が高く自己評価していた。これらの基本的な能力については，異なる文化や言語のなかで生活するうえにおいても不可欠である。留学中にも日々の生活のなかで，積極的にコミュニケーションを取り，慣れない環境に柔軟に対応し，ストレスに対応する場面が頻繁にあると考えられ，そのような経験を積むなかで，このような能力が培われていくと推察

される。本調査の結果から，留学経験は，グローバル人材としてだけではなく，社会人として日本で求められている素養を伸ばすとの自己評価に繋がっているといえる。

⑶　授業内外の活動と能力・意識に関するインパクトとの関連について

　さらに，本稿では，留学経験者の授業内外のどのような活動が，能力・意識に与えるインパクトに関する自己評価に関連があるかについても分析した。授業内での宿題やプレゼンテーションに積極的に取り組むこと，宿舎・寮で積極的に交流すること，ボランティア活動へ積極的に参加することといった項目の多くが，能力や意識の高まりに正の影響を与えていることが明らかになった。また，これらの活動に関する留学経験者と留学非経験者の自己評価においては，差が見られた。特に留学中に，このような授業内外の活動に積極的に取り組むことを通じて，人びとはグローバル人材や社会人として求められるさまざまな能力や意識を，より効果的に高めることができるとみられる。そして，留学を提供する側としては，グローバルに活躍し，社会人としての基礎力を兼ね備えた人材を育成するためには，このような活動に積極的に取り組めるような仕組みを，留学プログラムに組み込むことが，能力や意識の高まりを促進する上で重要であるということが示唆される。

おわりに

　本稿では，学部留学経験者に絞って，留学中の授業関連の活動と，授業外の活動，留学のインパクトとしての能力の向上，意識の高まりについて，留学非経験者と比較しながら論じた。学部留学経験者は，留学非経験者と比較して，積極的に授業内外の活動に参加し，能力の向上や意識の高まりをより高く自己評価する傾向が示された。そして，宿題やプレゼンテーションへの取り組み，宿舎・寮での交流，ボランティア活動への参加は，能力の向上と意識の高まりの両方を高める影響がみられたこともわかった。留学する個人の要因の影響もあるが，留学経験は一般的にグローバル人材としての素養や，社会人基礎力に

関連する素養を伸ばすとの自己評価に肯定的な役割を果たしていると考えられる。今後は，量的データの検証だけではなく，インタビューなどの質的データで今回の分析で得られた結果についての裏付けを検証する必要がある。また，主観的な自己評価（間接評価）に基づく分析だけではなく，アセスメントツールや，他者による評価（直接評価）など，客観性の高い方法によって留学のインパクトをさらに検証する必要がある。

【参考文献】

小塩真司『SPSS と Amos による心理・調査データ解析：因子分析・共分散構造分析まで』東京図書，2004 年

グローバル人材育成推進会議「グローバル人材育成戦略：グローバル人材育成推進会議審議まとめ」2012 年。http://www.kantei.go.jp/jp/singi/global/1206011matome.pdf（2018 年 1 月 8 日閲覧）

経済産業省（n.d.）「社会人基礎力」http://www.meti.go.jp/policy/kisoryoku/（2018年 1 月 8 日閲覧）

社会人基礎力に関する研究会社会人基礎力に関する研究会：中間取りまとめ，経済産業省，2006 年。http://www.meti.go.jp/policy/kisoryoku/chukanhon.pdf（2018年 1 月 8 日閲覧）

東京大学大学院教育学研究科大学経営・政策研究センター「全国大学生調査：第一次報告書」2008 年

OECD (2009) Volunteering and social support. In *OECD Factbook 2009 : Economic, Environmental and Social Statistics,* OECD Publishing, Paris.

Smithee, M., Greenblatt, S. L. & Eland, A. (2004). *U. S. classroom culture* (U.S. culture series). Washington, DC : NAFSA Association of International Educators.

第7章　高校留学のインパクト

■ 小林　明

　OECD や UNESCO 統計局などの調査によると日本人の海外留学は1994年をピークに減少傾向が続いている。特に高校生の海外留学は絶対数が少ないにもかかわらず，その漸減傾向は止まっていない。文部科学省の調査によると[1]，高校生の3ヵ月以上の留学生数も2004年度4,404人で，2015年度は4,197人と11年間で4.7%減少している。生徒総数約330万人の約0.1%という状況である。2013年に閣議決定された第2期教育振興基本計画によると2020年までに高校生の海外留学生数6万人を目指すとしているが，その絶対数が極度に少ない状況を好転させるためにはその原因を見極めるとともに現実的な対応が必要である。対象を高校生のみには限定はしていないものの，小林（2011）は日本人の海外留学を阻害する諸要因[2]として社会的要因，経済的要因，心理的要因，教育機関の支援体制などをあげている。

　そうした阻害要因に対して文部科学省は，有能かつ意欲と能力のある若者全員に対して留学機会を与えることを目的に，日本学生支援機構による奨学金の充実や「トビタテ！留学 JAPAN」などによる経済的負担の軽減，地域や教育機関などにおける留学情報の提供強化，就職活動を支援するための就活時期の変更など留学環境の整備などの対策を打っている。そうした状況下にあっても，世界の大学で学ぶ約400万人の海外留学者数のうち日本は約3万人で[3]，約80万人の中国，25万人のインド，11万人のドイツ，10万人の韓国などとの比較において歴然とした差がついている。

　海外留学経験者の絶対数の差が，将来国力や外交関係にどれだけの影響を及

ぼすものかは現時点では知りえないが，今回の調査結果にみられるように，留
学経験者と留学非経験者の間には価値観の醸成，能力の向上，諸活動に対する
積極性などで大きな違いがみられた。特に高校留学をもっとも重要だと認識し
ている人びとは，学部レベルの留学経験者と比較して，異なる人びとや文化や
価値観などとの交流・支援活動に対する行動の変化があったとする割合が高い
という結果がみられた。この章では高校留学の制度について触れ，大学の学部
レベルでの海外留学と比較することで，高校留学のインパクトについて考察す
る。

　なお，本章では最初に日本の高校留学の実施形態と現状を紹介し，後半で今
回の「グローバル人材育成と留学の長期的インパクトに関する調査」の高校留
学に関する結果を報告する。前半で使用する「高校留学」の定義は，文部科学
省初等中等教育局国際教育課国際理解教育係が実施している「高校生の留学生
交流・国際交流などに関する調査研究等」において用いられている外国への修
学旅行，外国への研修旅行（3ヵ月未満）および外国への留学（3ヵ月以上）を
含むものである。しかし，後半の調査結果では，3ヵ月以上の高校留学に限定
した。

1．高校留学の形態と実施状況

　はじめに，全国の高校数の推移をみてみよう。図7－1に示す通り，2004
年度から2016年度まで減少傾向を示している。直近の2016年度学校基本調査[4]
によると全国には国公私立の高校は2016年度現在で4,925校が設置されてお
り，10年前の2007年と比較すると7.3％の減少となる。2016年度の生徒数は
全体で3,309,342人（男子1,668,003人，女子1,641,339）で，10年前の34,06,561
人と比較すると97,219人（2.8％）の減少となっている。

　少子化に伴って長期的な漸減傾向にある高等学校数や生徒数ではあるが，高
等学校における海外留学はどのようになっているだろうか。1999年から2002
年までの4年間を対象に実施された調査[5]「全国公立高等学校・海外修学旅行実
施状況（平成11～13年度）」によると，実施校数は1999年377校（参加生徒

図7―1　高校数の推移（2004 ～ 2016）

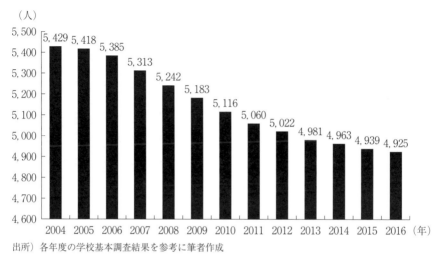

出所）各年度の学校基本調査結果を参考に筆者作成

62,152 人），2000 年 450 校，2001 年 206 校，2002 年 480 校（参加生徒数 76,337 人）で，アメリカ同時多発テロが発生した 2001 年は学校数，参加生徒数ともに対前年比 50％減となったが，それ以外の年は，海外修学旅行実施学校数と参加生徒数ともに大きく増加している。しかし，文部科学省「高等学校等における国際交流等の状況調査」（2006, 2017）によれば，2004 年の海外修学旅行は 870 校にまで増加しているものの，2015 年になっても 896 校（約3％増）とほとんど増えていない。

(1)　高校留学の種類

　日本学生支援機構 JASSO[6]やアメリカ国務省所管のアメリカンセンター JAPAN[7]によると，高校生の海外留学は，高校間交流協定あるいは教育交流団体が提供する1学期から1学年程度の「交換留学プログラム[8]」と主に現地の私立か公立の高校に正規入学し卒業する「私費留学」の2種類となっている。

　高校留学の主要な留学形態である交換留学プログラムを扱っている組織・団体は，高校自らが協定を結び学生交換あるいは派遣する場合を除いて，概ね以

表 7 ― 1　高校留学の種類

経費負担	形　態	目　的	主催団体
私費留学	期間限定派遣留学	海外修学旅行	高校主催
		3 ヵ月未満海外留学	
		3 ヵ月以上海外留学	
		交換留学プログラム	非営利教育交流団体主催
	正規留学	個人留学	個人・家族
		留学斡旋業者	営利団体斡旋
		旅行業者	
公費留学	全学支援の公費留学はない　※外国政府奨学金による留学も少ない		

出所）筆者作成

下の 3 つに分類される。① 教育交流団体などの非営利団体，② 留学斡旋業者，③ 旅行会社である。

　高校留学は表 7 ― 1 に示す通り捉え方により多様である。まず，経費の負担者による分類では，個人が留学経費を負担する私費留学と政府や地方自治体など公的機関が留学経費を負担する公費留学がある。日本人高校生による高校留学は私費留学が中心で，「トビタテ！留学 JAPAN」のように民間企業からの浄財と公費とからなる官民ファンドによる支援留学はあるものの全額公費留学はほとんどなく，基本的には私費留学である。

　留学の形態による目的別の分類では，日本学生支援機構 JASSO[9] やアメリカ国務省所管のアメリカンセンター JAPAN[10] などによる 1 学期あるいは 1 学年間の期間限定派遣留学と外国の高校を卒業することを目的とする正規留学に分けられる。その期間限定派遣留学には高校主催の 1 週間程度の海外修学旅行，高校間交流協定に基づく 3 ヵ月未満の海外留学や 3 ヵ月以上の海外留学に加えて，非営利教育交流団体が主催する異文化交流・異文化体験を目的とした「交換留学プログラム」がある。正規留学とは，現地の私立か公立の高校に卒業することを目的として正規入学するものである。正規留学のなかにも高校選定から出願，ビザ手続きに至る諸手続きまですべて個人や家族で行う個人留学の他，営利団体である留学斡旋業者あるいは旅行業者が手続きなどを代行するも

表 7 ― 2　文部科学省がホームページに掲載している高校留学に関する主な関係団体

名　称	設置形態	開始年	主な派遣国	滞在先	費　用
AFS 日本協会	日本・公益財団法人	1954	米国等40ヵ国	ホームステイ	140～160万円
YFU 日本国際交流財団	日本・公益財団法人	1958	米国等19ヵ国	ホームステイ	145万円
EIL 日本国際生活体験協会	日本・公益財団法人	1960	米国等24ヵ国	ホームステイ	100～310万円
BIEE 文際交流協会	日本・特定非営利活動法人	1983	米国等 4 ヵ国	ホームステイ	150万円

出所）2017 年 2 月 1 日現在の文部科学省のホームページに掲載されている各関係団体のホームページから情報を集め，筆者作成

のがある。

(2)　非営利団体主催の留学

　非営利団体とは，国の行政機関から認可されている教育交流団体のことをいう。この団体が提供する交換留学プログラムの内容（表 7 ― 2）を概観してみると，いずれも派遣国のボランティア家族のもとで約 1 年間ホームステイをしながら授業料免除の公立高校に通学することが共通している。授業料や生活費を含む費用も期間の割には正規留学と比較するとかなり安く，多くのボランティアと長い経験に支えられたかなり手厚い留学プログラムになっている。

(3)　営利団体主催の留学

　留学を扱う営利団体には，留学斡旋業者と旅行業者がある。留学斡旋業者には国や地方自治体の許可や登録が不要であり，事業体の規模を問わなければ相当な数になる。主な留学先であるアメリカ，イギリス，オーストラリア，カナダ，ニュージーランドのそれぞれの大使館や公的な留学支援機関が協力している恵文社刊の各国「留学ガイド」あるいは「留学ガイドブック」に掲載されている「留学サポート団体」を表 7 ― 3 に示す。これはあくまでも各国公館の独自の評価による団体であり，機関やプログラム内容を保証するものではない。

表7－3　英語圏主要5ヵ国の高校留学サポート団体

	アメリカ	イギリス	オーストラリア	カナダ	ニュージーランド	J-CROSS (JAOS, CIEL, NPO RYUGAKUKYOKAI)
アフィニティ		○				R
オーシャンズ国際サポートセンター			○	○	○	J/R
キャップスタディーズ				○		
グローバルスタディ海外留学センター						
シーエデュケーション留学センター			○			
日本オーペア情報センター			○			
ニュージーランド留学情報センター					○	
留学サイトドットコム	○		○	○	○	R
ワールドアメニュー			○			
ASCOSTA 海外留学情報センター			○	○	○	J/C
AIC オーストラリア・インフォメーション・センター			○			
beo		○	○			
Global Jam				○		
Go for it co.ltd. JOINET			○	○	○	
IAJP				○		
ICC 国際交流委員会		○				J
ISS 留学ライフ	○	○	○	○		
ISS 国際交流センター					○	J/C
ISI 国際学院留学センター	○			○	○	
MEC			○			
NZ 大好きドットコム					○	
SI-UK Education Council		○				
UAL 日本代理店ユニバーシティ・コンサルタンツ		○				
WATANABE Office		○				

出所）2017年2月15日現在の各国大使館・留学支援機関の発行あるいは編集協力した海外留学ガイド／ガイドブックから情報を集め，筆者作成

実際，国内には高校留学を事業としている団体やプログラムを公的に認証あるいは規制する法律や機関はない。ただし，2011 年から留学サービス事業者団体（一般社団法人　海外留学協議会（JAOS），留学・語学研修等協議会（CIEL），留学を専門に消費者相談や紛争処理を行う NPO 法人留学協会）によって設立された一般社団法人「留学サービス審査機構」（J-CROSS）[11) が参加する事業者の認証を行っている。しかし，表7―3にあげた 24 機関のなかでは6機関が認証されているだけで，まだ組織的な認証制度は確立していないといえる。

　旅行会社の場合も基本的には留学斡旋業者と民間営利団体としては同じ立場にあるが，こちらは旅行業法により規制をうけるために国土交通大臣の行う登録をうけなければならないことから，旅行業部分については一定の監視下に置かれている。多くの旅行会社が各種の留学事業を展開しているが，逆に留学斡旋業者のなかには旅行部門も登録しているものが少なくない。主たる事業が留学斡旋業か旅行業かによって，留学斡旋業と旅行業に分けられるが，いずれにしても留学斡旋業の部分については法的規制がかかっていないというのが現状である。

2．高校留学の現状と課題

(1)　留学先国・地域

　まず，高校生の留学先をみてみよう。今回の調査対象である3ヵ月以上の高校留学の数値について JASSO の 2013 年のデータを参照すると，3ヵ月以上の高校留学に参加した生徒延べ 3,897 人[12) の約 30％を占める 1,156 人が留学したのはアメリカで，47 留学先国・地域のなかで一番多い。続いて，ニュージーランド 847 人，カナダ 642 人，オーストラリア 454 人となっている。2年前の 2011 年実績と比較すると約 20％の増加となってはいるが，絶対数としては非常に少ないのが現状である。留学先国・地域については，3ヵ月以上の留学者数を多い順にみると第9位の中国（29 人）を除くと第1位のアメリカから 10位のメキシコ（25 人）までほぼ欧米諸国が中心であるが，100 人を超えているのは6位のドイツ（109 人）までで，中国以外のアジア諸国では 13 位の韓国

（19名），20位のタイ（13人）と台湾（13人），27位のフィリピン（10名）と非常に少ない。

(2)　高校留学の経費

　実際にかかる経費について一番数の多いアメリカへの留学で比較してみると（表7―4），公立高校への1年間の交換留学では授業料が約30万円強[13]から110万円で，公立高校への交換留学プログラムは比較的安価である。これに対して私費の交換留学や正規留学では年間授業料として約330万円～700万円と極めて高額なものとなる。

　大学生の海外留学先[14]として上位10傑にも入らないニュージーランドへの高校留学数847人がアメリカに次ぐ第2位となっているのは，その他の英語圏諸国と比較して授業料や生活費を含む留学経費が安価であることが主な理由であろう。生活費の高さについては，Mercer の2016年世界生計費調査の都市別[15]ランキングによると，世界の209都市中ニュージーランドの都市オークランドが98位，ウエリントンが123位となっており，香港1位，東京5位，ニューヨーク11位，ロサンゼルス29位，ホノルル37位，パリ44位，メルボルン71位，バンコク74位，マニラ80位，ジャカルタ93位などの都市と比較する

表7―4　交換留学プログラムと正規留学の比較

		留学期間	授業料（年間）	入学条件	問合せ先
交換留学	公立高校	1学期～1年	$3,000～$10,000*	各高校の定める英語力と中学・高校の成績	主催団体・所属高校
	私立高校	1学期～1年	$30,000～$65,000	各高校の定める英語力と中学・高校の成績	主催団体・所属高校
正規留学	公立高校	最大1年	$3,000～$10,000*	各高校の定める英語力と中学・高校の成績	州の教育担当官庁
	私立高校	制限なし**	$30,000～$65,000	入学適性試験（SSAT, ISEE, SEE, TOEFL Junior）	斡旋業者・旅行社各私立高校

注＊＊）制限なしとは言っても同一目的による学生ビザとしては8年間が最長となる
出所＊）米国国務省 Foreign Students in Public Schools: Students Must Pay the Costs of Secondary School Education〈https://travel.state.gov/content/visas/en/study-exchange/student/foreign-students-in-public-schools.html〉を参考に筆者作成

と生活費が相当安いことがわかる。このことから安価な留学経費は留学先決定の主要因のひとつであることが推測できる。

(3)　高校留学の阻害要因

以上みてきたように，3ヵ月以上の高校留学の実態は，国の行政機関によって認可されている教育交流団体が提供している交換留学や，高校が独自に締結している姉妹校制度などによる派遣・交換留学が中心となっている。したがって，大学生レベルの留学に比べ，受入れ・送出しとも，圧倒的にその規模は小さい。その原因として3つの課題を指摘しておきたい。

1）留学した生徒の高校における在籍上の取り扱い

2010年から学校教育法施行規則第93条に基づいて，留学先高校で取得した単位を国内の高校で36単位まで認定することができるようになった。すなわち高校長が教育上有益と認めて外国の高等学校への留学と認定し，留学先高校での履修を自校での履修とみなして進級や卒業を認めることができるというものである。しかし，文部科学省調査の「平成27年度高等学校等における国際交流等の状況について」によると，上記の扱いをうけた生徒は全体の約82％で，休学での留学は約17％，退学約1％であり，ほぼ5人に1人が在籍上休学あるいは退学せざるをえず，高校卒業に3年以上を費やしている。保護者にとっては在籍料としての授業料を留学中も所属校に支払わなければならない。

2）高額な留学経費

主な留学経費は，①現地校納入金（授業料，諸費用），②現地生活費（食住費，交通費），③渡航関係費（航空運賃，保険代，旅券・査証代）などがあげられるが，高校長裁量による単位認定をうけて所定の年限で卒業する場合でも，在籍する日本の高校の授業料は留学中も負担しなければならない。非営利団体の実施する交換留学プログラムの場合は，授業料が不徴収となり，ボランティア家族のホームステイを利用するために，留学経費は100万円から160万円と私費留学に比べて相当安くなっているが，それ以外に国内の在籍高校への授業料と渡航関係経費を負担しなければならない。まして私費による正規の高校留学の授業

料は先に述べたように米国だと驚くほど高額で，優秀な生徒であってもかなり裕福な家庭でない限り留学させることは困難であろう。こうした状況が高校留学への関心や意欲を否応なしに削いでいるものと考えられる。

3）留学の支援体制の不備

　文部科学省の調査[16]によると「留学方法，外国での生活，勉強，友達関係の不安」も3人に1人が阻害要因であるとしている。これらは十分な留学関連情報の提供，異文化適応研修，事前教育の充実，グループ留学の提供など留学前と留学中の支援体制を整えることで対応が可能である。大学ではそうした支援体制の整備を進め，積極的な留学生の送出しが奏功している事例が少なくない。国家レベル，社会レベル，教育機関レベル，家庭レベル，個人レベルでそれぞれ解決すべき点があると思われるが，大学での経験を高校と分かち合うなど，連携した取り組みも期待したい。研究者としても，高校留学の成果やインパクトについてさらなる質的量的な調査研究が必要であろう。

3．高校留学に関する調査・研究

　ここからは，高校留学に関する調査結果を，今回実施した「グローバル人材育成と留学の長期的インパクトに関する調査」の結果を中心に報告する。

(1)　先行研究

　留学に関する先行研究については本書の第3章にまとめられているが，ここでは日本の高校留学に絞って代表的な研究を紹介する。

　日本人の海外留学はOECD統計などによると1988年の17,926人から1993年の51,295人までの急激な上昇の後，ピークであった2004年の82,945人に達するまで，ほぼ右肩上がりの増加傾向を示したが，その後は減少傾向が続いている。そのなかにあって，上記文部科学省調査によると高校が実施した3ヵ月以上の高校生の留学数の実態は4,404人（2006）から4,197人（2017）と少ない状態のまま減少傾向が続いてきたことから，大学の研究者もあまり研究対象としてこなかった。しかし，少ないながらも，国際交流基金日米センターや

AFS 日本協会[17]など非営利団体が提供する交換留学の参加者について，異文化適応や留学の効果，国の政策に関する調査といった分野で先行研究がある。

　最初に，高校生の海外留学意識についての大規模な調査としては，文部科学省の 2013 年度の調査[18]がある。この調査では，対象となった高等学校などにおいて任意の 3 クラスから無作為に抽出した生徒 522,891 人の内 508,052 人から有効回答をえている。それによると，留学を希望する者は 44％で，ほぼ半数近くが留学への関心を示している。希望しない学生の理由は「言葉の壁」(54％)，「経済的に厳しい」(37％)，「留学方法，外国での生活，勉強，友達関係の不安」(32％)で，さらに「魅力を感じない」(29％) も約 3 割となっている。

　また，全国学生生活協同組合連合会の調査報告[19]によると，大学生の海外留学への関心は 7 割弱あり，興味がないとしたのは 13％強で，高校生に比べて高くなっている。

　横田 (1997) は日本人高校生の留学経験者を対象とした渡航前後の質問紙調査で，パーソナリティの変化を調べ，帰国すると元に戻る回帰型，帰国後も変化が続く持続型，帰国後に変化があらわれる帰国後変化型の 3 つのタイプを見出している。また，高校留学のインパクトは全人的 (ホーリスティック) なものがうかがえ，大学生の留学とは質的にかなりの違いがあるとも指摘している。

　長井 (1986) も留学のインパクトについて AFS 派遣生を対象に調査している。約 1 年間アメリカに留学した高校生 125 名を対象に CMI (Cornel Medical Index) 健康調査票やアンケートを利用した留学前後数回にわたる半年間の調査を実施し，身体的自覚症状および精神的自覚症状の変化の比較から，神経症傾向の強い者ほど，異文化生活体験に対し否定的であることを報告している。すなわち，母国内において心身ともに否定的な自覚症状を有するものが，留学先においても同様の傾向を示す傾向があることを示唆している。

　留学の効果については，高校留学プログラムを提供している AFS と Mitchell R. Hammer との共同調査[20]で 2005 年に実施された高校留学生 1,500 人と非留学組 600 人を比較対象のコントロールグループとした「高校時代の海外留学のインパクト調査」が実施されている。その調査は留学直前，帰国直後，

帰国6ヵ月後の3回にわたってアンケート調査票により行われた。調査結果と
して，留学した者は，「異なる文化を持つ人との接触に違和感・困難を覚えな
くなる」「他の国に関する知識が増える」「国籍，民族の異なる人と友人になり
やすくなる」「自分自身，自国文化をより深く理解出来るようになる」「両親を
含め，今まで自分が持っていたもの・人に対する感謝の念が持てるようにな
る」という傾向がより強くみられるようになったと指摘している。すなわち，
留学経験者は留学しなかったグループより，平均的にみて「異文化対応能力
(intercultural competence) の向上」「偏見，自民族中心主義 (ethnocentrism) の
減少」「他の文化への興味の拡大」「私達対彼ら (we vs. they)」の対極観
(polarization) の克服」「文化の垣根を越えた共通の絆の発見」などの項目で長
けていると報告している。その結果から「高校時代の留学は，青少年のなかに
異文化間の架け橋を築く役割として極めて重要」「帰国生は，文化の垣根を越
えてその後の人生を進んでいく能力を身に付ける」との結論をえている。
AFS は業界団体のひとつであり，肯定的な結果を発表する傾向は否めないと
しても，量的に十分なサンプルがあり，コントロールグループとの比較や，帰
国6ヵ月後にも調査を実施しており，有効な調査と思われる。

　法澤 (2005) は高校留学に関する政府の関わりについて分析している。それ
によると，1954 年に AFS (American Field Service) 日本協会[21]が初めて日本の高
校生をアメリカに招いた時，派遣生の募集・選考を担当したのは当時の文部省
(現文部科学省) であった。政府として高校生の海外留学に初めて関与したので
ある。1960 年代には年間約 150 人規模まで拡大したが，1956 年の中教審答申
では高等教育機関における留学生交流の政策のなかに高校留学がまったく触れ
られておらず，この時点では専ら各都道府県の教育委員会との連携で AFS 派
遣生の募集・選考を行っていた。文部省は 1972 年になって初めて AFS 派遣
生に対する往復渡航費用の給付を始めたが，1958 年から派遣を開始した YFU
(Youth For Understanding) 日本国際交流財団[22]や 1960 年開始の EIL 日本国際生
活体験協会[23]といった国際教育交流団体は対象となっておらず，日本政府として
高校生留学を包括的に推進しようとしていたとは考えにくいと述べている。

⑵　「グローバル人材育成と留学の長期的インパクトに関する調査」における
　高校留学の分析

　今回の調査で比較する対象者は，自分の留学経験のなかで高校留学をもっと
も重要な留学と回答した143人と学部留学をもっとも重要な留学と回答した
893人である。ここでいう高校留学とは，外国の高校に3ヵ月以上1年未満の
留学をした者で，学部留学とは外国の大学に3ヵ月以上1年未満の留学をした
者を意味する。調査方法など詳しくは第4章を参照されたい。

1）海外留学による価値観の醸成

　留学による価値観の醸成に関する質問項目については，図7−2で明らかな
ように高校留学も学部留学も全体の形はよく似ている。「つよくそう思う」「そ
う思う」の合計でみると，両者ともに特に高いのは「日本人としての意識」
（高校留学91.0％，学部留学86.8％，以下同様），「多様な価値観や文化的背景を持
つ人びと（例：性的マイノリティ，在日外国人など）と共生する意識」（89.8％，
85.2％），「外交・国際関係への興味」（86.5％，83.2％）である。いずれの留学経
験者もほぼ85％を越える高い意識の高まりを示している。

　特に，両者とも「日本人としての意識」は90％前後とそれぞれ一番高い意
識の高まりを示しているが，より広く世界を考えた場合の意識については「ア
ジア人としての意識」（69.7％，63.8％）で約6％，「地球市民としての意識」
（70.8％，52.6％）で約18％高校留学の方が高くなっている。

　高校留学が学部留学に比べて大きな差を示す項目は，「性別に捉われず家庭
内における役割を担うことへの意識」（76.4％，61.0％）で16.4％，「社会での
男女共同参画の意識」（70.8％，58.9％）で約12％である。これは，大学生活で
の体験もあるだろうが，高校留学に組み込まれることの多いホームステイやそ
のコミュニティにおける活動経験からきていると思われる。例外的に学部留学
が高くなっているのは，「政治・社会問題への関心」（65.2％，71.9％）である。
高校生は大学生に比べてまだこういった問題についての知識が少ないのかと思
われる。

　全体の意識の高まりの肯定的な回答の平均は高校留学76.3％，学部留学

図7－2　海外留学による価値観の醸成

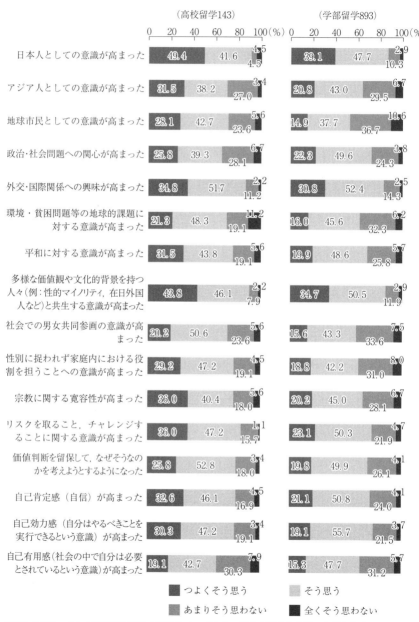

（高校留学143）　　　　　　　（学部留学893）

	つよくそう思う	そう思う
	あまりそう思わない	全くそう思わない

出所）「グローバル人材育成と留学の長期的インパクトに関する調査」結果より筆者作成

69.5％と高校留学の方が約7％高く意識の変化を感じている。

2）海外留学による能力の向上

18項目における能力の向上も，図7―3にみられるようにほぼ似通った傾向を示している。

「つよくそう思う」「そう思う」の肯定的な回答で，その平均値をみてみると高校留学79.5％，学部留学77.4％とともに非常に高い。特に「異文化に対応する力」（96.6％，90.3％）と「外国語運用能力」（91.0％，90.3％）ではいずれも90％以上が能力の向上を認めている。特に高校留学の「異文化に対応する力」の向上はほとんどの者に認識されている。

高校留学と学部留学を比較してみると，18項目中13項目で高校留学がより能力の向上を認識している。「積極性・行動力」（89.9％，80.2％）では9.7％の差が認められ，一番大きい。続いて「創造力」（70.8％，62.8％）が8％，以下「異文化に対する対応力」（96.6％，90.3％）「忍耐力」（84.3％，77.9％）「問題解決能力」（84.3％，78.1％）と6％強の差がみられる。

学部留学が高校留学を上回っているものは5項目ある。差の大きい順番に「専門知識・技能」（65.2％，74.7％），「論理的思考力」（61.8％，68.8％），「基礎学力・一般教養」（78.7％，82.5％）でそれぞれ9.5％，7.0％，3.9％の差がみられる。これらは学力に関するもので，学部留学に高いことは予想できる項目といえよう。

「つよくそう思う」に限定して高校留学が上回る項目をみてみると，「社交性」（52.8％，26.2％），「異文化に対応する力」（61.8％，38.5％），「柔軟性」（50.6％，28.1％）と大きな差が認められる。その他8項目においても10％～20％の差で高校留学が高くなっている。唯一学部留学が高校留学を上回っているのは「専門知識・技能」（14.6％，17.7％）だけである。

まとめると，いずれの留学でも「異文化に対応する力」「外国語運用の力」「コミュニケーション力」は等しく高く向上したことが認識されているが，高校留学では「社交性」「積極性・行動力」「柔軟性」「問題解決能力」が，学部留学では「専門知識・技能」「論理的思考力」が高く評価されていることから，

図7―3 海外留学による能力の向上

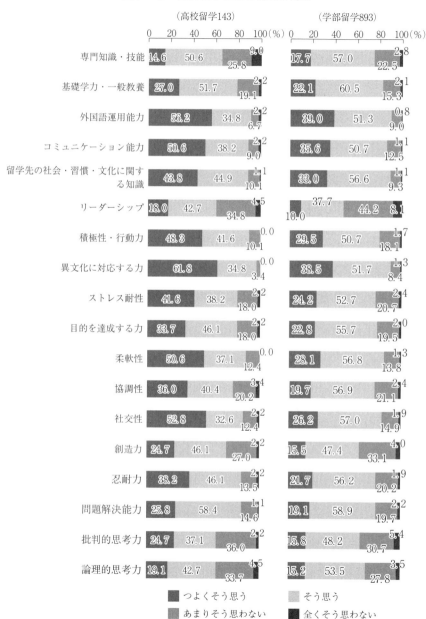

（高校留学143）　　　　　（学部留学893）

	つよくそう思う	そう思う
	あまりそう思わない	全くそう思わない

出所）「グローバル人材育成と留学の長期的インパクトに関する調査」結果より筆者作成

図7—4　最も得意とする外国語の仕事での使用

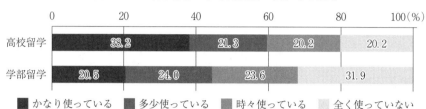

出所）「グローバル人材育成と留学の長期的インパクトに関する調査」結果より筆者作成

家庭生活・学校生活・社会生活の複合的な環境における体験が中心の高校留学と授業中心の学部留学との違いが反映していると推察される。

3）得意言語の仕事での使用

「もっとも得意とする外国語の仕事での使用」については図7—4の通り，高校留学では「かなり使っている」（38.2％，20.5％）と学部留学よりも約18％多く，「全く使っていない」（20.2％，31.9％）では逆に学部留学が高校留学よりも約12％多い。高校留学した人は，その後大学などでも留学している可能性があり，その分留学経験が多い可能性はあるが，それでも高校留学した人の仕事人生において語学を活かしている割合は大学以降で留学した人よりも明らかに多い。特に「かなり使っている」人が大きく違うのは，高校留学の特徴のひとつであろう。

4）キャリアへの影響

キャリアへの影響は，6項目について高校留学と学部留学の影響に関する差を調べている。図7—5の通り形は似ているが，特に「つよくそう思う」という回答に大きな差がみられる。「キャリア設計の上で助けになった」（47.2％，28.9％），「現在の仕事に就く上で助けになった」（39.3％，25.7％），「現在の仕事において留学で学んだ知識やスキルを使っている」（34.8％，18.5％）の差が特に大きく，その他の3項目についても高校留学の方が6％から8％高い傾向を示している。また，「NPOや社会活動をしようという意欲が高まった」という項目では，「つよくそう思う」と「そう思う」の合計で，高校留学は学部留学よりもかなり多い（55.1％，35.2％）ことが特徴的である。この点も，家庭生

図7—5　キャリアへの影響

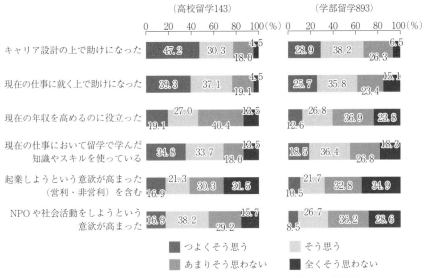

出所）「グローバル人材育成と留学の長期的インパクトに関する調査」結果より筆者作成

活・学校生活・社会生活の複合的な環境のおける体験が中心の高校留学の特徴かもしれない。

5）採用への影響

　採用への影響は，図7—6に示す通り4項目について調べている。高校留学も学部留学も採用への影響についてはありと認識している者が多いが，両者でもっとも違うのは「つよくそう思う」の出現率である。差が大きいのは「留学で身につけた語学力が評価された」（39.3％，19.0％），「外国人とのコミュニケーション経験が評価された」（36.0％，19.5％），「自分の留学経歴が評価された」（32.6％，18.9％）となる。高校で留学する人は少なく，それについてのプライドをもっていること，また家庭生活・学校生活・社会生活の複合的な環境でコミュニケーション力や語学力を高めたという認識が強いのではなかろうか。

6）人生の満足度

　人生の満足度については，図7—7に示す通り6項目について調べたが，全体的な影響は，いずれもほぼ似通った傾向を示している。

図7―6　留学経験が採用の際どの程度評価されたか

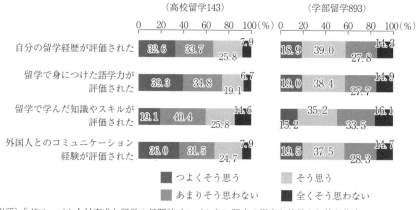

（高校留学143）　　　　　（学部留学893）

出所）「グローバル人材育成と留学の長期的インパクトに関する調査」結果より筆者作成

図7―7　人生の満足度

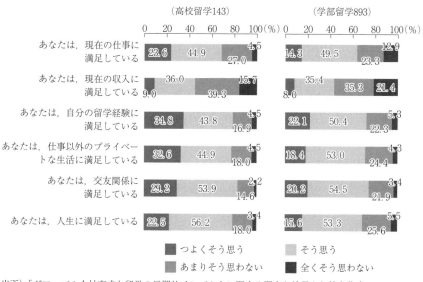

（高校留学143）　　　　　（学部留学893）

出所）「グローバル人材育成と留学の長期的インパクトに関する調査」結果より筆者作成

　「つよくそう思う」「そう思う」の合計で，その平均値をみてみると全項目の平均は高校留学が71.9％，学部留学が65.8％でその差は6.2％となっている。高校留学を基準に高い順にみてみると「交友関係に満足している」（83.1％,

74.7%)，「自分の留学経験に満足している。」(78.6%，72.5%)，「人生に満足し
ている」(78.7%，68.9%) とそれぞれ 8.5%，6.2%，9.8%の差で高校留学がよ
り満足度を示している。高校留学では「仕事以外のプライベートな生活に満足
している」77.5%，「現在の仕事に満足している」68.5%と続き，いずれもほ
ぼ 70%以上の肯定的な評価となっている。学部留学でも「現在の仕事に満足
している」のは 62.8%と高校留学と大差はない。高校留学と学部留学の差に
ついては，「人生に満足している」9.8%，「交友関係に満足している」8.4%と
いずれも高校留学の方が高くなっている。ただし「現在の収入に満足してい
る」については，高校留学が僅かに 1.6%高いが，その他の項目と比較して満
足度は両者ともに 20%以上低くなっている。

　「つよくそう思う」の回答でも高校留学が平均で 8.9%高い満足度を示して
いるが，「自分の留学経験に満足している」「仕事以外のプライベートな生活に
満足している」「交友関係に満足している」では高校留学，学部留学ともに高
い順位を占めている。双方の留学の差については，「仕事以外のプライベート
な生活に満足している」14.2%，「自分の留学経験に満足している」12.7%の
開きがある。

　従って，いずれの留学でも現在の収入については満足していない者が55%
以上となっているにもかかわらず，留学経験，交友関係，プライベートな生活
を含む人生については高い満足度を示していることがわかる。

7）留学による行動の変化

　全体としての行動の変化は，図7—8に示す通り8項目について調べたが，
いずれもほぼ似通った傾向を示している。行動に変化があったとする者は，
「つよくそう思う」「そう思う」の合計で，その平均値をみてみると全項目の平
均は高校留学が 58.4%，学部留学が 41.5%でその差は 16.9%となっている。

　高校留学を基準に高い順にみてみると「多様な年齢・世代の人びととの交流
活動」(67.4%，55.1%)，「多様な価値観や文化的背景を持つ人びととの交流活
動」(66.3%，48.4%)，「多様な分野で活躍している人びととの交流活動」(66.2
%，53.5%) で，それぞれ 12.3%，17.9%，12.8%と高校留学が高い参加率を

図 7 ― 8　留学による行動の変化

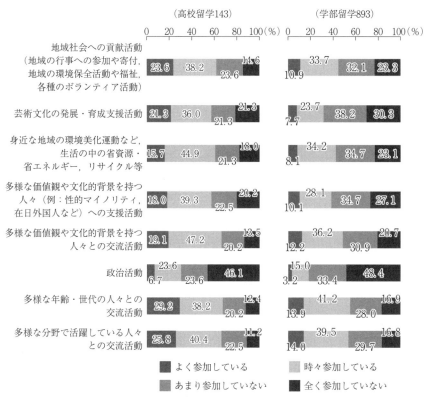

（高校留学143）　　　　　　　　　（学部留学893）

出所）「グローバル人材育成と留学の長期的インパクトに関する調査」結果より筆者作成

示している。その他の項目についても高校留学では，政治活動を除いてほぼ 60％が行動の変化を認識している。他方学部留学は，「多様な年齢・世代の人びととの交流活動」と「多様な分野で活躍している人びととの交流活動」においては 50％代を示しているが，その他は 40％代から 30％代である。

　政治活動については，高校留学 30.3％，学部留学 18.3％とその他の活動への参加と比較して，高校留学で平均ほぼ 30％以上，学部留学で 20％以上低くなっている。また，その他の活動と比較して，「あまり参加していない」「全く参加していない」が高校留学 69.7％，学部留学 81.7％と非常に高い。いずれも政治活動に対する参加が少ないことが特徴的である。

　なお，留学経験者間の比較に留まらず，非留学経験者の変化と比較すること
で，留学経験の及ぼす影響が証明されるものと考えるので，これについては高
校留学のみを取り上げてはいないが，他の章を参照されたい。

4．まとめ

　本章では，高校留学経験者と学部留学経験者の比較により，うけたインパク
トにどのような共通性あるいは特殊性がみられるかについて「価値観の醸成」
「能力の向上」「キャリアへの影響」「人生や仕事への満足度」「行動の変化」と
いう視点で分析し，概して高校留学の方が留学のインパクトが大きいことがわ
かった。

　結果的にはいずれの調査項目においても，高校留学をもっとも重要だと認識
している人びとは，学部レベルの留学経験者と比較して，異なる人びとや文化
や価値観などとの交流・支援活動に対する行動の変化があったとする割合が，
特に高いという結果がみられた。留学の目的が学業中心の学部留学に比べて，
学校やホームステイやコミュニティでのさまざまな生活体験が中心の高校留学
が，横田（1997）が指摘したようにより全人的（ホーリスティック）なインパク
トを与えたものと考えられる。

　小林（2013）によると，日本国内での大学進学先の選定にあたっては大学の
留学制度の存在が影響している。これからは高校進学先の選定にあたっても同
様のことがいえるかもしれない。実際，特定の高校では，海外留学促進と受験
生リクルートの観点から，留学に際して一定の助成を行うところもあり，「ト
ビタテ！留学JAPAN」などとの相乗効果によって高校生の留学が増えていく
ことを期待し，研究者による質的量的な研究が進むことを期待したい。

【注】
1）文部科学省は，昭和61年度から「高等学校及び中等教育学校の後期課程，特
　別支援学校の高等部における国際交流等の状況について」の調査を行っており，
　2006年と2017年を参照。
2）小林明（2011）「日本人学生の海外留学阻害要因と今後の対策」日本学生支援

機構『留学交流』2011 年 5 月号 Vol.2 pp.3-10。www.jasso.go.jp/ryugaku/related/kouryu/.../11/.../akirakobayashi.pdf（2017 年 2 月 1 日閲覧）

3）GLOBAL NOTE の「世界の海外留学生数「国別ランキング・推移（2015 年データ）」参照。http://www.globalnote.jp/post-12641.html（2017 年 2 月 5 日閲覧）

4）e-Stat 政府統計の総合窓口「初等中等教育機関・専修学校・各種学校《報告書掲載集計》」http://www.e-stat.go.jp/SG1/estat/NewList.do?tid=000001011528（2016 年 2 月 5 日閲覧）

5）全国修学旅行研究会が実施した調査　shugakuryoko.com/chosa/kaigai/2001-01-joukyou.pdf（2017 年 2 月 6 日閲覧）

6）日本学生支援機構（JASSO）留学情報センター（2010）「留学ガイドブック 私がつくる海外留学」参照。

7）アメリカンセンター JAPAN 高校留学。https://americancenterjapan.com/study/guide/guide2/（2017 年 2 月 11 日閲覧）

8）この「交換留学プログラム」はもともと教育交流団体などが使用した受入れ学生・生徒を exchange student と称したことに由来するもので，受入れ大学や高校などが授業料相互免除を基本とする協定に基づく学生交換だけを意味するものではない。

9）日本学生支援機構（JASSO）留学情報センター（2010）「留学ガイドブック 私がつくる海外留学」参照。

10）アメリカンセンター JAPAN のホームページ参照　高校留学。https://americancenterjapan.com/study/guide/guide2/（2017 年 2 月 11 日閲覧）

11）J-CROSS 留学サービス審査機構。http://www.jcross.or.jp/index.html（2017 年 2 月 15 日閲覧）

12）文部科学省初等中等教育局国際教育課国際理解教育係「高校生の留学生交流・国際交流等に関する調査研究等」を参照。http://www.mext.go.jp/a_menu/koutou/ryugaku/koukousei/1323946.htm（2017 年 2 月 6 日閲覧）

13）1 ドルあたり 110 円として計算

14）JASSO が実施した 2016 年度「協定等に基づく日本人学生留学状況調査結果」によると上位 10 傑はアメリカ，オーストラリア，カナダ，英国，韓国，中国，タイ，台湾，ドイツ，フランスとなっている。

15）Mercer Cost of Living Survey - Worldwide Rankings 2016

16）文部科学省「平成 27 年度高等学校等における国際交流等の状況について」を参照

17）「AFS は世界大戦中にアメリカのボランティア組織 American Field Service（アメリカ野戦奉仕団）の活動が起源。日本での AFS 活動は，1954 年に 8 人の留学生をアメリカに派遣し，現在では日本全国 77 の支部で留学生の受け入れ，派遣，各種交流活動を行っている」AFS 日本協会ホームページを参照。http://www.afs.or.jp/（2017 年 5 月 12 日閲覧）

18) 文部科学省「平成 25 年度高等学校等における国際交流等の状況について」を参照

19)「2014 年大学生の意識調査」概要報告。http://www.univcoop.or.jp/press/mind/report-mind2014.html（2017 年 5 月 12 日閲覧）

20) American University の名誉教授であり，IDI（Intercultural Development Inventory）の開発者で，2001 年 Hammer Consulting, LLC を起業し，社長を務めている。

21) AFS 日本協会は，日本全国 77 の支部を有する非営利組織で，加盟国は約 60 ヵ国，交流国は 100 ヵ国以上のであり，英語圏に偏らず多彩な国に留学できる。1954 年に初めて 8 人の留学生をアメリカに派遣して以来，現在まで留学・国際交流の活動を進めている。（同会ホームページ参照。http://www.afs.or.jp/goabroad/year-programs/　2017 年 5 月 12 日閲覧）

22) YFU（Youth For Understanding）は世界 60 ヵ国にそれぞれの YFU 組織をもち，相互に連携を図りながら青少年国際交流を進める非営利の国際団体。日本の YFU は，1958 年に日本の高校生を交換留学生として米国に派遣し，その後 1969 年に米国の高校生を日本に受入れた。（同会ホームページ参照。http://yfu.or.jp/　2017 年 5 月 12 日閲覧）

23) The Experiment in International Living（EIL）は 1932 年にアメリカ人ワット博士の提唱により，世界で最初に，ホームステイを中心としたプログラムを始めた歴史有る団体。アメリカから始まったこの運動は世界に広がり，現在 23 ヵ国が加盟する国際組織となった。（同会ホームページ参照。http://www.eiljapan.org/about/outline.html　2017 年 5 月 12 日閲覧）

【参考文献】

アメリカ大使館後援「アメリカ留学ガイド 2017」恵文社，2017 年

稲村博『日本人の海外不適応』日本放送出版協会，1980 年

岡部悦子「外国人交換留学高校生の日本留学に対する印象」長崎外大論叢　第 9 号，2005 年，pp.27-39

オーストラリア大使館協力「オーストラリア留学ガイドブック 2017」恵文社，2017 年

カナダ大使館協力「カナダ留学ガイド 2017」恵文社，2016 年

恵文社編集「イギリス留学ガイド 2017-18」ブリティッシュ・カウンシル，2017 年

久津木文「幼児期の多文化・異文化経験や知識が認知に及ぼす影響の解明―選択的信頼に着目して」2015 年。http://id.nii.ac.jp/1044/00001703/（2017 年 2 月 20 日閲覧）

小林明「留学体験のインパクトと成果―留学経験者と留学非経験者の比較調査から―」日本学生支援機構ウエブマガジン『留学交流』8 月号 Vol.65，2016 年

小林明「留学体験のインパクトと経年変化―社会人としての留学体験評価(2)―」日本学生支援機構ウエブマガジン『留学交流』8 月号 Vol.53，2015 年

小林明「留学プログラムが参加者に与えた影響に関する調査」日本学生支援機構ウ
　エブマガジン『留学交流』8 月号 Vol.29，2013 年

小林明「日本人学生の海外留学阻害要因と今後の対策」日本学生支援機構ウェブマ
　ガジン『留学交流』5 月号 Vol.2，2011 年

竹内愛「「異文化理解能力」の定義に関する基礎研究」共愛学園前橋国際大学論集，
　2012 年

日本学生支援機構留学情報センター「留学ガイドブック　私がつくる海外留学」
　2010 年

長井進「外国人交換留学高校生のアドバイザーへの期待」*The Japanese Journal of
　Psychology* Vol.61，No.1，51-55，1990 年

長井進「外国人交換留学高校生における適応過程」*The Japanese Journal of
　Psychology* Vol.1，No.1，37-44，1988 年

長井進「日本人交換留学高校生の異文化への適応過程」*Japanese Journal of
　Educational Psychology* Vol.1，34，55-61，1986 年

日米教育委員会『アメリカ留学公式ガイドブック』アルク，2015 年

ニュージーランド大使館，エデュケーション・ニュージーランド協力「ニュージー
　ランド留学ガイドブック 2017」恵文社，2017 年

法澤剛一「日本における高校生留学政策の展開と今後の課題」筑波大学大学院人間
　総合科学研究科教育学専攻『教育学論集』第 1 集，2005 年，pp.107-126

山本志都，丹野大「「異文化感受性発達尺度（The Intercultural Development
　Inventory）」の日本人に対する適用性の検討：日本語版作成を視野に入れて」青
　森公立大学，2001 年

横田雅弘「青年期における留学のインパクト―日本人高校生と大学生の留学経験
　―」『文化とこころ』Vol.2-No.1，1997 年，pp.12-16

【参考ウエブサイト】

アメリカ国務省 Foreign Students in Public Schools　https://travel.state.gov/
　content/visas/en/study-exchange/student/foreign-students-in-public-schools.html
　（2017 年 2 月 16 日閲覧）

アメリカンセンター JAPAN 高校留学。https://americancenterjapan.com/study/
　guide/guide2/（2017 年 2 月 11 日閲覧）

イー・エフ・エデュケーション・ファースト・ジャパン株式会社。http://www.
　efjapan.co.jp（2017 年 2 月 日閲覧）

海外留学協議会。http://www.jaos.or.jp/（2017 年 2 月 18 日閲覧）

国立青少年教育振興機構　調査研究報告書「高校生の生活と意識に関する調査報告
　書―日本・米国・中国・韓国の比較―」2015 年。http://www.niye.go.jp/kenkyu_
　houkoku/contents/detail/i/98/（2017 年 2 月 1 日閲覧）

全国修学旅行研究会「全国公立高等学校・海外修学旅行実施状況（平成 11 ～ 13 年

度）」shugakuryoko.com/chosa/kaigai/2001-01-joukyou.pdf（2017 年 2 月 6 日閲覧）

世界の経済・統計情報サイト　世界経済のネタ帳　為替レートの推移（1980 ～ 2017 年）http://ecodb.net/exec/trans_exchange.php?type=EXCHANGE&b=JPY &c1=USD&ym=Y&s=&e=（2017 年 2 月 20 日閲覧）

全国学生生活協同組合連合会「2014 年大学生の意識調査」概要報告。http://www. univcoop.or.jp/press/mind/report-mind2014.html（2017 年 5 月 12 日閲覧）

東京都教育委員会「次世代リーダー育成道場」研修生（第一期生）の募集について。http://www.kyoiku.metro.tokyo.jp/press/pr120329.htm（2017 年 1 月 17 日閲覧）

日本学生支援機構「平成 26 年度協定等に基づく日本人学生留学状況調査結果」http://www.jasso.go.jp/about/statistics/intl_student_s/2015/index.html（2017 年 2 月 1 日閲覧）

ニュージーランド留学情報センター。http://www.ryugaku-joho-centre.co.nz/ highschool/（2017 年 2 月 15 日閲覧）

文部科学省初等中等教育局国際教育課「高校生の留学生交流・国際交流等に関する調査研究等」http://www.mext.go.jp/a_menu/koutou/ryugaku/koukousei/1323946. htm（2017 年 8 月 1 日閲覧）

文部科学省初等中等教育局国際教育課「高校生留学に関する主な関係団体」http:// www.mext.go.jp/a_menu/koutou/ryugaku/koukousei/1323989.htm（2017 年 2 月 18 日閲覧）

文部科学省「若者の海外留学を取り巻く現状について」参考資料 2，2014 年。http://www.cas.go.jp/jp/seisaku/ryuugaku/dai2/sankou2.pdf（2017 年 2 月 6 日閲覧）

文部科学省「グローバル人材の育成について」資料 2　www.mext.go.jp/b_menu/ shingi/chukyo/chukyo4/007/.../001.htm（2017 年 2 月 8 日閲覧）

文部科学省「平成 27 年度高等学校等における国際交流等の状況について」http:// www.mext.go.jp/a_menu/koutou/ryugaku/koukousei/1323946.htm（2017 年 7 月 30 日閲覧）

文部科学省「平成 25 年度高等学校等における国際交流等の状況について」http:// www.mext.go.jp/a_menu/koutou/ryugaku/koukousei/1323946.htm（2017 年 2 月 10 日閲覧）

AFS 日本協会。http://www.afs.or.jp/goabroad/year-programs/（2017 年 1 月 17 日閲覧）

EIL（The Experiment in International Living）http://www.eiljapan.org/about/ outline.html（2017 年 1 月 17 日閲覧）

e-Stat 政府統計の総合窓口「初等中等教育機関・専修学校・各種学校《報告書掲載集計》」http://www.e-stat.go.jp/SG1/estat/NewList.do?tid=000001011528（2016 年 2 月 5 日閲覧）

GLOBAL NOTE「世界の海外留学生数「国別ランキング・推移（2015 年データ）」http://www.globalnote.jp/post-12641.html（2017 年 2 月 5 日閲覧）

J-CROSS 留学サービス審査機構。http://www.jcross.or.jp/index.html（2017 年 2 月 15 日閲覧）

Mercer Cost of Living Survey - Worldwide Rankings（2016）https://www. imercer.com/content/mobility/cost-of-living-city-rankings.html（2017 年 2 月 16 日閲覧）

YFU（Youth For Understanding）http://yfu.or.jp/（2017 年 1 月 17 日閲覧）

第8章 留学経験が収入や職業キャリアにもたらす効果[1]

■ 新見　有紀子
■ 米澤　彰純
■ 秋庭　裕子

　グローバル化の進展とともに国境を超えて移動する人びとの数が増加し，全世界における留学者数は 2015 年に 460 万人に達した（OECD, 2017）。他方，日本においては，大学などが把握している日本人学生の海外留学状況における，協定等に基づく留学および協定などに基づかない留学の合計は，2016 年度に 96,641 名（対前年度比 12,185 名増）と，ここ数年数値が伸びているものの（日本学生支援機構, 2017），2015 年に海外の大学などに長期で留学した日本人の数は 54,676 人となり，2004 年に 82,945 人を記録して以降，その数は減少傾向にある[2]（文部科学省, 2017）。大学生協学生生活実態調査（2016）によると，大学在学中に留学を「したいと思わない」（35.5%）また，「したいができない」（30.1%）との回答の合計が過半数を占めており，多くの大学生にとって留学が現実の選択肢ではないことが示されている。また，小林（2011）や太田（2013）は，日本人大学生の海外留学を阻害する要因として，経済的な理由，語学能力の不足，就職活動に支障が出るということを指摘している一方，大学生協の調査では，留学したくない者の理由として「興味がない」（57.1%）ということが一番大きな割合を占めていた。さらに，産業能率大学による「新入社員のグローバル意識調査」（2015）によると，「海外で働きたいとは思わない」との回答が 63.7% に達し，その理由として，「語学力に自信がない」（65.6%），「生活面で不安」（46.9%），「仕事の能力に自信がない」（31.2%）という項目が上位を占

め，日本人新入社員の海外勤務に対する心理的な壁が浮き彫りになっている。日本政府は，グローバル化する社会のなかで活躍できる人材を育成するため，2020 年までに日本人の海外留学者数を 12 万人にするという目標を打ち出しているが，日本の大学生や新入社員などの次世代を担う若者たちにとって，留学に対する意欲や関心自体が低いことが大きな課題である。留学生数拡大のためには，学生，教育関係者，雇用者，政策立案者を含む社会全体で留学の意義について改めてコンセンサスをもつとともに，特に留学の妨げとなりうる経済的側面や就職活動に関連した課題への対応に加え，日本からの留学がその後のキャリアにどのような影響を及ぼすのかについて，具体的な証拠を伴う成功モデルを提示する必要がある。本章では，留学経験が雇用や職業生活などに与える効果を明らかにするために，大学・大学院レベルでの留学経験者と留学非経験者に対する質問票調査の回答の比較を行い，さらに，学部留学経験者と大学院留学経験者の回答を比較することで，留学先段階種別による留学経験がもたらすインパクトの違いについて考察を試みた。

1．先行文献

(1)　留学が雇用や収入にもたらすインパクト

　留学の多様なインパクトについての先行研究は第 2 章と第 3 章にまとめられているが，ここではそのなかから，雇用や収入，職業キャリアにもたらす影響について言及したい。まず，欧米においては，留学経験が自身のエンプロイアビリティ（雇用され得る能力）を高めるという結果が，複数の先行研究で共通して述べられている（Di Pietro, 2003；Franklin, 2010）。欧州では，留学経験でえた語学力，外国に関する知識，異文化対応能力などが留学非経験者と比較した場合に付加価値として評価され，留学後の就職活動において肯定的な影響があると認識されており，学生が自分自身のエンプロイアビリティを高めるために留学を選択するという傾向が指摘されている（Wiers-Jenssen, 2003）。その一方で，日本においては，留学によって就職活動の準備に遅れが出ると認識されていることに加えて，留学経験が就職活動の際にどのように企業から評価されて

いるのか不明であるということが，留学を検討する際の懸念材料となっている（留学ジャーナル，2015；太田，2013）。また，留学経験が就職活動においてどのような価値をもち得るのかの実証的なデータが体系的に示されてきてはおらず，日本の学生が留学を目指すうえで大きな障壁となっている。

　欧州域内の交流を目的としたエラスムス奨学金の受給者を対象に行われた大規模な調査によると，「留学経験が卒業後最初の職をえることに役立った」（54%）に加え，「長期的な視野でキャリアを考えるのに役立った」（53%）と肯定的に回答した割合が，中立または否定的な回答割合の合計を上回り過半数に達しており（Janson, Schomburg & Teichler, 2009），留学が，エンプロイアビリティだけでなくキャリア設計にも有益であることが示された。ただし，同調査で「留学経験が収入をあげることに役立った」と肯定的に回答した割合は16%に止まったことから，留学経験が収入を向上させる効果は限定的であることも明らかになった。アメリカにおける調査でも，留学経験が収入の向上をもたらすわけではないとする結果が報告されている（Schmidt & Pardo, 2012）。

　以上のように，欧米では雇用や収入と留学経験の関係について論じた文献が複数存在している一方，日本人の留学と雇用の関連についての先行研究は限られている。そのようななか，原田（2012）は，企業の人材育成として，MBA留学は当該企業だけで評価される特殊な能力・専門性を高めるだけではなく，当該企業外でも通用する汎用的能力を高める訓練にもあたると指摘し，大学院留学が職業生活上で有益であるということを論じた。また，ベネッセコーポレーション（2009）が留学経験者に対して実施した調査では，留学経験でえられた「さまざまな背景や価値観を持つ人たちと協力する力」（44.5%），「海外の習慣・文化などを理解した国際感覚」（43.3%），「海外生活経験によって身につけた自ら行動する力」（42.5%），「語学力」（42.2%）などのスキルが，留学後の仕事で活用できているとの回答がえられている。このように，日本人の留学経験も，留学後の雇用や職業生活上で肯定的な影響を及ぼすことが示唆されているが，留学経験が職業上の収入や処遇にどのような影響を与えているかは十分に明らかにされてきたとはいえない。なお，職業上の英語の使用や能力と，収入

や昇進との関連について分析した松繁（2004）は，専門分野などによってその関連性は異なると結論付けている。米澤（2010）は，日本の企業に勤める社会人への大規模な調査を通じて，仕事上英語を多用する者の年収がそうでない者よりも高いことと同時に，特に文系職にあたる事務・営業系の学部卒においては留学経験があっても仕事上英語を多用する機会に恵まれるものは15％未満と少ないことを示した。なお，海外留学経験の有無によって他の社員との待遇に直接差をつけることはないという，日本の企業側に広くみられる視点については第11章に詳述されている。一般に入社以後は学歴よりも仕事上の経験や能力を重視する「実力主義」の考えが日本の企業社会では強いことから，実態はともかく言葉の上では「差をつけない」という言葉となってあらわれるのではないかと推察される。さらに米澤は，学部と大学院，専門分野において仕事の国際性と収入・処遇との関連が異なると指摘していることから，本章においてもこの点を意識し，学部と大学院，専門分野のちがいなどを意識した分析が求められる。

(2)　留学の費用

　留学がもたらす雇用や収入への効果を考える上で，一般的に留学にかかる費用についても触れておく。日本とアメリカの大学・大学院における1年間にかかる平均的な費用を単純に比較すると，学部留学にかかる費用は，日本の国立大学とアメリカの州立大学を比較して1.6〜4.4倍，日本の私立大学とアメリカの都市部の私立総合大学を比較して，2.5〜3.7倍となる。大学院留学にかかる費用は，国内の国立の大学院に比べ年間で1.5〜3.0倍，国内の私立の大学院と比べて，1.3〜2.5倍程度かかる計算となる。なお，本調査ではアメリカへの留学経験者が学部・大学院ともに過半数を占めていたが（後述），留学先のなかにはドイツなど，留学生に対しても学費をほとんどあるいはまったく徴収しない国も存在する。また，企業派遣や奨学金，交換留学の場合は大学間の授業料相互免除などの措置によって留学にかかる費用が賄われる場合など，個々人が実際に自分で負担する費用は多様であると考えられる。

表8―1　学部・大学院留学と国内学部・大学院在籍にかかる費用の比較

	設置形態	授業料等1年間にかかる費用
学部留学（アメリカ）	州立	$22,000～$59,500 （約242～654.5万円）
	私立（都市部）	$45,500～$66,500 （約500.5～731.5万円）
大学院留学（アメリカ）	州立・私立	250～500万円
国内学部在籍	国立	150万円
	私立	198万円
国内大学院（修士課程）在籍	国立	164万円
	私立	197万円

注1）米ドルを110円として計算
注2）留学中の学費以外の往復旅費，医療保険代，ビザ申請にかかる経費等は含まれない
注3）アメリカ留学にかかる費用に関するデータについては，栄陽子留学研究所のホームページ（n.d.a, n.d.b, n.d.c）を参照した。国内学部・大学院在籍にかかる費用に関するデータについては，日本学生支援機構（2016）を参照した
出所）筆者作成

2．本章の目的・分析方法

(1)　研究の目的と課題

　本章の目的は，前出の留学のインパクト調査結果から，学部または大学院への留学経験が個人に与える雇用，収入，職業キャリアを中心とした効果を明らかにし，検証することである。本章の分析で明らかにしたいのは，① 海外留学経験者は，留学経験からどの程度仕事でえられる収入や待遇の向上，さらには職業生活やプライベートな生活などにおける満足をえているのか，② また，これらの留学経験がもたらす効果は，学部と大学院という留学先段階種別によってどのように異なるのか，という点である。

(2)　本章の調査対象者と比較対照群

　本章で分析対象とした留学経験者は，職場からの財政支援を主な留学費用負担方法とした人を除く，学部段階での学位取得を目的とした3年以上の留学経験者416名（以降「学部段階での留学経験者」）と，大学院段階での学位取得を目的とした1年以上の留学経験者353名（以降「大学院段階での留学経験者」）であ

る（表8−2）。複数回留学経験のある者については，回答者が「もっとも重要な留学」と選択した留学先学校（段階）種別で集計した。また，留学非経験者の比較対照群として，最終学歴が国内学部卒業者または国内大学院修了者で3ヵ月以上の留学非経験者に対し，類似の質問票調査を2015年8月から9月にかけて実施したが，その有効回答数1,298名のうち，欠損値を除く，大学学部卒業者710名（以降「留学非経験・最終学歴学部」）と，大学院修了者528名（以降「留学非経験・最終学歴大学院」）を分析対象のデータとした。

　これらの4つのグループについて，男女比は留学経験者・非経験者ともに大学院レベルでは男性の方が若干高かったが，概ね極端な偏りは無かった。年齢別でみると，30歳代と40歳代が多く，それらの合計が4つすべてのグループで半数を超えていた。大学院段階での留学経験者は50歳代以上の割合が高く27.8％を占めたが，留学非経験・最終学歴大学院の者は12.5％，学部段階での留学経験者は13.5％で，留学非経験・最終学歴学部の者は20.3％とグループごとにばらつきがみられた。さらに，留学非経験で最終学歴学部・最終学歴大学院の者ともに20歳代以下の割合が10％を超えたが，留学経験者では10％以下だった。特に大学院段階での留学経験者は，留学開始時の年齢が20歳代中頃から30歳代の者が多いため，若年の回答者が相対的に少ないとみられる。一般的に，年齢と収入の高さに相関があるとされることから，これらの年齢の偏りについて，データの解釈時に考慮する必要がある。

　留学経験者の主な留学先国は表8−3の通りである。留学先国で一番多かったのはアメリカで，学部段階での留学経験者の78.1％，大学院段階での留学経験者の57.2％とそれぞれ過半数以上だった。英語圏のイギリス（学部6.0％，大学院21.5％），オーストラリア（学部2.2％，大学院4.5％），カナダ（学部4.1％，大学院2.5％）を合わせると，学部・大学院ともに回答者全体の8割を超えた。その他の主な留学先として，ドイツ（学部1.9％，大学院2.8％）やフランス（学部0.5％，大学院2.3％），学部レベルでは中国（学部2.9％，大学院0.8％）への留学者も一定数を占めた。

　留学開始時の年齢は，学部段階での留学経験者は18〜21歳までの間が全体

表8―2　回答者の属性（性別・年代別）

	性別		年代			
	男	女	20歳代以下	30歳代	40歳代	50歳代以上
学部段階での留学経験者（n＝416）	52.4%	47.6%	9.6%	34.9%	42.1%	13.5%
大学院段階での留学経験者（n＝353）	58.9%	41.1%	6.2%	28.3%	37.7%	27.8%
留学非経験・最終学歴学部（n＝710）	47.0%	53.0%	13.4%	32.0%	34.4%	20.3%
留学非経験・最終学歴大学院（n＝528）	54.5%	45.5%	15.7%	37.3%	34.5%	12.5%

出所）筆者作成

表8―3　留学経験者の主要な留学先国

	アメリカ	イギリス	オーストラリア	カナダ	ドイツ	フランス	中国
学部段階での留学経験者	78.1%	6.0%	2.2%	4.1%	1.9%	0.5%	2.9%
大学院段階での留学経験者	57.2%	21.5%	4.5%	2.5%	2.8%	2.3%	0.8%

出所）筆者作成

の66.1%，20歳以下が全体の93.8%と若い年齢での留学が圧倒的に多かった。一方，大学院段階での留学経験者は，23〜29歳までで62.6%，30歳代で29.5%と，20代中盤から30代での留学が主であった。大学院の分野別では，留学経験者は理系が15.6%，文系が84.4%だったのに対し，留学非経験・最終学歴大学院の者は理系が60.6%，文系が39.4%と，大学院レベルでの分野ごとの割合が異なっていた。本章で分析対象とした学部段階での留学経験者は留学期間が3年以上の者だが，その内訳は，3年以上4年未満が41.1%，4年以上5年未満が36.3%，5年以上が22.6%だった。大学院段階での留学経験者は，1年以上の者で抽出したが，その内訳は，1年以上2年未満が36.0%，2年以上3年未満が32.0%，3年以上が32.0%であり，分析対象とした大学院段階での留学経験者の3分の1程度が3年以上の留学経験者だった。留学資金の支弁方法を「私費」と回答した者が学部段階での留学経験者の

表8—4　分析対象とした質問項目

収入 （3項目）	・現在の年収 ・<u>海外留学</u>が現在の年収を高めるのに役立った ・あなたは現在の収入に満足している
就職・仕事上の評価 （7項目）	・<u>海外留学</u>がキャリア設計の上で助けになった ・<u>海外留学</u>が現在の仕事につく上で助けになった ・採用の際に自分の<u>海外留学</u>経歴が評価された ・採用の際に<u>海外留学</u>で身につけた語学力が評価された ・採用の際に<u>海外留学</u>で学んだ知識やスキルが評価された ・採用の際に外国人とのコミュニケーション経験が評価された ・あなたは現在の仕事に満足している
仕事以外 （4項目）	・あなたは自分の<u>海外留学</u>経験に満足している ・あなたは仕事以外のプライベートな生活に満足している ・あなたは交友関係に満足している ・あなたは人生に満足している

注）留学非経験者については，上記表内の下線を引いた海外留学を国内学部・大学院の卒業・修了に
　置き換えて，実際の質問項目を適宜修正している
出所）筆者作成

95.9％，大学院段階での留学経験者の72.8％を占め，残りが奨学金受給者だ
った。

(3)　質問票の内容

　表8—4は，本章で分析対象とした質問項目を示したものである。留学経験
者と非経験者それぞれについて，性別・年齢・留学先または国内の学部，大学
院での勉学に関する情報などの基本的属性に加え，収入関連の項目，就職・仕
事上の評価に関する項目，仕事以外の項目についての回答をえた。

3．分析結果

(1)　海外留学経験の年収への効果

　年収について，8段階（0〜200万円，200〜400万円，400〜600万円，600〜
800万円，800〜1,000万円，1,000〜1,500万円，1,500〜2,000万円，2,000万円以
上）から該当する金額を選択してもらい，学部・大学院レベルでの留学経験者
と，留学非経験者（最終学歴学部・大学院）の4つのグループについて，年収段

図8—1　学部・大学院別による留学経験者と非経験者の年収

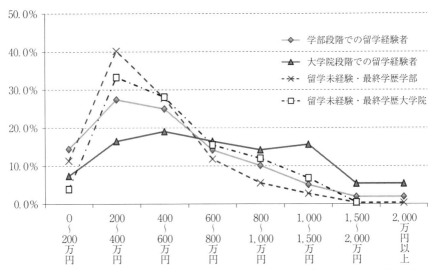

注）留学経験者は，主婦・無職を除外して集計し，対照群（留学非経験者）については，「答えたくない」という回答を除外して集計している
出所）筆者作成

階ごとに割合を示したものが図8—1である。年収平均値については，2,000万円以下のそれぞれの段階においてはその中央値を用い，また，2,000万円以上のカテゴリについては，2,000万円として算出した。なお，大学院段階での留学経験者には，1,500万円〜2,000万円，および2,000万円以上の年収をえている者もそれぞれ5％程度おり，全体の年収平均値を押し上げている。学部段階での留学経験者は，国内学部卒業者よりも全体として年収の高い者の割合が高いが，200万円以下の割合も約15％と高く，年収のばらつきが大きい傾向が見出せる。

　また，年収についてその加重平均値を求め，グループごとに比較したところ，平均年収の高い方から，大学院段階での留学経験者，留学非経験・最終学歴大学院，学部段階での留学経験者，留学非経験・最終学歴学部となり，留学経験者の方が大学院段階では約250万円高く，学部段階では約100万円高かった。さらに，男女別で平均年収を比較すると，女性は男性よりも200万円程度

表 8 — 5　　性別による年収平均値と収入格差係数

	学部段階での留学経験者(1)	留学非経験・最終学歴学部(2)	大学院段階での留学経験者(3)	留学非経験・最終学歴大学院(4)	学部収入格差係数 (1)／(2)	大学院収入格差係数 (3)／(4)	留学先段階種別収入格差係数 (3)／(1)
全体	547.0万円	449.1万円	792.9万円	553.0万円	1.22	1.43	1.45
男性	645.0万円	575.7万円	954.6万円	669.7万円	1.12	1.43	1.48
女性	439.1万円	330.7万円	562.1万円	410.6万円	1.33	1.37	1.28

注）留学経験者は，主婦・無職を除外して集計し，対照群（留学非経験者）については，「答えたくない」という回答を除外して集計している
出所）筆者作成

低い値だったが，男女ともに留学経験者の方が非経験者よりは高かった（表 8 — 5）。留学経験者の平均年収を留学非経験者の平均年収で割ったものを収入格差係数とすると，学部では全体で 1.22，大学院では全体で 1.43 となり，大学院段階での留学経験者と留学非経験者・最終学歴大学院の者の収入格差が大きいことがわかった。また，大学院段階での留学経験者の平均年収を学部段階での留学経験者の平均年収で割った収入格差係数は 1.45 となり，大学院段階での留学経験の方が，学部段階での留学経験よりも収入の増加にもたらす効果が大きいといえる。

　一般的に年功序列による賃金体系が取られている日本では，一定段階までは年齢が上がるとともに年収も高くなる傾向があることから，回答時の年齢が収入に与える影響を考慮して，年代別に年収の平均値を算出し，さらに留学経験者と非経験者それぞれ学部・大学院別および留学経験者の留学先段階種別で収入格差係数を算出した（表 8 — 6）。その結果，年収平均値はすべてのグループにおいて，年代が上がるほど高くなっていた。さらに，学部段階での留学経験者と留学非経験・最終学歴学部の者の収入格差係数，および，大学院段階での留学経験者と留学非経験・最終学歴大学院の者の収入格差係数を比較すると，両者とも 30 歳代で一番大きくなり，そのあとは年代が上がるにつれて差が縮まっていた。次に，留学経験者と非経験者の外資系企業に勤務している比率を示したデータが，表 8 — 7 である。留学経験者の方が，非経験者の 10 倍以上の割合で外資系企業に勤めていることがわかる。また，留学経験者のなかに

表8—6　年代別年収平均値と格差係数

	学部段階での留学経験者(1)	留学非経験・最終学歴学部(2)	大学院段階での留学経験者(3)	留学非経験・最終学歴大学院(4)	学部収入格差係数(1)／(2)	大学院収入格差係数(3)／(4)	留学先段階種別収入格差係数(3)／(1)
全体	547.0万円	449.1万円	792.9万円	553.0万円	1.22	1.43	1.45
50歳代以上	653.6万円	608.3万円	993.9万円	806.0万円	1.07	1.23	1.52
40歳代	564.0万円	470.8万円	825.9万円	654.6万円	1.20	1.26	1.46
30歳代	539.7万円	389.3万円	642.9万円	467.6万円	1.39	1.38	1.19
20歳代以下	350.0万円	290.8万円	372.7万円	350.7万円	1.20	1.06	1.07

注）留学経験者は，主婦・無職を除外して集計し，対照群（留学非経験者）については，「答えたくない」という回答を除外して集計している
出所）筆者作成

表8—7　外資系企業勤務者および経営者を含む管理職の割合

	外資系企業勤務者	経営者を含む管理職
学部段階での留学経験者	24.6%	32.5%
留学非経験・最終学歴学部	2.1%	17.2%
大学院段階での留学経験者	22.4%	41.1%
留学非経験・最終学歴大学院	2.1%	18.6%

注1）留学経験者は，主婦・無職を除外して集計
注2）対照群（留学非経験者）については，「答えたくない」という回答を除外
注3）「経営者・役員クラス」，「管理職クラス」，「一般社員クラス」，「アルバイト・契約社員など」，「その他」の5つのうち，「経営者・役員」または「管理職」の割合の合計を，経営者を含む管理職として示した
出所）筆者作成

は，経営者を含む管理職（表8—7），専門職（表8—8）など，必ずしも年功序列型賃金体系に依らない職に従事している者の割合が高い。留学経験者は，外資系企業への勤務や，専門職などに携わる割合が高いことなども，若年層（30代）での年収平均値を高めている要因として推測される。また，大学院段階での留学経験者に対する学部段階での留学経験者の収入格差係数については，年代が上がるとともに高くなっており，50歳代以上では1.52とその格差が広がっていた（表8—6）。

　次に，大学院段階での分野別の年収平均値を比較すると，高い順に留学経験者・文系，留学経験者・理系，留学非経験・理系，留学非経験・文系となった

表8―8　現在の担当業務

	事務職	営業職	技術職	研究職	専門職	その他
学部段階での留学経験者	35.5%	14.5%	8.1%	2.5%	24.6%	14.7%
留学非経験・最終学歴学部	47.0%	18.2%	18.4%	1.9%	10.6%	3.9%
大学院段階での留学経験者	19.0%	11.2%	5.7%	25.3%	28.4%	10.3%
留学非経験・最終学歴大学院	28.1%	6.3%	35.0%	14.8%	14.4%	1.3%

注1）留学経験者は，主婦・無職を除外して集計
注2）対照群（留学非経験者）については，「答えたくない」という回答を除外
出所）筆者作成

表8―9　分野別大学院年収平均値と格差係数

	大学院段階での留学経験者・理系(1)	留学非経験・最終学歴大学院・理系(2)	大学院段階での留学経験者・文系(3)	留学非経験・最終学歴大学院・文系(4)	理系収入格差係数 (1)／(2)	文系収入格差係数 (3)／(4)
全体	722.2万円	577.6万円	805.7万円	514.6万円	1.25	1.57

注）留学経験者は，主婦・無職を除外して集計し，対照群（留学非経験者）については，「答えたくない」という回答を除外して集計している
出所）筆者作成

（表8―9）。学問分野別における留学経験者と非経験者の収入格差係数を比較すると，理系では1.25，文系では1.57となり，特に文系の大学院留学経験者の収入が高い傾向がみられた。これはMBA取得者などにより，年収平均値が引き上げられたと考えられる。

　ここまで年収の平均値を示してきたが，回答者は留学経験がもたらす収入へのインパクトをどのように自己評価していたのだろうか。収入に関係する2つの質問項目に対して，項目ごとに「強くそう思う」を4点，「そう思う」を3点，「あまりそう思わない」を2点，「全くそう思わない」を1点としてえた回答について，4つのグループで一元配置分散分析と多重比較を実施し比較を行った結果が表8―10である。「海外留学（留学非経験者については，国内の大学・大学院の卒業・修了）が現在の年収を高めるのに役立った」の項目について，学部・大学院段階での留学経験者ともに，留学非経験者と比べると平均値は高かった。ただし，その値はすべて3よりも低く，留学経験が年収をあげたとの認識は限定的とみられた。一方，「現在の収入に満足している」の項目において，

表8—10　収入に関する自己評価の分析結果

	1. 学部段階での留学経験者 (n＝416)		2. 大学院段階での留学経験者 (n＝353)		3. 留学非経験・最終学歴学部 (n＝710)		4. 留学非経験・最終学歴大学院 (n＝528)		F値	多重比較
	M	*SD*	*M*	*SD*	*M*	*SD*	*M*	*SD*		
現在の年収を高めるのに役立った	2.48	1.01	2.76	1.03	2.00	0.80	2.27	0.90	60.98***	2＞1＞4＞3
現在の収入に満足している	2.08	0.89	2.44	0.91	2.03	0.78	2.17	0.88	19.42***	2＞1 2＞3 2＞4 4＞3

注1）F値については，****p*＜.001，***p*＜.01，*p*＜.05
注2）グループ間自由度はいずれも3，グループ内自由度はいずれも2,003
注3）多重比較は Games-Howell 法（有意水準は5％）の結果を記載。2つの次元間の有意差を不等号で示した
注4）検定の多重性については考慮していない
出所）筆者作成

学部段階での留学経験者と留学非経験・最終学歴学部の者の回答の加重平均値に統計的有意差は確認されなかったことから，学部段階での留学経験者は，留学経験が年収を高めるのに役立ったと評価していた一方で，収入に対する満足度はそれほど高くなかったことが明らかになった。

(2)　海外留学経験が職業キャリアにもたらす収入以外の効果

　次に，留学経験が収入以外の面でキャリアや仕事などにもたらす効果に関して検討する。該当する11項目について，項目ごとに「強くそう思う」を4点，「そう思う」を3点，「あまりそう思わない」を2点，「全くそう思わない」を1点とし，学部レベルと大学院レベルそれぞれにおける留学経験者と非経験者の4群の回答について，一元配置分散分析と多重比較を実施した。

　学部・大学院両段階での留学経験者と非経験者では，すべての項目において統計的有意差が認められ，留学経験者の方が留学非経験者よりも，留学の効果を高く自己評価していたことが示された。学部段階での留学経験者と大学院段階での留学経験者の比較では，すべて大学院段階での留学経験者の平均値の方が高く，「留学で身につけた語学力が評価された」「外国人とのコミュニケーシ

表8—11　海外留学経験が職業キャリアにもたらす収入以外の効果

	1. 学部段階での留学経験者 (n=416)		2. 大学院段階での留学経験者 (n=353)		3. 留学非経験・最終学歴学部 (n=710)		4. 留学非経験・最終学歴大学院 (n=528)			
	M	SD	M	SD	M	SD	M	SD	F値	多重比較
キャリア設計の上で助けになった	3.24	0.85	3.47	0.72	2.23	0.82	2.66	0.90	230.74***	2>1>4>3
現在の仕事に就く上で助けになった	3.06	0.99	3.38	0.86	2.28	0.90	2.74	0.99	127.68***	2>1>4>3
自分の留学経歴（国内大学・大学院の卒業・修了そのもの）が評価された	2.91	0.96	3.14	0.89	2.32	0.83	2.48	0.92	86.29***	2>1>4>3
留学（国内大学・大学院）で身につけた語学力が評価された	2.95	0.97	3.08	0.88	1.54	0.61	1.63	0.70	554.29***	2, 1>4, 3
留学（国内大学・大学院）で学んだ知識やスキルが評価された	2.79	0.97	3.11	0.86	2.15	0.80	2.51	0.94	104.91***	2>1>4>3
外国人とのコミュニケーション経験が評価された	2.84	0.98	3.00	0.89	1.52	0.61	1.59	0.65	510.12***	2, 1>4, 3
現在の仕事に満足している	2.56	0.95	2.84	0.85	2.41	0.81	2.48	0.82	21.18***	2>1 2>3 2>4 1>3
自分の留学経験（国内大学または国内大学院の経験）に満足している	3.17	0.82	3.23	0.77	2.57	0.80	2.83	0.80	76.66***	2, 1>4>3
仕事以外のプライベートな生活に満足している	2.85	0.81	2.97	0.80	2.63	0.76	2.74	0.82	15.72***	2>3 2>4 1>3
交友関係に満足している	2.87	0.79	3.00	0.75	2.56	0.71	2.66	0.78	33.56***	2, 1>4, 3
人生に満足している	2.78	0.81	2.98	0.81	2.50	0.76	2.57	0.78	34.68***	2>1>4, 3

注1）F値については，***$p<.001$，**$p<.01$，*$p<.05$

注2）「自分の留学経歴（国内大学・大学院の卒業・修了そのもの）が評価された」「留学（国内大学・大学院）で身につけた語学力が評価された」「留学（国内大学・大学院）で学んだ知識やスキルが評価された」「外国人とのコミュニケーション経験が評価された」については，学部留学1名分のデータが欠損していたため，n=415，グループ間自由度はいずれも3，グループ内自由度はいずれも2,002だったが，これら以外の項目については，n=416，グループ間自由度はいずれも3，グループ内自由度はいずれも2,003だった

注3）多重比較はGames-Howell法（有意水準は5%）の結果を記載。2つの次元間の有意差を不等号で示した

注4）検定の多重性については考慮していない

出所）筆者作成

ョン経験が評価された」「自分の留学経験に満足している」「交友関係に満足している」以外の項目で，統計的有意差がみられた。すなわち，学部段階での留学経験者は大学院段階での留学経験者と比較すると，語学力と外国人とのコミュニケーション経験が採用時に評価されたかどうかの認識および留学経験と交友関係の満足度の面では，大学院段階での留学経験者と同程度であったが，それ以外の面，たとえば留学経験がキャリア設計や仕事に就く上で役に立ったという認識や，留学経歴自体や留学で学んだ知識やスキルが採用時に評価されたかどうかの認識に加え，現在の仕事や人生への満足度は大学院段階での留学経験者よりも低いということが明らかになった。大学院段階での留学経験者の方が，学部段階での留学経験者よりも，全般的に収入以外の面でも積極的な回答をしており，充足した生活を送っていると自己評価していることが読み取れる。

4．考　　察

⑴　留学が雇用や収入に与えるインパクト

　学部・大学院レベルそれぞれで留学経験者と留学非経験者を比較した結果，留学経験者の方が，全体として年収水準が高かっただけではなく，留学経験が年収をあげることに役立ったと実感していた人の割合も統計的に有意に高かったことから，留学経験が留学経験者の収入をあげる効果があるとみられることが示された。ただし，回答時の平均年収は留学経験者の方が留学非経験者よりも高かった一方で，特に，学部段階での留学経験者の収入への満足度は，留学非経験・最終学歴学部の者と有意な差異が見出されなかった。この点については，学部段階での留学経験者は，たとえ比較的高い年収をえていたとしても，さらに上を目指すという意味で，現状の収入に満足していないと回答した可能性がある一方，留学経験者は日本の伝統的な組織などにおいて，能力やスキルにかかわらず，年功序列で昇進し，それにつれて給与が上がるという仕組みに矛盾や不満を感じているという可能性も考えられる[3]。さらに，本調査ではデータを収集しなかったが，留学にかかる費用負担も回答に影響を与えているので

はないかと推察する。前述の通り，留学にかかる平均的な費用は，アメリカ留学の場合，現在の為替レートに基づいていえば，国内学部での勉学と比べて1年間に1.6 ～ 4.4倍程度かかる計算となるからである。以上のように，現在の収入に対する満足度についてはさまざまな社会的要因が考えられるが，前述のとおり欧米における調査研究においても，海外留学経験が必ずしも収入の向上をもたらすとは限らないという研究結果が出ており（Janson, Schomburg & Teichler, 2009；Schmidt & Pardo, 2012），日本人の海外留学経験者を対象とした本調査でも同様の結果が出たのは注目に値する。欧州の場合は，留学経験が必須要件とみなされ，それゆえ留学経験があることだけで収入をあげないとする雇用者の存在が指摘されている（European Commission, 2014）一方，上述の通り，日本では一度仕事につくと「実力主義」によって評価されるという考え方が強く，多少背景は異なる。

　学部と大学院を比較すると，大学院段階での留学経験者の方が学部段階での留学経験者よりも，また，留学非経験・最終学歴大学院の者の方が留学非経験・最終学歴学部の者よりも収入が高い傾向にあった。柿澤ら（2014）は，国内の学部卒業者と大学院修了者の賃金比較から，大学院修了者の生涯賃金収入が学部卒業者よりも高く，大学院に進学することの経済的な価値を論じているが，留学経験者についても同様に大学院段階での留学経験者の方が学部段階での留学経験者よりも高い収入をえていることが示された。大学院への留学が，特に経済的な面で肯定的な影響を与えうることが確認されたことについての理由として，大学院留学では語学力など留学と関連した汎用的な能力や経験に加え，より専門分野に特化した学術的・実践的な知識・技能をえることができ，そのような専門性を活かすことのできる職に就くことで，収入をあげることにつながると考えられる。他方，学部で留学した場合は，語学力に代表されるような，国境を跨いで移転可能な一般的な知識・技能について，労働市場や雇用・職業において評価をえている傾向が見出せる。

　さらに年収について，留学経験者・非経験者ともに男性の年収が女性の年収よりも顕著に高かったことも特筆すべきである。周知のとおり，これまでに日

本国内における男女間の平均給与の格差は指摘されているが（OECD, 2017b），留学経験者は留学非経験者と比べて男女ともに年収は高い傾向がある一方，留学を経ても性別による年収格差は依然として縮まっていないことが見受けられる。

　さらに，留学経験者は金銭面以外においても，雇用や職業キャリアにおける効果を高く評価しており，留学経験が自らのキャリア設計や就職活動に役立ったと認識し，また，留学経験で培った知識，語学力，コミュニケーション経験などが評価されたと実感していた。さらに留学経験者は，雇用・職業生活以外でのプライベートな生活や交友関係，人生に対する満足度も高く，留学経験が生活面にも肯定的な効果を及ぼしていることが示された。本分析結果から，留学経験者は留学経験を活かすことでより高い収入をえている上，プライベートな生活を含め人生に対する充足感も高いという傾向が見出せた。

(2) 留学経験の効果のモデル

　ここでは，教育・訓練に関わる費用と便益との関係に焦点を当てた人的資本論の考え方を援用しながら，本分析の結果について考察を試みる。Mincer (1958)，Schultz (1961)，Becker (1964) などにより概念化された「人的資本 (Human Capital)」は，人びとが教育や訓練へ投資を行うことにより，知識や技能などの資本を形成し，自らの生産性を向上させることで，長期的な便益を享受することができる，とする考え方である（OECD, 2007；荒井, 1995；赤林, 2012）。人的資本による私的便益には，教育・訓練をうけることにより生じる費用を考慮したうえでの収入の増加という金銭的便益がある。また，収入面での便益の他に，労働条件や福利厚生などの賃金に反映されない待遇など教育・訓練によりもたらされる付加給付，さらに，今までの教育経験を経て就くことができた仕事がもたらす充足感なども，教育・訓練をうける人間の動機を理解するうえで欠かせない。ここでは，荒井 (1995) の定義に従い，これらを非金銭的便益としてとらえることとする。なお，教育・訓練をうけること自体が個人の満足につながったり，仕事以外のプライベートな生活や人生全般の満足に

つながったり，あるいは交友関係が広がるというインパクトを与えることもあるだろう。これらのなかには，交友関係の広がりなど非金銭的便益として捉えることが適当と思われるものと同時に，教育・訓練自体がもたらす満足など，教育・訓練をうけることを消費行動として捉えた上でその「効用」をえていると捉えたほうが適切な場合もあるだろう。以上に述べた人的資本論の考え方は，教育・訓練をうけることによってえられる効果を整理する上で有益である一方，Marginson（2017）は，現実において教育と仕事の関係は単純ではなく，さまざまな制度的な多様性を考慮しなければならないため，人的資本論の議論を高等教育に当てはめること自体に限界があると指摘している。

　その上で，以上で述べた考え方を用いて，本分析でえられた結果をあえて単純化してモデルで示すと概ね図8―2のように整理できる。大学院段階での留学経験は，収入の増加という金銭的な便益が他のグループと比較してもっとも大きい傾向にある。学部段階での留学経験は，収入上昇の効果については大学院段階での留学と比較して限定的であるものの（例外的に女性のみの比較においては，国内大学院修了者の方が学部段階での留学経験者よりも年収が高かったが），それ以外の処遇や公私における満足などの非金銭的な便益や効用については，総じて高い効果があると考えられる。本分析に用いたデータにおいては，国内大

図8―2　留学経験の収入と収入以外の効果に関するモデル

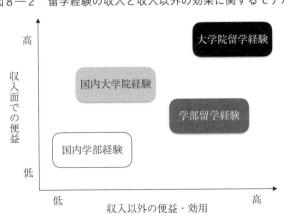

学院修了者の収入レベルは大学院段階での留学経験者の平均値よりは低い位置にあるが，学部レベルのグループ（留学経験者・非経験者）よりは高く，中程度である。ただし，収入以外の効果においては留学経験者に及ばない。国内学部経験は，収入・それ以外ともに他のグループと比べて効果は限定的となる。ただし，本分析では，それぞれのタイプにおける費用面での調査を行っていないという限界があり，今後それらを補うことでモデルをさらに精緻化できる余地は残されている。

5．おわりに

　日本人の海外留学者数の減少に対する危機感が論じられ，留学促進のための支援や政策が次々に打ち出されているが，留学経験者が収入や職業生活にもたらす中・長期的なインパクトについて論じたものは極めて限られていた。本章における考察の結果，学部・大学院の留学経験は，それぞれ収入とそれ以外の仕事上・私生活の充実や満足をもたらしうるものであることが確認された。なかでも，大学院段階での留学経験は，以上のような効果が総じて高かった。

　その一方で，本調査と分析に限界も見受けられる。これらの結果は留学経験のインパクトを自己評価した結果ではあるため，留学経験者が自己の留学経験を前向きに受け止めていることが推察される。また，当該調査では留学経験者に対する自己評価をもとに分析を行っており，肯定的な留学経験をもっている者の方が本調査に回答しやすいという点は否定できない。さらに，この調査は，すでに言及したとおり，留学に関わる費用の問題に対してのデータが含まれていない。実際に留学を選択肢として考えられるかどうかについては，個人が社会経済的に置かれた環境によって大きく影響をうけることは否めない。特に大学院などの分野の違いが顕著な場合は，留学がコストに見合う効果を必ず生み出すとは限らない。さらに，今回分析対象に加えなかった語学学校における留学については，学部や大学院段階での留学経験者と比較して，男女ともに年収が低い傾向にあった。したがって，留学先の学校種別次第では，必ずしも収入面での便益につながらないということが示唆されていることについても言

及をしておく必要がある。

　しかしながら，この結果から導かれる，「留学した方が雇用や人生において得になる」というメッセージは，現在政府が行っている日本からの留学倍増計画に対して強力な後押しとなる。本章での考察をもとに，留学経験が収入や職業キャリアにもたらす効果を，次世代を担う若者にさらに発信していくことで，留学への意欲を高め，海外留学の促進をさらに図っていく意義は大きい。

【注】

1）本章は，新見有紀子・秋庭裕子（2016）「大学・大学院留学経験がもたらす金銭的・非金銭的便益：留学未経験者との比較分析に基づく一考察」『国際教育』22：83-104 および，米澤彰純・新見有紀子（2016）「留学経験の効果意味：グローバル人材 5000 プロジェクトの調査結果から」『IDE 現代の高等教育』581：47?53 をもとに加筆・修正したものである。

2）OECD・ユネスコの統計は，2013 年度の数値から算出方法が変更されているため，2012 年度までのデータと単純に比較することができないとしている。2012 年度までは外国人学生数として，もともと当該国に居住していて大学に進学した学生などを含む「受入れ国の国籍をもたない学生」の数が報告されていたが，2013 年度からは外国人留学生数として，もともと当該国に居住していて大学に進学した学生などを含まない「勉学を目的として前居住国・出身国から他の国に移り住んだ学生」の数が報告されている（http://www.mext.go.jp/a_menu/koutou/ryugaku/1345878.htm　2018 年 1 月 5 日閲覧）。

3）留学経験者に対して行ったヒアリング調査では，所属している組織として全体的に給与が低めに抑えられていると感じているとの意見や，日系企業に勤める者が，現在ある程度の収入をえているものの，欧米の企業などと比べると，年収がもう少し高くても良いと思っているとの発言がみられた。

4）本稿では，荒井（1995）を参考にし，人的資本論に基づき金銭的・非金銭的便益を以下のように捉えることとした。まず，金銭的便益については，留学経験者が留学中に（留学非経験者については日本国内の学部・大学院において）教育・訓練をうけることによって，その教育・訓練にかかった費用を差し引いた上で，その教育・訓練をうけなかった場合と比較してえられる賃金の差であり，本稿では現在の年収や収入についての項目群をこれに当たると解釈した。非金銭的便益のうち，労働市場における便益としては，賃金に反映されない付加給付（有給休暇，医療保険，生命保険，退職プログラム，訓練プログラムなど）や良い労働条件（仕事の安全性，雇用の安定度など）に加え，仕事そのものからえられる精神的満足や，高い役職につくことによってえられる心理的な満足感というような心

理的な便益も含まれるが，本稿では，留学経験者と非経験者の収入以外の就職・仕事上の評価に関する項目群がこれに当たると考えた。さらに，本稿に関連する労働市場以外の非金銭的便益には，教育をうけた結果により人間関係の選択に有利な結果をもたらすことなどが含まれるが，本稿では，留学経験者と非経験者の仕事以外の満足度（プライベートな生活，交友関係，人生）などの項目がこれに該当すると解釈した。さらに，現在消費の要素として，留学中に知識や技術を獲得することや，課外活動に参加することなどによる精神的便益（消費的便益とも説明されている）は，留学を消費ととらえた場合の「効用」であるとも捉えることができるものであるが，本稿では，留学経験自体の満足度がこれに当たると考えた。ただし，Marginson（2017）が指摘するように，高等教育に人的資本論を当てはめること自体に限界があるという課題があることを考慮する必要がある。

【参考文献】

赤林英夫「人的資本理論」『日本労働研究雑誌』第 621 号，2012 年，pp.8-11

荒井一博『教育の経済学：大学進学行動の分析』有斐閣，1995 年

太田浩「日本人学生の内向き志向再考」横田雅弘・小林明編『大学の国際化と日本人学生の国際志向性』学文社，2013 年，pp.67-93

柿澤寿信・平尾智隆・松繁寿和・山﨑泉・乾友彦「大学院卒の賃金プレミアム：マイクロデータによる年齢—賃金プロファイルの分析」内閣府『内閣府経済社会総合研究所』2014 年。http://www.esri.go.jp/jp/archive/e_dis/e_dis310/e_dis310.pdf（2018 年 1 月 8 日閲覧）

小林明「日本人学生の海外留学阻害要因と今後の対策」『留学交流』，第 2 号，2011年，pp.1-17。http://www.jasso.go.jp/ryugaku/related/kouryu/2011/__icsFiles/afieldfile/2015/11/19/akirakobayashi.pdf（2018 年 1 月 8 日閲覧）

栄陽子留学研究所（n.d.a）「アメリカ大学の留学費用について」http://www.ryugaku.com/ugrad/basis/expenses.html（2018 年 1 月 8 日閲覧）

栄陽子留学研究所（n.d.b）「アメリカ大学（編入時）の留学費用について」http://www.ryugaku.com/trans/basis/expenses.html（2018 年 1 月 8 日閲覧）

栄陽子留学研究所（n.d.c）「大学院留学相談：留学費用について」http://www.ryugaku.com/counseling/qanda/grad/cost.html（2018 年 1 月 8 日閲覧）

産業能率大学「第 6 回新入社員のグローバル意識調査」2015 年。http://www.sanno.ac.jp/research/vbnear0000000q91-att/global2015.pdf（2018 年 1 月 8 日閲覧）

全国大学生活協同組合連合会「第 51 回学生の消費生活に関する実態調査」2016年。http://www.univcoop.or.jp/press/life/report51.html（2018 年 1 月 8 日閲覧）

日本学生支援機構『「平成 26 年度学生生活調査」結果の概要』2016 年。http://www.jasso.go.jp/about/statistics/gakusei_chosa/__icsFiles/afieldfile/2016/03/18/data14_outline.pdf（2018 年 1 月 8 日閲覧）

日本学生支援機構「平成 28 年度協定等に基づく日本人学生留学状況調査結果」2017 年。http://www.mext.go.jp/a_menu/koutou/ryugaku/__icsFiles/afieldfile/2017/12/27/1345878_02.pdf（2018 年 1 月 8 日閲覧）

原田泰「企業における人材育成」樋口美雄，財務省財務総合政策研究所編『グローバル社会の人材育成・活用：就学から就業への移行課題』勁草書房，2012 年，pp.93-118

ベネッセコーポレーション「留学に関するアンケート調査」『留学生・海外体験者の国外における能力開発を中心とした労働・経済政策に関する調査研究』2009 年

松繁寿和『大学教育効果の実証分析：ある国立大学卒業生たちのその後』日本評論社，2004 年

文部科学省「日本人の海外留学状況」文部科学省ホームページ，2017 年。http://www.mext.go.jp/a_menu/koutou/ryugaku/__icsFiles/afieldfile/2017/12/27/1345878_02.pdf（2018 年 1 月 8 日閲覧）

留学ジャーナル「留学を希望する大学生への就職に関する意識調査」2015 年

米澤彰純「日本の企業社会と英語・留学——若者を「茹で蛙」にしないために（日本人学生の海外留学）」『IDE 現代の高等教育』(526)，2010 年，pp.38-43

Becker, G. S. (1964). *Human capital : A theoretical and empirical analysis, with special reference to education.* Chicago, IL: The University of Chicago Press.

Di Pietro, G. (2013). Do study abroad programs enhance the employability of graduates? (IZA Discussion Paper No.7675). Bonn, Germany: IZA - Institute for the Study of Labor.

European Commission. (2014). *The ERASMUS impact study : Effects of mobility on the skills and employability of students and the internationalisation of higher education institutions.* Retrieved from http://ec.europa.eu/dgs/education_culture/repository/education/library/study/2014/erasmus-impact_en.pdf（2018 年 1 月 8 日閲覧）

Franklin, K. (2010). Long-term career impact and professional applicability of the study abroad experience. *Frontiers : The Interdisciplinary Journal of Study Abroad, 19,* 169-190.

Janson, K., Schomburg, H. & Teichler, U. (2009). *The professional value of ERASMUS mobility : The impact of international experience on former students' and on teachers' careers.* Bonn: Lemmens.

Marginson, S. (2017). Limitations of human capital theory, Studies in Higher Education, DOI: 10.1080/03075079.2017.1359823

Mincer, J. (1958). Investment in human capital and personal income distribution. *Journal of Political Economy, 66* (4), 281-302.

OECD (2007). *Human capital : How what you know shapes your life.* Paris: OECD

Publishing.

OECD (2017a). *Education at a glance 2017 : OECD indicators*. Paris: OECD Publishing. http://www.oecd.org/edu/education-at-a-glance-19991487.htm（2018年1月8日閲覧）

OECD (2017b). *OECD Employment Outlook 2017*. Paris: OECD Publishing. http://www.oecd.org/els/oecd-employment-outlook-19991266.htm（2018年1月8日閲覧）

Schmidt, S. & Pardo, M. (2012, April 17). *The contribution of study abroad to human capital for United States college students* (Preliminary). Union College, Schenectady, NY.

Schultz, T. W. (1961) *Investment in human capital. The American Economic Review, 51* (1), 1-17.

Wiers-Jenssen, J. (2003). Norwegian students abroad: Experiences of students from a linguistically and geographically peripheral European country. *Studies in Higher Education, 28* (4), 391-411.

Wiers-Jenssen, J. (2008). Does higher education attained abroad lead to international jobs? *Journal of Studies in International Education*, 12 (2), 101-130.

留学経験と生活満足度
〜留学経験者データの共分散構造分析〜

■ 新田　功
■ 河村　基

第 **9** 章

　本章では，「グローバル人材育成と留学の長期的インパクトに関する国際比較研究」プロジェクトにおいて留学経験者を対象として行われたアンケート調査のデータを用いて，留学経験者の生活満足度の構造について考察する。同アンケート調査では「生活満足度」という質問項目は設定されていないが，本章では「自分は人生に満足している」という質問項目に対する回答を，生活満足度と同一視して分析を行う。その理由は，回答者には20歳代から60歳代までの年齢層が含まれており，特に50歳未満の回答者は，この質問項目の「人生に満足」の意味を「総合的な生活満足度」と解釈したと考えるからである。本章の分析対象，分析に用いた変数，分析方法は以下の通りである。

　1）分析対象：回答を寄せた留学経験者4,489人のなかから，学部留学経験者1,870人と大学院（修士・博士課程）留学経験者770人の計2,640人を分析対象とした。高校留学，語学学校留学，その他留学を分析対象から除外したのは次の理由による。まず語学学校留学に関してはその内容やレベルが多様であり，そのすべてをキャリア形成にカウントするかどうか疑問の余地があるからである。高校留学については回答者が143人と少数であるため除外しても差し支えないと考えた。その他留学については詳細が不明なため，これも除外することにした。

　2）分析に用いた変数：実施したアンケート調査では調査項目が100項目以上に及んだため，留学経験によるインパクトに関する設問に分析対象を限定

し，さらに，生活満足度との関連性が少ないと思われる設問および質問項目も分析対象から除外した。その結果，分析対象としたのは，留学の結果向上した能力に関する【設問9】の18質問項目，キャリアに関する【設問11】の6質問項目のうちの「年収」の質問項目，留学がキャリアに及ぼした影響に関する【設問13】の6質問項目，留学によって生じた意識の変容に関する【設問16】に含まれる16質問項目，留学の結果生じた行動の変容に関する【設問17】の8質問項目，回答者の態度・価値観に関する【設問20】の8質問項目，人生の満足度に関する【設問21】の6質問項目で，合計63質問項目である。質問項目は変数と同義なので，以下においては，質問項目を変数とよぶことにする。

　3）分析方法：留学経験者の生活満足度に関する理論的な手がかりがえられなかったので，帰納的な方法で留学経験者の生活満足度の構造を解明することにした。この作業は次の3つのステップで行った。① 上述のように本章では63変数を分析することになるが，これら63変数の相互関係を集約的に表すために主成分分析を行った。② 留学経験者の生活満足度を従属変数，残りの62変数を独立変数として，ステップワイズ法による重回帰分析を行い，生活満足度の因果関係の解明を試みた。③ 生活満足度以外の変数間の相互関係を明らかにするために，ステップワイズ法で選択された主要な変数に限定した上で，共分散構造分析を行った。

1．主成分分析による留学経験者の生活満足度と他の変数との関係の分析

　本章で分析対象とする63変数（質問項目）に対する回答の相互関係を調べる方法のひとつとして，変数間の相関係数を算出し，これを一覧表の形で，つまり相関行列として表示し，そこから変数間の相互関係を推測することが考えられる。しかし，限られた紙幅のなかでこの方法を採用することは効率的とはいえない。また，膨大な数字の羅列のなかから変数の相互関係を読み取ることは読者にとって負担であろう。そこで，本章では，最初に主成分分析を行うこと

にする[1]。主成分分析とは，多くの変数の値をできるだけ情報の損失なしに，ひとつまたは少数の総合的指標で代表させる方法である。この総合指標のことを主成分とよび，主成分のうちデータの変動をもっともよく説明できるものを第1主成分とよんでいる。また，2番目に説明力が高く，第1主成分とは無相関の主成分を第2主成分とよんでいる。主成分分析を行うと，分析対象とする変数と同数の主成分がえられるが，固有値が一定の値（1以上）のものだけを考察の対象とする。この固有値から各主成分の説明力を表す尺度として寄与率が計算される。また，各主成分と個々の変数との関係の程度を主成分得点という（主成分分析の概要についてはコラムを参照）。

column *1*　主成分分析

いま，p 個の変数 $x_1, x_2, \cdots x_p$ があるものとする。また，これらの変数を合成してえられる m 個の合成変数 $z_1, z_2, \cdots z_m$（$m \leqq p$）のうち，その分散 $\mathrm{var}(z_i)$ が最大のものを

$$z_1 = a_{11}x_1 + a_{12}x_2 + \cdots + a_{1p}x_p \qquad (1)$$

で表し，z_1 を第1主成分とよぶことにする。上式の $a_{11}, a_{12}, \cdots, a_{1p}$ は固有ベクトルとよばれており，この固有ベクトルには $a_{11}{}^2 + a_{12}{}^2 + \cdots + a_{1p}{}^2 = 1$ という制約条件が課されている。こうした制約条件を課す理由は，係数のいずれかひとつを大きくするだけで $\mathrm{var}(z_i)$ を大きくすることができるからである。

この第1主成分と直交し（無相関と同義），しかも $a_{21}{}^2 + a_{22}{}^2 + \cdots + a_{2p}{}^2 = 1$ という制約条件の下で，分散が2番目に大きい合成変数を次のように表し，これを第2主成分とよぶ。

$$z_2 = a_{21}x_1 + a_{22}x_2 + \cdots + a_{2p}x_p$$

第3主成分以下も同様に表すことができる。

このような条件の下で $a_{11}, a_{12}, \cdots a_{mp}$ を求めることは，$x_1, x_2, \cdots x_p$ の相関行列（測定単位が同じ場合には分散共分散行列でも可）の固有値と固有ベクト

ルを計算する問題に帰着する。いま，p 個の変数の相関行列 R と固有ベクトル A を

$$R = \begin{bmatrix} 1 & r_{12} & \cdots & r_{1p} \\ r_{12} & 1 & \cdots & r_{2p} \\ \vdots & \vdots & \ddots & \vdots \\ r_{1p} & r_{2p} & \cdots & 1 \end{bmatrix} \quad A = \begin{bmatrix} a_1 \\ a_2 \\ \vdots \\ a_p \end{bmatrix}$$

と表し，固有値を λ で表すことにすると，

$$RA = \lambda A$$

を満たす，ゼロベクトルでない A と λ を求めることが主成分分析の中心課題である。

　固有値には各主成分の分散に一致するという数学的性質がある。いま，固有値のうち最大のものを λ_1 で表すと，これが第 1 主成分の分散に一致し，2 番目に大きな固有値 λ_2 は第 2 主成分の分散に一致する。第 3 主成分以下に関しても同様である。固有値は，ひとつの主成分が，もとの全変数がもっている情報の何割を説明できるかを表す。

　固有値は変数の数と同数，つまり変数が p 個ある場合には固有値も p 個求められるが，主成分分析においては固有値が 1 以上の主成分だけが考察の対象として採用される。その理由は，固有値が 1 未満の主成分は，全変数の情報のわずかな割合しか説明できないからである。いま，固有値の合計を $\sum_{i=1}^{p} \lambda_i$，第 j 主成分の固有値を λ_j で表すとき，第 j 主成分が説明できる全変数の情報の割合（＝寄与率）は次式で求められる。

$$第 j 成分の寄与率 = \frac{\lambda_j}{\sum_{i=1}^{p} \lambda_i}$$

　第 j 主成分の固有値の平方根と，第 j 主成分の k 番目の固有ベクトルを乗じてえられる $\sqrt{\lambda_j} \times a_{jk}$ を主成分負荷量という。主成分負荷量は個々の変数と各主成分との相関係数と同義である。なお，各データが新しくえら

れた主成分の軸上でとる値を主成分得点という。

大学・大学院留学経験者のグループからえられた63変数に対する回答のデータを対象として主成分分析を行ったところ，第1主成分の固有値が17.0（寄与率27.0％），第2主成分の固有値が3.9（寄与率6.2％），第3主成分の固有値が3.4（寄与率5.3％），第4主成分の固有値が3.3（寄与率5.3％）という結果がえられた。また，他に7つの主成分の固有値が1を上回ったが，寄与率はいずれも低かった。

寄与率のもっとも高い第1主成分を横軸に，次に寄与率の高い第2主成分を縦軸にとって，63変数の因子負荷量をプロットしたのが図9―1である。同図で説明できるのは全変動の3分の1にすぎないが，変数間の関係を理解するのに役立つ。図9―1からは次のことを指摘できる。

1）第1主成分に対して63変数のすべてがプラスの主成分負荷量を示している。そのなかでも大きな値を示したのが，意識の変容（【設問16】）に関する変数と，留学の結果どのような能力が向上したか（【設問9】）に関する変数であった。

意識の変容に関する変数のなかでも，「自己効力感が高まった」「自己有用感が高まった」「価値判断を留保して，なぜそうなったのかを考えようとするようになった」「リスクを取ること，チャレンジすることに関する意識が高まった」「自己肯定感が高まった」という5つの変数の主成分負荷量が高かった。自己効力感，自己有用感という言葉は耳慣れないが，それぞれ「自分はやるべきことを実行できるという意識」と「社会のなかで自分は必要とされているという意識」という意味である。

留学の結果どのような能力が向上したかに関する変数のうち，「積極性・行動力」「問題解決能力」「社交性」「目的を達成する力」「ストレス耐性」「異文化に対応する力」の主成分負荷量が大きかった。

第1主成分に対して3番目に大きい因子負荷量を示したのは，留学の結果関

わることが多くなった活動（【設問17】）に関する変数である。そのなかでも，「多様な分野で活躍している人びととの交流活動」「多様な価値観や文化的背景をもつ人びととの交流活動」という２つの変数の主成分負荷量が相対的に大きかった。

　以上のように，第１主成分に対して大きな主成分負荷量を示した変数の内容から，第１主成分は積極性や自己肯定感に関連する共通因子を表すものと推測される。

　２）第２主成分に関しては，主成分負荷量の絶対値をみると，留学の結果関わることが多くなった活動（【設問17】）に関する変数の主成分負荷量が0.5を上回る値（符号はマイナス）を示したのみで他の設問項目の主成分負荷量は0.4を下回っている。また，上述のように，第２主成分の寄与率は6.2%にすぎな

図9―1　学部・大学院留学経験者データの主成分分析

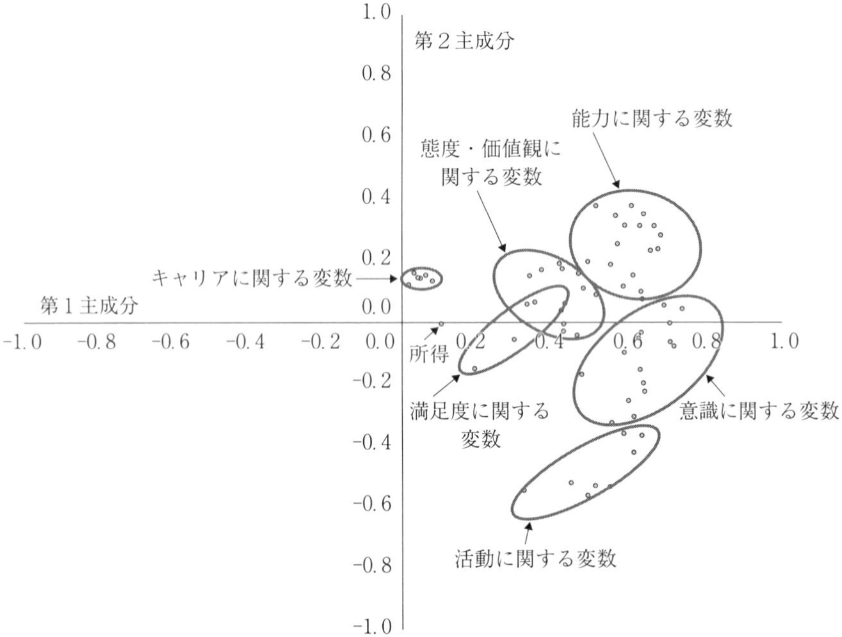

出所）筆者作成

い。こうしたことから第2主成分に関しては，強いて意味づけする必要はない
と判断した。

　3）図9―1では楕円を使って同一の設問に含まれる変数を表した。この楕
円から，同一の設問に含まれる変数が相関関係を有することが推測される。ま
た，設問グループ間の位置関係から，満足度に関する変数相互の関連度と，満
足度に関する変数と態度・価値観に関する変数との関連度が強いことが示唆さ
れる。

2．留学経験者の生活満足度に関する重回帰分析

　本節では，重回帰分析を行って留学経験者の生活満足度と他の変数の間の因
果関係について考察する。回帰分析とは，変数間の因果関係を調べるための分
析方法であり，結果となる変数を従属変数，原因となる変数を独立変数とよ
ぶ。独立変数がひとつの場合を単回帰分析，2つ以上の場合を重回帰分析とよ
んでいる。筆者は，生活満足度を従属変数，それ以外の 62 変数を独立変数と
して，学部・大学院留学経験者全体，同男女別の重回帰分析を行った。

column *2*　重回帰分析

　従属変数（被説明変数）を y，独立変数（説明変数）を $x_1, x_2, \cdots, x_n$ で表す
ならば，重回帰分析は

$$y = b_0 + b_1 x_1 + b_2 x_2 + \cdots + b_n x_n + e$$

　ただし，b_0 は定数，$b_1, \cdots, b_n$ は偏回帰係数，e は誤差項。

という線形モデルの定数を推計することに他ならない。重回帰分析では独
立変数に採用する変数が多くなるほどモデルの説明力（決定係数）は高く
なるが，相関関係が高い変数をモデルに採用するとモデルの正確性が損な
われる（多重共線性の問題）。そこで統計パッケージには多重共線性の問題
を避けるために，ステップワイズ法（変数増減法，逐次法）とよばれる方法
が用意されている。ステップワイズ法は，独立変数のすべての組み合わせ

で回帰式を作成し，そのなかからもっとも当てはまりのよい回帰式を選択する方法である。[2]

学部・大学院留学経験者全体についてステップワイズ法で重回帰分析を行った結果を示したのが表9—1である。62個の独立変数のうち13変数が生活満足度を説明するモデルに採択された。13変数のうち，満足度に関する変数が5つ（「仕事以外のプライベートな生活に満足している」「交友関係に満足している」「現在の仕事に満足している」「現在の収入に満足している」「留学経験に満足している」），態度・価値観に関する変数が2つ（「自分は楽観的な方である」「自分はストレスに強い方である」），残りの6つが留学によって変化した意識や行動，能力に関する変数であった。

表9—1には説明変数の相対的な重要性を表す標準化偏回帰係数も掲げた。この係数の上位5位までの変数はいずれも満足度に関するものであった。他方，残りの8変数の標準化偏回帰係数の絶対値は相対的に小さく，生活満足度への影響が小さいことを示唆している。また，表の右下に示したのは自由度調整済決定係数（以下同様）であり，この値が0.593であるということは，13個の独立変数からなるモデルで生活満足度の59.3％を説明できることを意味している。

学部・大学院留学者を男女別に重回帰分析を行った結果を示したのが表9—2と表9—3である。男女いずれのグループにおいても，満足感に関する変数が標準化回帰係数の上位を占めている。特に，「仕事以外のプライベートな生活に満足」はどのグループにおいても標準化回帰係数の大きさが第1位である。したがって，プライベートな生活に満足していることが，生活満足度の主要な要因であるといえる。このことは特に女性の留学経験者に当てはまる。他方，満足感以外の変数は生活満足度に対してわずかな影響しか及ぼしていないことが読み取れる。

表9—2に示したモデルと表9—3に示したモデルを比較すると，男性留学

表9―1　学部・大学院留学経験者（全体）の重回帰分析結果

説明変数	標準化回帰係数	t 値
プライベートな生活に満足	.302	16.942
交友関係に満足	.244	13.637
現在の仕事に満足	.171	9.668
現在の収入に満足	.113	6.654
留学経験に満足	.086	5.536
自分は楽観的な方である	.076	5.022
自分はストレスに強い方である	.056	3.742
日本人としての意識の高まり	.039	2.662
自己有用感の高まり	.047	2.329
宗教に対する寛容性の向上	.035	2.225
自己効力感の高まり	.046	2.208
問題解決能力の向上	-.041	-2.584
外交・国際関係への興味	-.045	-2.813

$R^2 = 0.593$

出所）筆者作成

表9―2　学部・大学院留学経験者（男性）の重回帰分析

変数名	標準化回帰係数	t 値
プライベートな生活に満足	.295	16.634
交友関係に満足	.217	12.284
現在の仕事に満足	.201	11.283
現在の収入に満足	.147	8.608
留学経験に満足	.086	5.615
自分はストレスに強い方である	.067	4.531
日本人としての意識の高まり	.063	4.499
自分は楽観的な方である	.063	4.265
批判的思考力の向上	.068	4.233
環境に配慮した行動	.052	3.315
自己有用感の高まり	.053	3.273
多様な人々との交流活動	-.042	-2.562
コミュニケーション能力の向上	-.042	-2.729
政治活動への関与	-.047	-3.213
問題解決能力の向上	-.062	-3.758

$R^2 = 0.619$

出所）筆者作成

表9—3　学部・大学院留学経験者（女性）の重回帰分析

変数名	標準化回帰係数	t 値
プライベートな生活に満足	.437	21.011
現在の仕事に満足	.191	8.178
留学経験に満足	.142	6.953
自分は楽観的な方である	.120	6.183
自己有用感の高まり	.081	3.737
現在の収入に満足	.095	4.210
宗教に関する寛容性の高まり	.053	2.643
多様な人々との交流活動	.049	2.543
創造力の向上	−.041	−2.021

$R^2 = 0.568$

出所）筆者作成

経験者の重回帰モデルにおいては15個もの独立変数が選択されているのに対して，女性留学経験者の重回帰モデルでは選択された独立変数が9つと少ないことから，女性留学経験者の生活満足度の構造の方が，男性留学経験者のそれよりも幾分単純であることが推測できる。

3．留学経験者の生活満足度の共分散構造分析

　本節では Amos [3]とよばれるソフトウェアを利用して，これまでの分析結果を総合する。このソフトウェアの特徴は，パス図（パス・ダイアグラム）とよばれる図を用いて，変数間の相互関係や因果関係を表すことができる点にある。パス図とは，因果関係を片方向きの矢印→で，相関関係は双方向の矢印↔で表すもので，この矢印をパスという。ちなみに，重回帰分析と因子分析を同時に行い，パス図で分析結果を表すことを共分散構造分析とよんでいる[4]。

column **3**　　因子分析

　主成分分析が複数の変数の情報を集約する方法であったのに対して，因子分析は，観測されたデータと少数個の潜在的な因子との関係を簡単なモ

デルで表そうとするものである。[5] たとえば，n 人について，3種類のテストの得点（ただし，平均0，分散1で標準化された値）x_1, x_2, x_3 がえられているとする。これら3種類のテストの得点が，3種類のテストの成績に共通に関係する能力を表すひとつの潜在的因子 f（共通因子とよばれる）で説明できると想定すると，因子分析は次のような加法型モデルでテストの得点を説明できると考える。

$$x_{1i} = a_1 f_i + e_{1i}$$
$$x_{2i} = a_2 f_i + e_{2i} \qquad i = 1, 2, \cdots, n$$
$$x_{3i} = a_3 f_i + e_{3i}$$

上式において，f_i は i 番目の受験者の因子得点を表す。共通因子の係数 a_1, a_2, a_3 は因子負荷量とよばれ，e_{1i}, e_{2i}, e_{3i} は各テストに固有の変動を表し，独自因子とよばれる。また，因子負荷量の2乗和が観測変数の全分散に占める割合を共通性という。

因子分析は，最初に，観測されたデータから因子負荷量を推定し，次に，必要に応じて因子軸の回転を行い，最後に因子得点の推定を行うという手順で行われる。因子負荷量の推定には，主因子法，セントロイド法，正準因子分析法，最尤法などがある。因子軸の回転とは，共通因子の意味を解釈しやすくするために，共通因子相互間の相関について一定の仮定を置いて，因子負荷量を推定しなおすことである。因子軸の回転の方法には，直交回転，斜交回転などがある。

図9―2に示したのは，学部・大学院留学経験者全体を対象として行った重回帰分析において選択された13の独立変数と，生活満足度との関係を表すパス図である。パス図では実際に観測できる変数を長方形で，潜在変数を楕円で表すことになっている。図に示したように，潜在変数を2つ抽出したが，この2つの潜在変数は次のような2段階の作業によってえられた。

第1段階として，14変数の相関行列を計算し，14変数を相関の大きさと変

図9—2　学部・大学院留学経験者（全体）の生活満足度のパス図

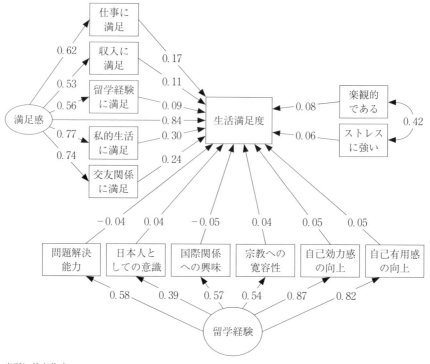

出所）筆者作成

数の性質に応じて３つのグループに区分した。変数間の相関がもっとも高かっ
たのは満足に関する６つの変数である。次に相関が高かったのは，「問題解決
能力の向上」「日本人としての意識の高まり」「外交・国際関係への興味」「宗
教に関する寛容性の高まり」「自己効力感の高まり」「自己有用感の高まり」の
６変数であった。これらの変数はいずれも「海外留学のインパクト」に関する
ものである。第３のグループは，「自分は楽観的な方である」と「自分はスト
レスに強い方である」の２変数で，この２変数は回答者の価値・態度に関する
ものである。

　第２段階は，以上の３つのグループのそれぞれについて，因子の抽出法とし
て最尤法[6]を用い，また抽出する因子をひとつに指定して，因子分析を行った。

その結果は以下のとおりである。

　1）満足度に関する6変数から抽出された因子（因子分析では共通因子とよばれる）と各変数との間には強い関係がみられた。このことから筆者は抽出された因子に「満足感」と名付けた。満足感の因子を表す楕円から観測変数に向かっている矢印上の数値は，各観測変数が潜在変数に対して有する因子負荷量の大きさを表している。因子負荷量の値域は -1 以上 1 以下であり，因子負荷量は共通因子と観測変数の相関係数と見なすことができる。6つの変数の因子負荷量はいずれも 0.5 以上の値を示しており，特に「生活満足度」と満足感との関係が強いことが図から読み取れる。

　2）6変数からなる第2のグループに対しても上記のような因子分析を行い，共通因子を抽出した。いずれも海外留学の経験が回答者に及ぼした影響を表すものなので，抽出した共通因子を「留学経験」と名付けた。「日本人としての意識の高まり」という変数のみ因子負荷量が 0.5 を下回ったが，他の5変数は因子負荷量が 0.5 を上回った。特に自己有用感と自己効力感がこの因子と強い相関があったことが興味深い。

　3）図9─2において，個々の長方形から中央の生活満足度の長方形に向かっている矢印上の数値は，表9─1の標準化偏回帰係数と同一の数字である。前述のように，標準化回帰係数は当該の独立変数が従属変数に対して有する相対的な重要性を表すのであって，その数値が大きいほど重要性は高い（標準化偏回帰係数の値域は -3 以上 3 以下）。13 個の独立変数のうち標準化偏回帰係数が相対的に大きかったのは満足感に関する変数である。しかし，そのなかでもっとも数値の大きかった「仕事以外のプライベートな生活に満足している」という変数でさえ 0.30 にすぎなかった。また，残りの8変数の標準化偏回帰係数は最大でも 0.08 にすぎず，生活満足度に対して無視しうる程度の影響しかもたないと判断できる。

　学部・大学院留学経験者全体を対象として行ったのと同様の分析を，学部・大学院留学経験者の男女別に行った。前節の表9─2から推察しうるように，学部・大学院男性留学経験者に関しては，図9─2とほぼ同様のパス図が描か

図9—3　学部・大学院留学経験者（女性）の生活満足度のパス図

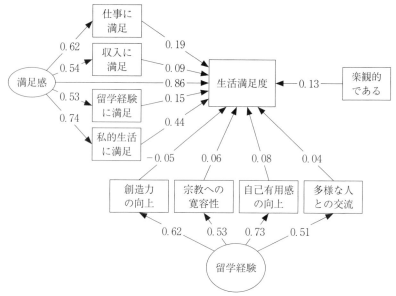

出所）筆者作成

れた。このため，ここではパス図の掲載を省略する。

　一方，学部・大学院女性留学経験者に関しては，図9—3に示すように，生活満足度に関してよりシンプルなパス図がえられた。図9—2の場合と同様に，共通因子として「満足感」と「留学経験」の2つが抽出されたものの，「満足感」の因子に関わる変数は5変数から4変数へとひとつ減り，また，「留学経験」の因子に関わる変数も6変数から4変数へと減っている。さらに，態度・感情に関わる変数は「自分は楽観的な方である」のみが統計的に有意と判断された。注目に値する点は，第1に「仕事以外のプライベートな生活に満足している」という変数が「生活満足度」に対して0.44の標準化偏回帰係数を示したこと，第2に，女性回答者では，「交友関係に満足している」という変数が生活満足度に対して統計的に有意でないこと，第3に，男性と比較すると「留学経験に満足している」という変数の標準化偏回帰係数が大きいことである。第1と第2の点は，男性に比べると，女性にとって家事や育児などが生活

において占める比重が高いことに起因しているに違いない。

4．まとめ

　本章では，留学経験者を対象とするアンケート調査でえられたデータを用いて，学部・大学院留学経験者の生活満足度に関して三段階の分析を行った。分析結果からは次のような知見がえられた。

　第1に，留学のインパクトを測定する63変数の相互関係を調べるために主成分分析を行ったところ，① 固有値が1以上の値を示した主成分は計11個えられたものの，第1主成分でさえ寄与率は27％と低かった（第2主成分の寄与率6.2％，第3主成分の寄与率5.3％）。このことは，全変数の変動を説明できるような強力な潜在的共通要因（主成分）は存在しないことを意味する。② 第1主成分を横軸に，第2主成分を縦軸にとって，63変数の因子負荷量をプロットすると，同一の設問に含まれる変数が近隣に布置していることが明らかになった。このことから，同一設問内の変数間にはある程度の相関があることが推察された。

　第2に，生活満足度を従属変数，他の62変数を独立変数とする重回帰分析をステップワイズ法で行った結果，① 学部・大学院留学経験者全体の生活満足度を説明する重回帰モデルでは独立変数が13個選択された。また，男女別に生活満足度を従属変数とする重回帰分析を行ったところ，男性留学経験者を対象とする重回帰モデルでは独立変数が15個選択されたのに対し，女性留学経験者に関する重回帰モデルでは独立変数は9個選択された。このことから女性留学経験者の方が男性留学経験者よりも生活満足度を説明するモデルが幾分単純であることが推測された。② 独立変数が従属変数に及ぼす影響の大きさは標準化偏回帰係数の大きさによって判断できるが，満足度に関連する変数が重要度の上位を占めた。そのなかでももっとも標準化偏回帰係数が大きかったのは「仕事以外のプライベートな生活に満足している」という変数であった。他方，満足度に関する変数以外の標準化偏回帰係数は総じて小さく，生活満足度に対する影響が軽微であると判断された。

　第3に，ステップワイズ回帰分析によって選択された独立変数と従属変数を対象として共分散構造分析を行った。これは，① 変数間の相関行列を求め，② 相関の高いグループに関して因子分析を行い，③ この因子分析の結果と前節の重回帰分析の結果に基づいてパス図を描くという手順で行った。① の作業によって相関の高いグループが3つあることが確認されたので，3つのグループそれぞれに関して，最尤法で因子分析を行った。その結果，2つのグループに関しては共通因子が抽出され，残りのひとつのグループについては共通因子を抽出できなかった。抽出された因子のうちのひとつは生活満足度に関する変数との関連が強いので「満足感」を表す因子と解釈した。この因子ともっとも関係の強い変数は生活満足度であった。もうひとつの因子はいずれも留学経験がもたらしたインパクトを表す変数との関連があることから，この因子を「留学経験」の因子と解釈した。以上のような因子分析の結果と前節の重回帰分析の結果に基づき，Amos の作図機能（Amos Graphics）を用いてパス図を描いた。パス図は学部・大学院留学経験者全体のデータを用いたものと，学部・大学院女性留学経験者のデータを用いたものと2つ描いた。これらのパス図から，留学経験者の生活満足度に対しては満足感という潜在的因子が及ぼす影響が強く，留学経験という潜在因子が及ぼす影響が微弱であること，女性の生活満足度の共分散構造は他のグループよりも幾分シンプルであることが推察された。なお，今回の分析では潜在変数（因子）間の関係の分析を行っていないために，本稿の分析が共分散構造分析の名に値しないとの批判をうけるかもしれないが，こうした批判を甘受するつもりである。

　追記：本稿を金子光男明治大学名誉教授に献呈申し上げる。

【注】
　1）主成分分析に関する説明は以下の文献に依拠した。文献（Manly, 2000：76-80），（Dillon & Goldstein, 1984：23-31），（塩谷，1990：101-115）。
　2）ステップワイズ法の理論については文献（Dillon & Goldstein, 1984：239-241）を参照されたい。SPSS によるステップワイズ法を含む重回帰分析については，

文献（村瀬・高田・廣瀬，2007：161-185）に詳しく述べられている。

3）SPSS Amos Graphics。

4）共分散構造分析については，文献（小塩，2011；2014），（田部井，2011），（豊田，2007）を参照されたい。

5）因子分析についての説明は文献（田中・脇本，1983：第5章）を参照した。

6）最尤法については文献（塩谷，1990：26-28）を参照されたい。

【参考文献】

小塩真司『SPSS と Amos による心理・調査データ解析（第2版）』東京図書，2011年

小塩真司『はじめての共分散構造分析：Amos によるパス解析（第2版）』東京図書，2014年

塩谷實『多変量解析概論』朝倉書店，1990年

田中豊・脇本和昌『多変量統計解析法』現代数学社，1983年

田部井明美『SPSS 完全活用法：共分散構造分析（Amos）によるアンケート処理（第2版）』東京図書，2011年

豊田秀樹編著『共分散構造分析［Amos 編］』東京図書，2007年

村瀬洋一・高田洋・廣瀬毅士『SPSS による多変量解析』オーム社，2007年

Manly, B. F. J. (2000) *Multivariate Statistical Methods : A Primer* (2nd ed.), Chapman & Hall/CRC, Boca Raton, FL.

Dillon, W. R. & Goldstein, M. (1984) *Multivariate Analysis : Methods and Applications*, Wiley, New York.

第10章 国際的市民意識に対する留学の インパクト

■ 黒田　一雄

　本章は，国際社会が形成しつつあるグローバル・リージョナルの多層的な国際的ガバナンスの体制に対して，その鍵となる国際的な市民意識の形成に，留学がいかなるインパクトをもちうるのかを考察し，日本人留学経験者・非経験者を事例として実証・検証することを目的とする。具体的には，第1に国際社会において推進されつつある教育のあり方をグローバルとリージョナルに概観し，「国際的市民意識」の概念を明確にする。第2に，「グローバル人材育成と留学の長期的インパクトの関する調査」のデータを使用し，日本人の留学経験者グループと留学非経験者のカウンターグループについて，世界市民意識やアジア市民意識，平和などに関する国際的市民意識とその周辺の社会的意識について，留学がどのようなインパクトをもつかを検証する。第3に，留学の時期や学校種別が，そうした国際的意識形成に差があるのか，どのような留学が効果があるのか，を検証する。そして，このような検証結果を基として，国際的な教育ガバナンスにおいて留学を位置づけることを目標に，この実証研究の政策的応用の可能性を考察する。

1．グローバル国際社会の教育観の変容

　2015年9月，「国連持続可能な開発サミット」は，「持続可能な開発目標（SDGs）」を含む「持続可能な開発のための2030アジェンダ」を採択した。2015年から2030年までのグローバル・ガバナンスの基となるこの政策目標は17項目にも及ぶが，その第4の目標として教育は位置づけられ，「すべての人

に包摂的かつ公平で質の高い教育を提供し，生涯学習の機会を促進する」ことを大目標に，さらに細分化された幼児教育から高等教育にわたる広範な教育分野の目標が定められた。

2000 年から 2015 年に至る開発をめぐるグローバル・ガバナンスの枠組みであった「ミレニアム開発目標（MDGs）」においても，教育は，主要 8 項目のなかで第 2 項目に位置づけられた重要セクターであったが，その目標とするところは，初等教育の完全修了に焦点が当てられ，教育の内容・伝えるべき社会的価値や高等教育に関する言及はなかった。しかし，先進国を含むユニバーサルなグローバル・ガバナンスの枠組みである SDGs には，教育の目標として，高等教育を含み，さらに「2030 年までに，<u>持続可能な開発のための教育及び持続可能なライフスタイル，人権，男女の平等，平和及び非暴力的文化の推進，グローバル・シチズンシップ，文化多様性と文化の持続可能な開発への貢献の理解の教育を通して，すべての学習者が，持続可能な開発を促進するために必要な知識及び技能を習得できるようにする</u>（外務省訳・下線筆者）」という，国際社会が SDGs という形で合意した具体的な教育の内容・伝えるべき価値に関する目標が盛り込まれた。

翻って，1996 年にドロール元欧州委員会委員長を議長とするユネスコ「21世紀教育国際委員会」がまとめた『学習―秘められた宝』（通称ドロール報告書）は，21 世紀に向けた教育のあり方の基本的な考え方として，学習の 4 本柱を「知ること」「為すこと」「共に生きること」「人として生きること」と提示した。21 世紀に入ってからは，メルボルン大学に置かれた国際的な研究チームATC21S によって「21 世紀型スキル」の概念が提唱された。この双方が，これまでの認知的学力を基本とした教育観とは異なる，市民性や共生の概念をベースとしたコミュニケーション能力・問題解決能力・批判的能力などの非認知的なスキル・態度形成を 21 世紀の学習の重点であると強調し，世界各国における教育政策の将来ビジョンの策定において，議論の基盤とされた（Binkley, M. et al. 2012）。

このような国際社会における教育観の変容は，社会経済のグローバリゼーシ

ョンにより，貧困や環境，紛争などさまざまな課題が国境を越えているという認識を反映している。グローバル課題をどう「認識」し（recognition），いかなる「方向性」をもって（direction），「解決」していくべきか（solution）。現在，国境を越えたグローバル課題に対処するために，多国間の連携に加え，国際機関，市場，市民社会などのさまざまなアクターによって構成される国際社会が，これら課題に対処するための「グローバル・ガバナンス」が形成されつつあり，その中心にSDGsは位置づけられる。だからこそ，これまで国民国家の単位で考えられてきた教育の理念や内容に関する議論も，現在ではこのようなグローバル・ガバナンスの対象範囲に含まれてきている。

　そして，SDGsにも示されるように，国際社会が直面する中心的なグローバル課題として認識されるのは，平和の達成・維持と持続可能な開発とされている。冷戦構造の崩壊によって一時は平和は達成されたと考えられたが，その後の国際社会は民族間や宗教間，ひいては文明間の対立に直面している。そして，それらは，それまでの経済権益や政治的主張を基とした国際間の戦争とは異なった，紛争・テロの多発という形で顕在化し，平和への大きなリスク要因となっている。そうしたなかで，認知的学力のモニタリングシステムとして国際的な影響力を拡大しつつあるOECDの国際学力調査（Programme for International Students Assessment, PISA）も，「問題解決能力」などの非認知的学力の測定にもその対象を広げ，直近では「協働的問題解決能力（Collaborative Problem Solving Skill)」の測定を行っている。また，SDGsの説くような「平和と非暴力」「グローバル・シチズンシップ」「文化の多様性」といった価値の教育を国際社会は求めるようになっているのである。

　さらに，地球的制約（Planetary Boundary）とよばれる，地球温暖化を初めとした環境問題の深刻化が人類の持続可能性を脅かしているという認識を，冷戦構造の崩壊と時期を一にして，国際社会は深刻に受けとめ始め，1992年，2002年，2012年の3つの地球サミットや気候変動枠組み条約締約国会議（COP）などによって，グローバルな環境保全と持続可能な開発を両立させる国際社会の取り組みが強化されてきた。そのようなプロセスのなかで，教育に

おいても，2002 年の「持続可能な開発のための世界首脳会議（第 2 番目の地球サミット）」において日本政府と日本の市民社会が共同提案した「持続可能な開発のための教育（Education for Sustainable Development，以下 ESD）」が，ユネスコによって 2005 年から 2014 年までの「ESD のための 10 年」として推進され，さまざまな教育実践として結実した。SDGs においても，こうした教育の方向性は，「持続可能な開発のための教育及び持続可能なライフスタイル」「文化の持続可能な開発への貢献の理解の教育」といった形で強調されている。

2．アジアにおけるリージョナル・ガバナンスの形成と教育

　一方，東アジアの地域協力・リージョナル・ガバナンスの模索は，この地域で急速に進む経済面での一体化を背景に，安全保障面での新たなる安定した秩序の構築を目指して模索されてきた。特に，2005 年には，東アジアにおける地域統合・地域協力に関する政策的議論の歴史的転換点となった第一回東アジアサミットが開催され，2015 年には ASEAN（1967 年創設）経済共同体が形成されるなど，東アジアにおいても，域内協力の政策的な議論が深化してきている。アジア太平洋経済協力（APEC，1989 年創設）の枠組みでは，環太平洋経済連携協定（TPP）はアメリカにおけるトランプ政権の成立により頓挫したが，これが起爆剤となって東アジア地域包括的経済連携（RCEP，2012 年交渉開始）や新たなアメリカ抜きの TPP の議論も活発化しつつある。日中韓サミットの継続などを含めて考えると，アジアにおける多層的地域連携は，経済中心の機能的な協力フレームワークながら，ヨーロッパの地域統合とは異なるリージョナル・ガバナンスフレームワークとして，大きく展開してきているといえる。そして，その政策的展開は，2005 年の ASEAN＋3 会議で決議されたクアラルンプール宣言において「6．われわれは，『われわれ』意識の形成を目指した人と人の交流を強化する。7．われわれは，東アジア諸国の学生，学者，研究者，芸術家，メディア及び青少年の間の更なる相互交流を通じた考え方の共有を促進する。8．われわれは，不寛容と闘い，かつ，文化・文明間の理解を改善するため，知識と理解の深化を通じて東アジア及び世界が裨益するような，

知識人，シンクタンクのメンバー，宗教家及び学者の間の恒常的な交流を行う（ASEAN＋三首脳会議に関するクアラルンプール宣言の外務省仮訳より）」と示されたように，リージョナル・ガバナンスの基となるアジア人意識の涵養や相互理解の推進を留学交流を始めとした人の交流に求めようとしているかにみえる。

3．留学と平和・持続可能性・国際的意識に関する歴史

　現代においては，留学をその代表的形態とする高等教育の国際化・グローバル化は，経済の国際化・グローバル化と共に語られることが多くなっている。しかし，高等教育国際化のもっとも原初的な理念は，国際理解・国際平和を目的とする考え方であった。国際教育交流を国際理解や平和と結びつける考え方は，第一次世界大戦後に広がり，第二次世界大戦後に一般化した。たとえば，ユネスコは，1945年に採択されたその憲章前文にもあるとおり，「戦争は人の心のなかで生まれるものであるから，人の心のなかに平和のとりでを築かなければならない」という精神の上に誕生した国際機関であるが，ユネスコの国際教育交流に対する理念はまさに，このような平和への志向に貫かれてきた。また，戦争直後，アメリカのフルブライト上院議員が提唱し，発足した国際教育交流奨学金制度，いわゆる「フルブライト計画」も，フルブライト氏の下記のような考え方によって，意義づけられてきた。

　　教育交流の最大の力は，国家を人間に転化させ，イデオロギーを人間的な願望に移し直す力である。……教育交流が，共通の人間性という感覚，つまり，他の国々は我々の恐れる教義によって形成されているものではなく，個々の人々——われわれと同じように喜びも苦しみも，冷静さも親切心もあわせ持つ人々——が住んでいるという主観的な意識の醸成に貢献できれば，それで十分なのである（井上，1994：122；近藤，1992：44）。

　アメリカにおいては，1955年に留学交流計画推進の草分け的な存在であるアメリカ国際教育研究所（Institute of International Education）が策定した留学理

念に関する文書において，国際理解と平和を促進する留学交流という意義づけが継承された。これは，その後の多くの留学生受け入れ国の政策策定において，モデルとされた。日本においても，1983 年の中曽根内閣時に「二一世紀への留学生政策懇談会」から総理大臣と文部大臣に提出され，その後の日本の留学生政策に大きな影響力のあった報告書「二一世紀への留学生政策に関する提言」において，「教育の国際交流，特に留学生を通じての高等教育段階における交流は……国際理解，国際協調の精神の醸成，推進に寄与し……我が国の大学等で学んだ帰国留学生が，我が国とそれぞれの母国との友好関係の発展，強化のための重要なかけ橋となる」との認識が示された。

　一方で，このような国際理解・平和主義の国際教育交流理念の裏返しには，留学生の受け入れを自国の文化・価値の発揚や政治的影響力の確保・増進のためとする見方も存在する。植民地が独立した後も，フランスが仏語圏の旧植民地から多くの留学生を受入れ続け，フランス語やフランス文化の影響力を保持したことや，平和を目指したアメリカのフルブライト計画が，効果的にアメリカ型の民主主義を世界中に伝えていくことに貢献をしたということもこのような例であろう。しかし，江渕（1997）は，近年においては一方的な在留国の文化への同化を強制するのではなく，「彼らの生き方のなかに受入れ国の人間が学ぶことがないかどうか謙遜に接することが大切である」とする「相互通行」的な異文化理解を重視する考え方が，国際的な相互依存関係の緊密化に伴って，留学生政策においても国際的に発展している，としている。

　近年においては，国際理解・国際化というような国境を前提とした考え方から，地球市民・グローバル人材の育成というような世界的視点で，平和のための留学も議論されるようになってきている。ヨーロッパの地域統合においては，域内高等教育交流を推進したエラスムス計画は，その目的として，ヨーロッパ市民意識の喚起と加盟国間の相互理解・信頼醸成がその目標の重要な部分を占めてきたことはその良い例であろう。ヨーロッパにおける教育交流の促進は，中世ヨーロッパの知的共同体への単なる回帰ではなく，近代においてさまざまな戦乱を経験した国々が地域統合・地域の平和の達成へむけて，お互いを

理解しあい，和解を進め，ヨーロッパ市民という意識を築いていくためのプロセスとして位置づけてきた。アジアにおいても，ASEAN における域内学生交流 AIMS プログラムや日中韓三ヵ国の間で開始されたキャンパスアジアプログラムも，その基となる理念は平和の達成・維持を目的とした相互理解とされている（第1章参照のこと）。

4．留学と国際的市民性に関する先行実証研究

　それでは，このようなグローバル・シチズンシップや，リージョナルなアイデンティティなどの多層的で国際的な市民性，及びこれに関連する社会的価値の涵養に対して，留学のインパクトをこれまでの研究はどのようにみてきたのだろうか。

　そのもっとも代表的なものは Michael Paige らによる SAGE プロジェクトであろう（第2章参照のこと）。このプロジェクトでは，「グローバル・エンゲージメント」という概念を国際的・国内的市民性や社会起業，社会貢献などの観点から概念化し，これに対する留学のインパクトを，6,000 名以上の留学経験者を対象に量的・質的の両調査手法で検証し，留学が他のさまざまな教育的活動と比しても，大きな長期的インパクトを与えていることを実証している。特に興味深いのは，「自発的で簡素な生活」を検証対象のひとつとして概念化していることで，「グローバル・エンゲージメント」の他のさまざまな側面と比較しても，この側面に留学が大きなインパクトを与えていると実証していることである。これは，SDGs の「持続可能な開発のためのライフスタイル」の促進という方向性に留学が貢献しうることを示す証左となっている（Paige, R. M. et al. 2009）。

　アメリカのジョージア大学システムの留学経験者と非経験者を対象とした大規模な比較調査では「世界的相互依存に関する知識（Knowledge of Global Interdependence）」や「文化相対主義に関する知識（Knowledge of Cultural Relativism）」において，留学経験者が，非経験者と比較して，有為に学習成果が高いことが報告されている（Sutton, D. & Rubin, D. 2004）。また，スウェーデ

ンや，ドイツ，アメリカなどへの公的留学制度のプログラム担当者を調査して
いるユニークな研究では，語学と共に，留学生の国際性や国際理解といった側
面でのインパクトを期待することが多かった（Teichler, U. & Steube, W. 1991）。
さらに，IES Abroad（Institute for the International Education of Students）による
調査では，留学が「曖昧性に対する寛容」や「政治的社会的意識の変容／涵
養」「世界観」に対して，大きなインパクトを与え，特に期間の長い留学の方
が機関の短い留学よりもそうした意識へのインパクトが大きいことがわかった
（Dwyer M. 2004）。

　より直接的に，グローバル・シチズンシップに対する留学のインパクトを調
査した研究では，グローバル・シチズンシップを社会的責任，世界的意識，市
民的関与の３つの構成要件から成ると概念化し，より環境関係の意識に限定し
て，「環境に関する市民性（Environmental Citizenship）」「公共的環境政策への支
援（Support for Public Environmental Policies）」「環境に配慮した消費者行動
（Ecologically Conscious Consumer Behavior）」の３つ意識変化を，留学中に持続可
能性に関して学んだグループ，国内で持続可能性について学んだグループ，留
学はしたけれど持続可能性について学ばなかったグループ，留学もせず持続可
能性に関しても学ばなかったグループに分けて，学びと留学の効果をその前後
の意識を比較することで検証した実証研究がある（Tarrant, M. et al. 2014）。こ
の研究では，留学は確かにグローバル・シチズンシップを有効に促進するが，
それは教育プログラムが適切に提供された場合であり，そうした教育が意図さ
れない留学であると，（環境的）グローバル・シチズンシップの促進につながら
ないことが実証されている。

　また，地域的な市民意識に関する研究では，サセックス大学における１年間
のヨーロッパ留学経験者と非経験者を対象とした実証研究があり，１年間のヨ
ーロッパ留学が，EU 統合に関する関心と知識，肯定的意見，ヨーロッパ人と
してのアイデンティティのすべてにおいて，正のインパクトを有することが実
証されている（King, R & Ruiz-Gelices, E. 2003）。

　以上のように，これまでの留学経験者・非経験者を対象とした実証研究で

は，そのすべてが，グローバル・シチズンシップや持続可能性への認識，グローバルだけではなく地域的なアイデンティティの形成について，留学が大きなインパクを有することが検証されている。

５．「グローバル人材育成と留学の長期的インパクトに関する調査」による検証

　それでは，このような国際的な市民意識の観点から，「グローバル人材育成と留学の長期的インパクトに関する調査」の結果を検証してみたい。図10―1には，留学経験者とコントロールグループである非経験者の「日本人としての意識」「アジア人としての意識」「地球市民としての意識」「外交・国際関係への興味」「環境・貧困問題等の地球的課題に対する意識」「平和に対する意識」「多様な価値観や文化的背景を持つ人と共生する意識」「社会での男女共同参画の意識」「宗教に関する寛容性」などに対する留学と国内での教育のインパクトが比較されているが，実にそのすべてにおいて，留学のインパクトは国内での教育に比してはるかに大きいことがみてとれる。

　特に興味深いのは，日本人・アジア人・地球市民の３つを対比したときに，その順で留学のインパクトが強く働いていることである。これは，先に紹介したヨーロッパ人としてのアイデンティティに関する留学のインパクト調査では，「自国に対する帰属意識（my sense of belonging to my home country）」が強まったと答えた人が「ヨーロッパへの文化的空間への帰属意識（my sense of belonging to ma European cultural space）」に比べてほぼ半数であったこととまったく異なる結果となっている（King, R & Ruiz-Gelices, E. 2003）。また，「多様な価値観や文化的背景を持つ人と共生する意識」への留学のインパクトが，他の意識に比べてもとりわけ強く出ていることは特筆すべきことであろう。

　この調査結果からは，全体に平和や多様性のなかの共生を中心課題とするグローバル・シチズンシップや，環境問題を中心課題とする持続可能性，そして男女平等を推進するSDGsに対して，留学は有効な教育手段であることが実証されている。

図 10―1　国際的市民意識の変容に対する留学のインパクト

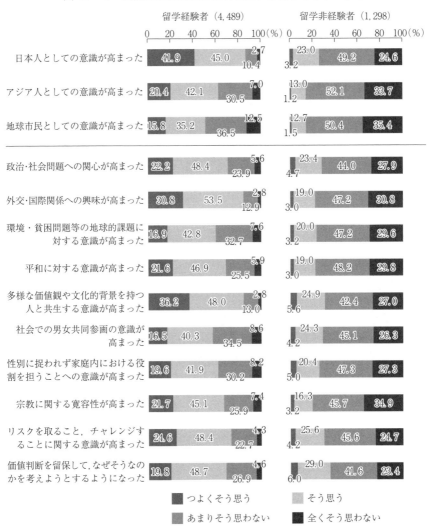

出所）「グローバル人材育成と留学の長期的インパクトに関する調査」結果より筆者作成

図10―2―1　教育課程別の意識の変容に対する留学のインパクト

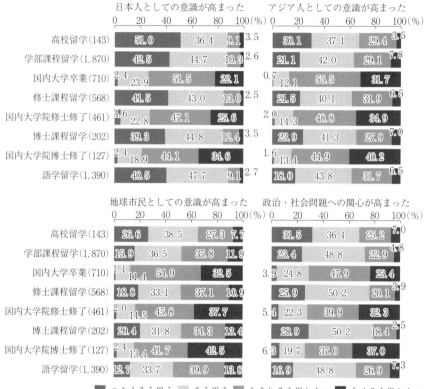

つよくそう思う　そう思う　あまりそう思わない　全くそう思わない

出所）「グローバル人材育成と留学の長期的インパクトに関する調査」結果より筆者作成

　さて，このように明らかになった国際的市民意識の変容に対する留学のイン
パクトは教育課程の段階によって，異なっているのか。そのような段階での留
学が国際的市民意識の変容に効果的なのか。図10―2―1，図10―2―2，
図10―3には教育課程別の意識の変容・活動に対する留学のインパクトが示
されている。ここで特徴的なのは，ほとんどの意識・行動の変容に，もっとも
インパクトのあった教育課程段階は高校留学であるということであろう（第7
章参照のこと）。早い段階での留学が，国際的市民意識の変容には効果的で重要
であることが確認できる。ただ，「アジア人としての意識」「地球市民としての

図 10—2—2　教育課程別の意識の変容に対する留学のインパクト

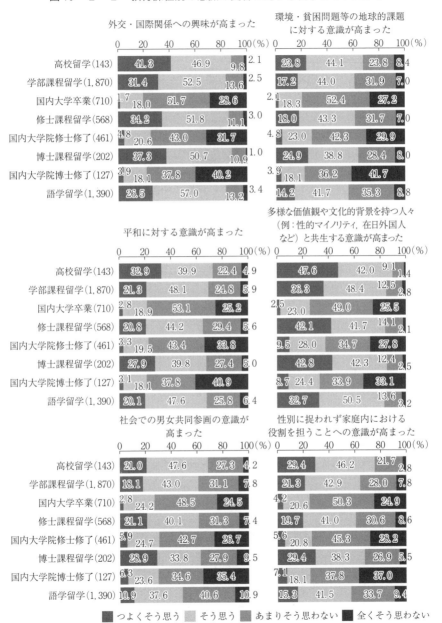

出所）「グローバル人材育成と留学の長期的インパクトに関する調査」結果より筆者作成

図 10—3　教育課程別の活動参加への留学のインパクト

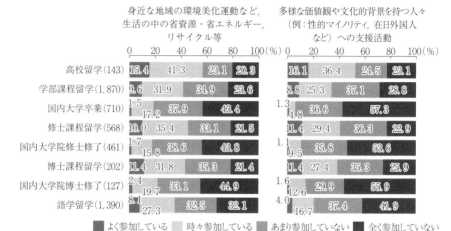

出所）「グローバル人材育成と留学の長期的インパクトに関する調査」結果より筆者作成

意識」「外交・国際関係への興味」「多様な価値観や文化的背景を持つ人と共生
する意識」「平和に対する意識」「環境・貧困問題等の地球的課題に対する意
識」「社会での男女共同参画の意識」などでは，博士課程留学のインパクトも
高く，強い目的をもった留学，博士課程の留学に多い長期にわたる留学が，意
識の変容に大きなインパクトをもたらすこともわかった。

　また，図 10—3 に示されたように，意識の変容だけではなく，「身近な地域
の環境美化運動など，生活のなかの省資源・省エネルギー，リサイクル」「多
様な価値観や文化的背景を持つ人びとへの支援活動」といった実際の行動につ
いても，留学はインパクトをもちうることが確認された。

6. 結　　語——SDGs の達成のための留学促進

　日本人の留学経験者・非経験者を対象とした「グローバル人材育成と留学の
長期的インパクトの関する調査」の調査結果は，SDGs が目指す平和や多様性
のなかの共生・寛容を基盤とするグローバル・シチズンシップや，持続可能性
への認識，そして男女平等の推進に対して，留学は有効な教育手段であること

を実証した。

　では，単に高等教育を国際化し，留学生交流を活発化すれば，国際理解が進み，平和は達成され，地球の持続可能性は高まるのか。先行研究も示すように，残念ながらことはそう単純ではない。21 世紀に入ってからの数々のテロに留学生や留学経験者が関わっていたという事実は，フルブライトやユネスコの理念を信奉して留学生交流に携わってきた関係者に大きな衝撃を与えた。留学交流は相互理解ではなく，誤解や，時には差別や憎しみの温床ともなりうる。だからこそ，大学人は単に量的な国際化を目指すのではなく，高等教育の国際化が一人ひとりの学生にとって，教育や学生生活の質の向上につながるような努力を進めていく必要がある。確かに，留学生のなかには，留学先国に強い反発や不信を感じて帰国する例も多く，留学が信頼醸成や国際理解を，即促進するものであると短絡するべきではない。しかし，国際教育交流が好悪の国民感情にどのような影響をもつかは，その相互理解のインフラ作りに対する貢献と分けて議論すべきことであろう。学問の府である大学の平和と持続可能な開発への役割は，ちょうど親日家ではなく知日家の育成が大切といわれるように，親しみの感情だけではなく，相互理解のインフラとしての知の共有と創造にあるのではないだろうか。

【参考文献】
日本語文献
井上雍雄『教育交流論序説』玉川大学出版部，1994 年
江淵一公『大学国際化の研究』玉川大学出版部，1997 年
外務省「持続可能な開発のための 2030 アジェンダ」http://www.mofa.go.jp/mofaj/gaiko/oda/about/doukou/page23_000779.html（2017 年 5 月 5 日閲覧）
外務省「ASEAN＋3 首脳会議に関するクアラルンプール宣言（仮訳）」http://www.mofa.go.jp/mofaj/kaidan/s_koi/asean05/kariyaku.html（2017 年 5 月 5 日閲覧）
近藤健『もうひとつの日米関係』ジャパンタイムス，1992 年
文部省学術国際局留学生課『21 世紀への留学生政策』1983 年
ユネスコ『学習：秘められた宝―ユネスコ「21 世紀教育国際委員会」報告書』（天城勲監訳）ぎょうせい，1997 年

英語文献

Binkley, M., Erstad, O., Herman, J., Raizen, S., Ripley, M., Miller-Ricci, M. & Rumble, M. (2012) *Defining Twenty-First Century Skills*. Springer Netherlands.

Dwyer, M .M. (2004). More is better: The impact of study abroad program duration. *Frontiers : The Interdisciplinary Journal of Study Abroad*, 10, 151-164.

King , R. & Ruiz-Gelices, E. (2003). International student migration and the European year abroad: Effects on European identify and subsequent migration. International Journal of Population Geography, 9, 223-252.

Paige, R. M., Fry, G. W., Stallman, E. M., Josié, J. & Jon, J. (2009). Study abroad for global engagement: The long-term impact of mobility experiences. *Intercultural Education*, 20 (1/2), 29-44.

Sutton, R. C. & Rubin, D. L. (2004). The GLOSSARI Project: Initial findings from a system-wide research initiative on study abroad learning outcomes. *Frontiers : The Interdisciplinary Journal of Study Abroad*, 10, 65-82.

Tarrant, M. A., Rubin D. L. & Stoner, L. (2014). The added value of study abroad: Fostering a global citizenry. *Journal of Studies in International Education, 18* (2), 141-161.

Teichler, U. & Steube, W. (1991). The logics of study abroad programmes and their impacts. Higher education, 21, 235-349

留学のキャリア・雇用に関するインパクト
～日本企業は留学経験者をどうみているのか～

■ 貝沼　知徳

　日本がビジネスチャンスを求めて「国際化」を推進する動きは，なにも今日に始まった出来事ではなく，明治創世期や戦前軍国期，また高度成長期においても大きなテーマとして存在していた。だが，近年におけるグローバル化の流れは，そのスピードや影響範囲が従来とは大きく異なる。かつての「国際化」は，海外の進んだ技術や文明を取り入れ，また大手企業が海外市場に進出するといった，日本が主体的かつ能動的に世界と関わろうとする性格が強かったが，今日グローバル化が進展するなかでは，世界標準に日本が合わせないと立ち遅れてしまうという受動的な傾向が強まっているように思える。その背景には，インターネットによる経済のボーダレス化が最近20年で一気に加速した一方で，国際共通言語としての英語の運用能力において，日本人が平均的には著しく低い水準にあるという現実がある。今やグローバル化にいかに適応できるかが，日本の未来を左右するといっても過言ではない。

　日本企業にとっては，人口減少に伴って国内市場が縮小していることもあり，業種や企業規模の大小によらず，海外市場で活路を見出すことが必達の状況にある。また，ビジネスの手段や方法においても技術革新が進み，従来の手法や既存のネットワークに頼るだけでは将来的な発展は見込めなくなりつつある。「グローバル化」は，かつての勝者と敗者の考え方や力関係をも変え，新たな「世界標準」という基準で物事が進んでいくという大きな流れを引き起こす可能性がある。したがって，日本企業にとって「グローバル化」への適応は，ときには日本固有の特性や価値観を捨て去らねばならないこともある一方

で，未来への展望を切り開く大きな可能性を秘めているとも考えられる。

1．企業が求めるグローバル人材＿＿＿＿＿＿＿＿＿＿＿＿＿＿＿＿

(1) 「グローバル人材」とはどのような人材か

　日本社会に必要な「グローバル人材」とは，どのような人材だろうか？　日本は戦後，教育の民主化を通じて国民の能力向上を図り，産業発展を遂げることで国際社会での圧倒的優位な位置づけを得た。そのなかで，絶えず中心的な課題として指摘されてきたのが英語（外国語）教育である。海外の国家や企業と対等に交渉して取引するにあたっては，教養としての英語を最低限習得しておく必要がある。こうした考え方は日本社会のなかに広く共有されていながら，実際には日本の英語教育によって国民の多くは英語を話せるようになったわけでもなく，英語を使って仕事をする人間はごく一部に限られてきた。しかし，グローバル化の進展によって，英語を用いて仕事をする機会や可能性が大きく増大し，「教養としての英語」から「使える英語」を身に付ける必要性が大いに高まっている。

　ただし，グローバル人材が求められている社会的背景を考えれば，「英語ができること」は必要条件ではあるものの，十分条件ではないことは容易に想像できる。日本企業が，海外で活躍できる人材を切実に必要としているのは前述したとおりであるが，英語を使って外国人と会話をするだけの話であれば，通訳がいれば十分である。あるいは，近い将来 AI によって実用化すると思われる同時通訳機があれば，事は足りるであろう。

　筆者は，「グローバル化」という言葉には「母国地域の文化や価値観によらず，世界的視野でビジネスを展開していく」という意味合いが含まれていると考える。従って，語学力も大切だが，それ以上に，異文化対応力や柔軟性，また開拓精神や挑戦意欲などが重要視されてくると考えられる。

　実際「グローバル人材」の意味としては，確固たる定義が存在するわけではなく，さまざまな見方や考え方があるが，[1) どのような要素が含まれるかについて，後述する調査結果をみながら考察していきたい。

⑵　企業が「グローバル人材」を採用する理由

　過去 10 年ほどにわたり，「グローバル人材」や「グローバル採用」という言葉が世間を賑わせているが，「グローバル化（Globalization）」という概念とは別にこれらの言葉が一般化しているのは日本特有の現象である。多くの国々では，母国語以外に英語を話せることは，もはや当たり前の時代になりつつある。これは，ビジネス投資がグローバルレベルで進展するなかで，英語を使う頻度が急激に増えているのみならず，各国では日本企業が求めているようなグローバル人材が経済・社会の中心的役割を担うことが当たり前になっており，こうした定義を必要としないからであろう。

　では，日本企業はどのような人材を「グローバル人材」として活用したいと思っているのだろうか。話の焦点を捉えるために，本節では「グローバル人材」を便宜上「留学経験のある日本人学生」と「日本の大学で学ぶ外国人留学生」とに分け，前者を中心に話を進めていきたい。

　図 11—1 は，留学経験のある日本人学生の採用意向について，企業に尋ねた結果である。1,000 人以上の大手企業では，4 割以上（44.3％）が「採用したい」という意向をもっている。文部科学省による日本人の海外留学者総数が約 5.4 万人（学位取得目的のような長期留学が主となっているデータ）であることを考えると，かなり高い求人倍率となるため，留学経験のある日本人学生を採用したくとも現実には採用できない企業が多数あることが想像できる。

　次に，留学経験のある日本人学生を採用する目的について尋ねたところ（図 11—2），「優秀な人材を確保するため」が約 7 割（70.2％）を占め，「海外経験で培った感性・国際感覚等を発揮してもらうため」（47.0％）が続いた。直接的に「海外の業務を行うため」という理由よりも，企業が成長する原動力となる人材確保が理由の筆頭にあがっていることは，日本的経営の特徴を表している。だが，ここで「優秀な人材」として一括りにされてしまっていることが，後々彼らの入社後の処遇や本人のモチベーションに少なからず影響を与えてしまうことを，企業はこの採用時点では意識していないようである。

図11―1　留学経験のある日本人学生採用に関する意向（N＝1,144社）

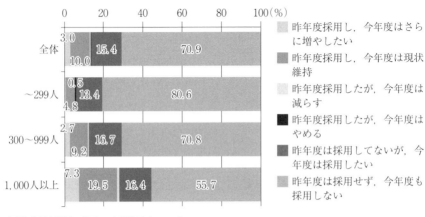

出所）「新卒採用に関する企業調査」2015年

図11―2　留学経験のある日本人学生を採用する目的
（N＝1,339社〈2017年〉，1,285社〈2016年〉）

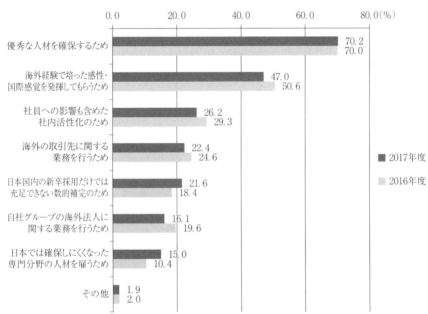

出所）「新卒採用に関する企業調査」2016年，2017年

(3)　留学経験のある日本人学生に求められる資質

　企業が新卒者に対し，採用段階においてどのような能力や資質を期待しているか，一般の日本人学生（文系・理系）と留学経験のある日本人学生，そして，日本の大学で学ぶ外国人留学生との違いを比較したい。

　図 11―3―1 は，それぞれの対象属性において重視する要素を多い順に示したものだが，総じて「コミュニケーション能力」が上位にきているのがわかる。これは，日本企業の特徴として，相互の意思疎通に基づいた信頼感の醸成によって，良好な人間関係を構築していくことを念頭に置いているからではないだろうか。そのなかで，一般（日本人）の学生に対しては，文系・理系とも「コミュニケーション能力」に次いで「協調性」を求めている。専門知識やスキルよりも，その人材の人間力やメンタリティを重視しているようである。

　これに対し，留学経験のある日本人学生に求める項目では，「バイタリティ」がトップであり，「コミュニケーション能力」は次点であった。これに「語学力」「異文化対応力」「リーダーシップ」が続いている。かつては世界をリードしているといわれた日本経済が低滞期にあるなかで，日本企業は世界の市場においていかに存在感を発揮し，その優位性や持ち味を打ち出していくべきか，その推進役を担う人材として「グローバル人材」が強く求められている様子がみてとれる。

　参考までに，日本の大学で学ぶ外国人留学生に求める資質の重視項目をみると（図 11―3―2），トップは「日本語力」であった。外国人留学生の場合は，グローバル人材としては即戦力となるわけだが，日本企業に属するにあたり，日本人社員とのコミュニケーションの手段となる日本語力を備えていないと仕事そのものが進まないということであろう。この点が，多くの外国人留学生にとって高いハードルとなっていることは想像できるが，日本企業にとっても，外国人留学生を十分に採用・活用できていないことがグローバル化の進展を遅らせる要因にもなっていると考えられる。

　日本企業が海外でビジネス展開することが避けては通れなくなりつつあるなかで，外国人社員に対して日本語教育を強いることにコストをかけるよりも，

図 II—3—1 企業が大学生(日本人)に求める資質(上位 15 項目)(N=1,298 社)

(%)

	留学経験のある学生			国内の学生【文型】			国内の学生【理系】	
1	バイタリティー	43.9	1	コミュニケーション能力	74.9	1	コミュニケーション能力	67.8
2	コミュニケーション能力	42.2	2	協調性	29.7	2	協調性	28.4
3	語学力	38.5	3	バイタリティー	24.0	3	基礎学力	26.5
4	異文化対応力	20.6	4	熱意	21.3	4	専門知識	22.0
5	リーダーシップ	14.6	5	明るさ	19.9	5	熱意	21.0
6	発想の豊かさ	12.4	6	ストレス耐性	19.5	6	バイタリティー	19.7
7	フットワークの良さ	10.4	7	基礎学力	18.9	7	ストレス耐性	19.1
8	ストレス耐性	10.2	8	社交性	13.7	8	明るさ	15.4
8	熱意	10.2	9	リーダーシップ	11.5	9	発想の豊かさ	10.6
10	協調性	9.7	10	一般常識	10.8	10	社交性	9.5
11	基礎学力	8.4	11	フットワークの良さ	10.2	11	リーダーシップ	8.9
12	社交性	6.5	12	信頼性	8.0	12	一般常識	7.7
13	専門知識	6.2	13	身嗜み・マナー	6.9	13	信頼性	7.6
14	明るさ	4.5	14	社会的モラル	5.3	14	フットワークの良さ	6.9
14	一般常識	4.5	15	発想の豊かさ	4.6	15	身嗜み・マナー	4.7
14	社会的モラル	4.5						

注) 全25項目の中から3つを複数回答
出所)「新卒採用に関する企業調査」2016 年

　日本人がグローバル人材として成長し飛躍していくように注力することが，今後日本企業がグローバル化に適応していくためのもっとも大きな課題ではないかと筆者は考える。

2．企業における海外経験者の位置づけ

(1) 海外経験者の活用状況

　前節では，企業が求める「グローバル人材」について考察したが，その目的と背景から考えれば，グローバル人材を育成する上で海外での経験は重要な意味をもつと思われる。ここでは，海外経験のある日本人が企業のなかでどのように処遇され，また活用されているかの実態について明らかにしたい。

　まず，海外経験の定義であるが，大別すると「留学」「海外赴任」「帰国子

図 11―3―2　外国人留学生に求める資質（上位 15 項目）（N＝493 社）

（％）

【文系】			【理系】		
1	日本語力	68.2	1	日本語力	60.0
2	コミュニケーション能力	41.9	2	コミュニケーション能力	40.8
3	異文化対応力	37.2	3	専門知識	28.5
4	英語力	24.8	4	英語力	25.4
5	チームワーク力	24.0	5	異文化対応力	23.8
6	主体性	17.8	6	主体性	14.6
7	日本語・英語以外の語学力	11.6		チームワーク力	14.6
8	達成志向	9.3	8	日本語・英語以外の語学力	10.0
9	リーダーシップ	7.0	9	分析的思考力	9.2
10	規律性・倫理観	6.2		課題発見力	8.5
	ストレス耐性	6.2	10	基礎学力	8.5
12	学習力	5.4		創造力	8.5
13	創造力	4.7	13	達成志向	6.2
	明るさ	3.9	14	学習力	5.4
14	柔軟性	3.9		明るさ	4.6
	専門知識	3.9	15	柔軟性	4.6
				ストレス耐性	4.6
				リーダーシップ	4.6

注）全 24 項目の中から 3 つを複数回答
出所）「外国人留学生の採用に関する企業調査」2014 年

　女」となろう。本書で扱っている科研費を受けた研究プロジェクトにおいて行った調査（『企業における海外経験者とグローバル人材の雇用に関する調査』2014 年）では，① 海外の大学・大学院などへの留学経験者（6 ヵ月以上），② 海外での勤務経験者（6 ヵ月以上），③ 帰国子女という基準を設け，これを満たす者を「海外経験者」として定義した。

　図 11―4 は，海外経験者が社内に何名いるか把握しているかを，企業の人事部に尋ねた結果であるが，「把握している」は約 6 割（61.8％），「把握していない」は約 4 割（38.2％）であった。これを企業規模別に比較すると，「把握している」の割合は企業規模が大きくなるほど低く，1,000 人以上の大手企業では約 3 分の 1 程度（35.5％）にすぎなかった。実に 6 割以上（64.5％）の大手企

業では，海外経験者の人数を把握していないというのが実状である。言い換え
れば，これらの企業では，在籍する社員の海外経験の有無を正確に把握してい
ないと言える。実際は，大手企業であるほど社員の人事労務管理は厳密に行わ
れており，留学歴や海外赴任歴は人事情報の一項目として登録されているはず
であるが，それが社員の属性を区分するまでには活用されていないということ
であろう。つまり，「グローバル人材」について明確な定義も存在していない
なかにあって，海外経験者はその経歴をしっかりと認知されていないというこ
とである。採用段階においては，海外経験があることの優位性を重要視してい
ても，入社後の彼らは他の社員と同様に扱われ，同じスタートラインからキャ

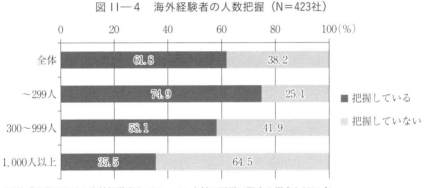

図 II—4　海外経験者の人数把握（N＝423社）

出所）「企業における海外経験者とグローバル人材の雇用に関する調査」2014 年

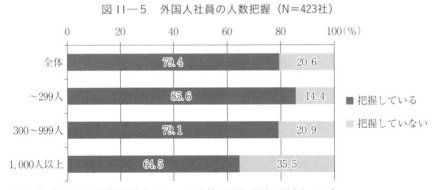

図 II—5　外国人社員の人数把握（N＝423社）

出所）「企業における海外経験者とグローバル人材の雇用に関する調査」2014 年

リアを積み上げているというのが現実なのである。

　外国人社員数の把握状況についても，同様に尋ねてみた（図11—5）が，結果は，「把握している」が約8割（79.4％），「把握していない」が約2割（20.6％）であった。日本人の海外経験者ほどではないが，外国人ですら，企業の人事管理上は他の一般社員と区別されていないという実態がある。大手企業では海外経験者が多数存在するため，詳細に把握する必要はないとの事情もあると思うが，一方でこのことは，日本企業が従来の経営スタイルにこだわり，グローバル人材を十分に活用できていない証左として捉えることもできる。

(2)　海外経験者の「能力面」における優位性

　入社後は学歴（出身大学の偏差値）によって差別しない，入社前の知識や能力レベルで差をつけないなどの日本的マネジメントの特徴は，海外経験者の処遇や活用のあり方にも反映されているようである。では，実際は，海外経験者はどのような能力上の違い（優位性）があると企業内で認識されているのだろうか。人事担当者に尋ねた調査結果をもとに，確認してみたい（図11—6）。なお，本調査においては，海外経験者に明らかな優位性がある「語学力」については，選択肢から外している。

　海外経験者（日本人）が，経験のない者と比べて「かなり優れている」，あるいは「やや優れている」とみなされた能力をみてみると，その割合の合計がもっとも高かったのは「異文化対応力」で72.2％を占めた。これに次いで「積極性・行動力」（同59.1％），「コミュニケーション能力」（同52.7％），「リーダーシップ」（同43.6％），「ストレス耐性」（同42.3％）と続き，いずれもグローバル社会において日本人が特に強化すべきと思われている項目において，海外経験者に一定の優位性があることが確認された。

　他方，「かなり優れている」と「やや優れている」の割合の合計が比較的低かった項目は，「協調性」（同19.7％），「創造力」（同24.8％），「基礎学力」（同29.1％）であった。これらの項目も，決して海外経験者が海外経験のない者よりも劣っていると認識されているわけではなく，逆に「かなり劣っている」あ

図11─6　海外経験者の能力の優位性（N＝423社）

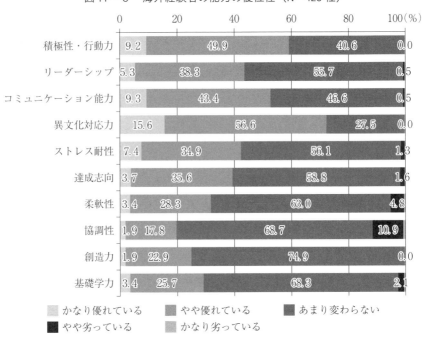

出所）「企業における海外経験者とグローバル人材の雇用に関する調査」2014年

るいは「やや劣っている」とする割合は，両者を合わせても，「協調性」の10.9％を除けば，非常に小さな値であった。しかしながら，これらの項目は海外経験者の相対的な優位性があまりないと認識されているものであり，海外でのさまざまな経験によってどのようなメリットや効果がもたらされるのかを検証するには，興味深い結果であるといえよう。

(3)　海外経験者の「処遇面」における優位性

　能力面においてその優位性があると認識されている海外経験者であるが，果たして処遇面（給与・待遇）において，企業でその恩恵を被っているのだろうか。

　図11─7は，海外経験者（日本人）の処遇を海外経験のない者のそれと比べ

図11—7　海外経験者の処遇の優位性（N＝423社）

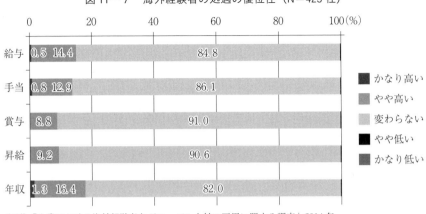

出所）「企業における海外経験者とグローバル人材の雇用に関する調査」2014年

て，高いかどうかを人事担当者に尋ねた結果である。「かなり高い」と「やや高い」を合わせた割合を順にみていくと，もっとも大きかったのは「年収」（合計17.7％）で，次いで「給与」（同14.9％），「手当」（同13.7％），「昇給額（率）」（同9.2％），「賞与」（同8.8％）と続いた。「賞与」に関しては，個人の能力や成績だけが反映されることは多くなく，一般的に組織の業績結果が大きく反映されるものなので，低い値を示しているのは，ある意味当然と考えられるが，前述した能力面における海外経験者の優位性を考慮すれば，処遇面におけるこれらの割合の低さは著しいといわざるをえない。ほとんどの項目において，海外経験者と海外経験のない者の処遇が「変わらない」とする割合は，企業規模によらず8割以上を占めている。

　繰り返しになるが，海外経験を通じて得られた語学力をはじめとする能力やスキルは，採用段階においては選考上の加点ポイントとして有利に判断されているものの，入社以降はあまり考慮される機会が多くないというのが実態である。「年収」や「給与」については入社時点で決まるので，海外経験者のアドバンテージがもっとも考慮されるタイミングであるが，入社後の人事評価においては，過去に得た知識・能力・経験をもとに仕事をして成果をあげることが求められていることから，処遇の格差があったとしても，それは「海外経験の

有無」によるものではなく，個人の成果や業績の差がもたらしたものであると考えられている。

　処遇上における海外経験者と海外経験のない者の差異は，企業規模別にみると，総じて大手企業になるほど小さくなっており，入社後の彼らが区別なく同じ土俵で働きながら評価されていることが想像できる。当初は「グローバル人材」の候補生として採用されたはずの海外経験者が，処遇面での優位性を得ることなく，いつの間にか影を潜める形になっているとすれば，それは日本的雇用慣行の功罪といえるかもしれない。現に，日本企業から外資系企業への転職者が数多く存在するのも頷ける話である。

⑷　海外経験者の「キャリア面」における優位性

　能力面において優位性があっても，処遇面での優位性があまりない海外経験者は，企業でキャリアを積んでいく上ではどのような優位性があるのか，その実態をみてみたい（図11―8）。

　まず，「昇進・昇格のスピード」については，「かなり早い」と「やや早い」を合わせて24.1％であった。海外経験者に対して処遇面での優位差はつけなくとも，約4分の1の企業で，結果的に海外経験者の方が海外経験のない者よりも早く昇進していることを示している。能力面での優位性があるがゆえ，それが組織内のポジションに反映された結果だと思われる。

　続いて，「昇進・昇格するレベル（ランクの高さ）」をみてみると，「かなり高い」と「やや高い」を合わせて18.4％であった。「昇進・昇格のスピード」と比べると若干低いが，これも能力面での優位性によってもたらされた結果であろうと推測される。

　「担当する職種（職務）の範囲」は，「かなり広い」と「やや広い」を合わせて34.5％であった。海外での幅広い経験を有していることが，そのまま豊富な知見をもたらしていると考えられ，海外経験のない者と比べると仕事の範囲も自ずと広くなるのであろう。そのことが，上記「昇進・昇格」のスピードや高さにつながっているとも考えられる。

「異動する部署（配属先）の範囲」については、「かなり広い」と「やや広い」を合わせて 25.2％であった。上述の「職種（職務）の範囲」と比べるとやや低い割合だが、これは海外経験者としてのバックグラウンドや能力面での優位性が組織内で考慮されていることの反映であるともとれる。「有能だからどこの部署でも通用する」という考えではなく、「有能だからこそ、より重要な部署で働いてもらう」という考えではないだろうか。

また、「異動（転勤）の頻度」についてみてみると、「かなり多い」と「やや多い」を合わせて 12.8％と、キャリアの優位性に関する項目のなかでは、肯定的な回答の割合がもっとも小さかった。有能だと認識されている海外経験者は、その実力を発揮できる部署で腰を据えて業務を遂行することが期待されているがゆえに、あまり頻繁に部署異動はさせないという経営方針の表れかもしれない。

最後に、「海外赴任の可能性」であるが、これはキャリアに関する項目のなかでもっとも肯定的な回答の割合が大きく、「かなり高い」と「やや高い」を合わせて 47.6％であった。海外経験者であれば、当然ながら海外赴任の可能

図 11—8　海外経験者のキャリアの優位性（N＝423社）

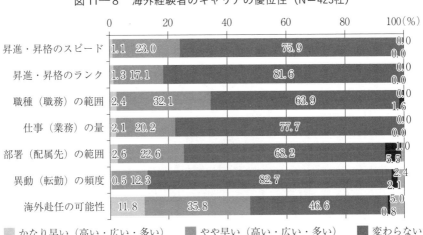

出所）「企業における海外経験者とグローバル人材の雇用に関する調査」2014 年

性は高いと考えられるが，それでも約半数の企業は，海外経験があるからといって海外赴任の可能性が高いわけではないということである。かつての「国際化」の時代であれば，海外経験者が海外赴任する確率は高かったと思われるが，職務の範囲や仕事内容が多様化している昨今においては，海外経験者の活用領域もさまざまなのであろう。今や国内業務においても「グローバル化」への適応を迫られている日本企業は，海外経験者をどのように活用すべきか，その方針や戦略が大いに問われているのである。

3.「グローバル人材」の確保と今後の展望

(1)「グローバル採用」の現状

　前節においては，海外経験者（日本人）に焦点を当てて考察したが，この節では，これに外国人社員を含めた「グローバル人材」について，企業がどのように確保しようとしているかについて論じてみたい。

　図11―9，図11―10は，「グローバル人材」に対する採用枠，および管理の方法について，企業の人事部に尋ねた結果である。採用枠については「特に設けていない」（91.1％），また人事管理においても「特に区別していない」（91.3％）という割合が際立って大きく，両者とも全体の9割以上を占めている。前述したとおり，採用においては「グローバル人材」としての資質や能力を重視して選考しているものの，入社後の処遇面においては，機会均等の平等主義が根底にあるため，社員の持ち味や特徴など他よりも秀でた才能を見つけ出したり活用したりする考え方が，日本企業にはやや欠けているのかもしれない。社会全体が「グローバル化」への適応という趨勢にあるなかで，日本企業特有の平等性・公平性を重んじる慣習は，大きな改革を起こしたり，大きな変化に対応していくには，阻害要因にもなりえると考えられる。

　しかしながら，日本企業にとって「グローバル化」への対応は，生き残りをかけた最重要課題であることは疑いの余地がない。実際，どのような方法で「グローバル人材」を確保しようとしているのかをみてみたい（図11―11）。もっとも多かったのは，「日本人留学生の新卒採用」（43.9％）で，次いで「（国内

にいる）外国人の新卒採用」（37.4％），「海外経験者（日本人）の中途採用」
（36.1％）と続いた。「グローバル人材」に該当する人材の全体数においては，
既に海外経験を有している者が圧倒的に多いはずであるが，中途採用で彼らを
見つけ出し雇い入れるにはハードルが非常に高いことから，一般の日本企業の
多くは，従来からの新卒一括採用のなかで「グローバル人材」の候補者を確保
し，独自に育成しようとしている様子がうかがわれる。だが，留学経験のある

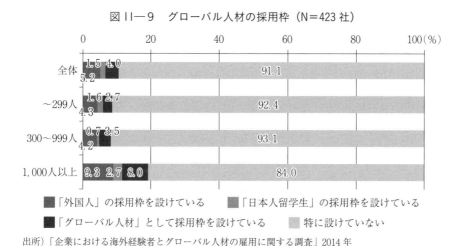

図11—9　グローバル人材の採用枠（N＝423社）

出所）「企業における海外経験者とグローバル人材の雇用に関する調査」2014年

図11—10　グローバル人材の管理状況（N＝423社）

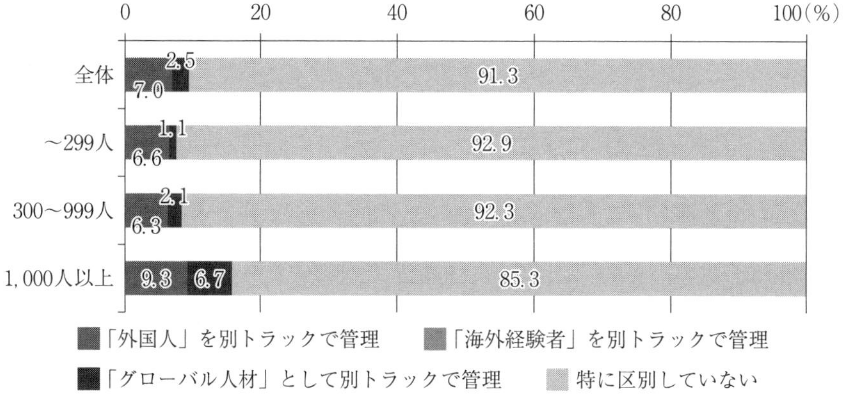

出所）「企業における海外経験者とグローバル人材の雇用に関する調査」2014年

日本人学生と国内の大学にいる外国人留学生を合わせても，企業が今後必要とする「グローバル人材」の需要と比べれば圧倒的に少ないことは明らかであるため，既存の社員を「グローバル人材」として育てていくような取り組みが，今後はさらに求められるであろう。

⑵　「グローバル人材」の確保

　図11—11では，「グローバル人材」を確保するための他の方法についてまとめている。「日本人社員の海外派遣」（30.8％）と「日本人社員の海外研修・留学」（17.4％）は，海外経験のない人材を海外に送り出すことによって，「グローバル人材」として育成しようという方法である。これは従来から行われている一般的な手法だが，駐在員として海外に派遣する場合，業務を行いながら語学（主に英語）力を高めることになり，育成コスト（時間・費用）をかなり要する。かつての「国際化」の時代とは違い，今日の「グローバル化」時代においては，スピードがビジネスの成否を分けるといっても過言ではないため，やはり即戦力となる「グローバル人材」をいかに効率よく確保できるかが鍵となるであろう。

　グローバル人材の育成に時間がかかるのであれば，新たに採用するしかないという結論になると思われがちだが，ここで日本企業が見落としている大きな課題がある。それは，既に社内に存在する「グローバル人材」の定着である。先に述べたように，海外経験者（日本人）の処遇やキャリアは，その能力の優位性に応じた対応がなされているとはいえない。（調査対象者の特定が困難なため本研究プロジェクトの調査データにはないが）彼らの本音として「海外留学したにもかかわらず，そこで得た能力やスキルを会社で十分に発揮できない」という不満は，昔からよく耳にする。また，海外留学を機に会社を辞めて転職するという話も，以前から多い。さらに，外国人社員の定着率が低いという問題も，企業の悩みとして尽きない。「グローバル人材」が，会社内でなかなかモチベーションを保てず，くすぶっている様子が想像できる。せっかく採用した「グローバル人材」候補者の活用と定着に関して，企業はもっと目を向けるべきで

図 11—11　グローバル人材の確保方法（N＝423 社）

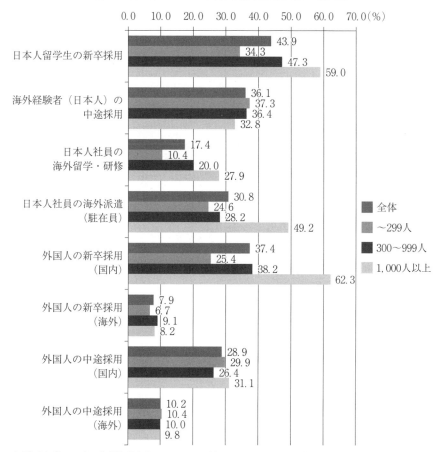

出所）「企業における海外経験者とグローバル人材の雇用に関する調査」2014 年

はないだろうか。

　図 11—12 は，グローバル人材（日本人・外国人を含む）の活用にあたって，企業が特に配慮している点を尋ねたものである。上位 3 項目は，「企業文化の理解」（38.2％），「仕事の与え方，指示・命令の仕方」（28.7％），「役割と責任」（28.4％）であった。1,000 人以上の大手企業においては，特に「企業文化の理解」が抜きん出て高くなっている（43.3％）。各企業は，その歴史と伝統を通し

図11―12　グローバル人材活用における配慮（N＝423社）

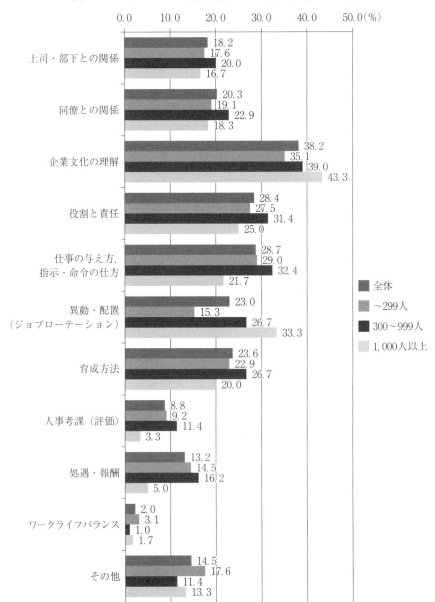

出所)「企業における海外経験者とグローバル人材の雇用に関する調査」2014年

て育んだ独自の文化に対する理解の促進について努力をしているであろうが，実際には，人事制度の縛りや組織の慣習が強いために，十分な企業理解には至らないというもどかしさがあるのかもしれない。

(3)　「グローバル人材」の活用と今後の課題

　これまで述べてきたように，日本企業において「グローバル人材」を雇用することは，採用・評価・育成・定着のそれぞれの局面において，多くの問題がある。このことは，日本企業がより一層「グローバル化」への適応を推進しなければならないという状況において，今後もっとも重要な経営課題になるであろうことが想像できる。

　企業の人事部に対して，「グローバル人材」（日本人・外国人双方を含む）の雇用に関する問題にはどのようなものがあるか尋ねたところ（図 11—13），もっとも多かったのは「コミュニケーション（言語）の問題」(36.9％) で，これに「組織文化・価値観の相違による問題」(33.3％)，「受け入れ体制・マネジメントの問題」(30.1％)，「育成・活用に関する問題」(28.5％)，「定着率の問題」(23.8％) と続いた。いずれの問題も人材マネジメント特有の課題として従来から指摘されており，これらの問題を一つひとつ解決していくことが，日本企業に求められている。グローバル化の更なる進展を実現するために，もっと抜本的な見直しや改革が望まれると考えるのは，筆者だけではないだろう。

　たとえば，年功序列や終身雇用を前提とするような旧来の日本企業であれば，新卒採用した同期入社組を一律管理し，管理職登用段階までは横並びに処遇し，組織的にモチベーション維持を図っていくという手法は，きわめて理にかなった人材マネジメントであった。しかし「グローバル化」の時代を迎えた今，日本的雇用慣行を多少なりとも捨て去っていかなければ，世界の名だたる企業とグローバル競争で打ち勝っていくことは困難であろう。既に数十年前から徐々に日本的人事管理手法は変化してきており，個人の能力や業績の格差を評価するようになってきているが，まだ部分的な改善に留まっていると思われる。採用並びに処遇やキャリアパスも含めて全般的に見直していかなければ，

国内外の「グローバル人材」は，日本企業に対して魅力を感じなくなるであろう。グローバルに活躍できる優秀な人材ほど，国籍に関係なく，自己実現が可

図 11—13 グローバル人材雇用における問題 （N＝423 社）

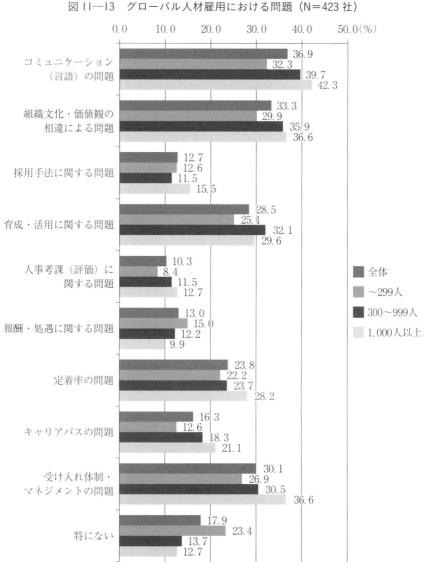

出所）「企業における海外経験者とグローバル人材の雇用に関する調査」2014 年

能な企業，能力に見合った報酬のある企業で働きたいという意識が強くなるはずである。今後，雇用者と被雇用者の関係はより対等になり，人材の流動性が世界的規模で拡大することが予見される。

　日本企業にとって「グローバル化」への適応は，経営課題の一つである以上に，人材確保の点からみれば死活問題になりえるという認識をもつべきであろう。日本企業が「井の中の蛙」から抜け出し，国境を越えて「グローバル人材」を獲得し，彼らを大いに活用していく姿を今後期待したい。

column *1*　グローバル人材活用企業事例―1

インタビュー：本多機工株式会社　代表取締役社長　龍造寺　健介氏

　本多機工（従業員数：200 名）は，福岡県に本社を置く産業用ポンプ専門のメーカーである。国内はもとより，中国，台湾，韓国，シンガポールをはじめとするアジア各国や米国，EU 諸国，中近東諸国との取引も多く，2019 年には創業 70 年を迎える。

　海外での売上が増加し始めた約 10 数年前，地元のある大学に留学していた 1 人の外国人留学生が日本で働くことを強く熱望していたことが，本多機工のグローバル人材活用のきっかけとなった。

　「チュニジア人の彼は，技術を磨くために日本に留学していたが，学習意欲と環境適応力が非常に高かった」と語るのは，2005 年より社長を務める龍造寺健介氏。「海外取引の増加に伴い，英語が得意な人材を探していたが，語学が堪能な優秀人材は大手企業に就職してしまう。当時，外国人を積極的に採用していた企業は九州地区ではまだ少なかったが，目的は海外市場の開拓だったので，迷うことなく彼を採用した。」

　当時は外国人社員を処遇する仕組みや制度もなく，育成の仕方も手探りだったというが，「最初の二年間で現場の業務を徹底的に習得させ，当社のビジネスを理解させることから始めた。もちろん，本人の努力もあった

と思うが，彼の成長を後押ししたのは周囲のサポートであろう。勤勉で熱心な彼を職場のメンバーが丁寧に指導してくれたおかげもあって，当社のカルチャーに早く馴染んで組織にとけ込んでくれたのが大きい。」

　そして，いよいよ海外営業担当へ。「日本人にはない能力やセンスを活かして，かつてないアプローチで海外市場の開拓を任せてみようと思った」と龍造寺社長はいう。「評価については日本人従業員と同様にした上で，成果に応じた昇給や賞与を支給した。目標を明確に与え，その結果に対して報いるという方式が効果的でわかりやすい。途中のプロセスや手段については自由に考えさせ，厳密に管理するというよりも自主性と自律性を重視した。」

　結果として，1人の外国人社員の業績貢献によって当社の海外売上は飛躍的に増大した。実績を上げ続けることで，処遇も上昇していったが，それが他の従業員にも刺激となり，社内で次第にスター的な存在として憧れられるようになったという。「もともと彼は博士号まで取得していたが，彼のように仕事が出来るようになりたいと思う者が増え，大学院に戻って博士号を取る者まであらわれた。人種や国籍によらず，仕事ができる人間が高い処遇をうける成功事例をみて，やる気と向上心のある人間が増えていったことは，思わぬ波及効果だったといえる。社内のグローバル化が加速した第一歩だった。」

　その後，彼の活躍は留学生の間でも知れるところとなり，中国，カナダ，ドイツ，マレーシア，アメリカ，フランス，スリランカの各国からの外国人留学生や，留学経験のある日本人学生も本多機工に数多く入社することになった。龍造寺社長はこう述べる。「外国籍の従業員は，いずれ母国へ帰っていく者もいるでしょう。しかし，日本で学び日本のことが好きになった外国人が，たとえ一時的でも日本企業で働きたいと思うなら，その志を実現させ生かしていくのが，我々にとっての役割でありチャンスだと思う。母国を離れて学びに来る人達は，そもそも成長意欲が高く，その

成長を組織のなかで実現すれば，自ずと企業も成長していくでしょう。」

column2　グローバル人材活用企業事例—2

インタビュー：株式会社日立製作所　人財統括本部グローバルタレント
マネジメント部部長　瀧本　晋氏

　日立製作所（従業員数：35,631 名）は，日本最大手の電機メーカーであ
り，グループ連結での売上高は 10 兆円を超える世界最大の企業グループ
のひとつ。1910 年の創業以来 100 年以上に及ぶ歴史のなかで，グローバ
ル市場における確固たる地位を築いている。

　海外の従業員比率は，1999 年は 20％であったが 2015 年には 44％まで
高まり，海外売上高比率も 48％（2015 年度）を占めるに至っている。し
かしながら，これまで決して順調にグローバル展開が進んできたわけでは
なかった。2008 年のリーマンショック時には，8,000 億円近い赤字を計
上し，「日立は今後，成長するか衰退するかの転換点にいる」といわれた。
人財統括本部グローバルタレントマネジメント部の瀧本晋部長は，こう振
り返る。「業績がどん底だった時期を経て，経営トップはグローバル化の
方針を明確に打ち出した。国内のライバル企業に目を向けるのではなく，
GE，IBM，シーメンスといったグローバル・メジャー・プレイヤーを徹
底的にベンチマークし，これらの企業と競争して勝つことを多くの分野で
目標として掲げた。あれ以来，社内の風景が一気に変わったと思う。」

　グローバル企業として舵を切り直した日立が，真っ先に手を付けたのが
人財戦略だった。経営トップからは「人財投資が，競合他社に勝つための
重要な鍵を握っている」との発言もあったと瀧本部長は語る。「事業の内
容や形を変えて次の日立を作るには，ドメスティックな発想から根本的に
脱却し，グローバルな視点で物事を考え捉え直すことが必須だった。時間

もコストもかかったが，グループ全社人財データベースの統一化を図り，共通の評価体系を導入した。従来のようにローカル縦割り組織管理のままでは，未来の日立に必要な人財がどこにいるのかもわからない。共通の器を設け，グローバル規模で人財のスキルセットや業務履歴を検索・把握できるようにすることで，戦略に沿った人財マネジメントを実現し，社会に対してイノベーションをリードしていく日立を築こうとした。」

　この方針が打ち出されたことで，日立における人財活用の考え方は大きくシフトしたといえる。日本中心の考え方ではなく，どれだけ「グローバル化」を推進できるかが重要な指標となった。新卒採用においては，約600名のうち10％以上を「外国人と日本人の留学経験者からなるグローバル人材」として目標枠を定め，社員構成の多様化を図った。瀧本部長はこう述べる。「変化が激しく先行きが不透明な時代のなかで，これまでと同じやり方をしていては，絶対に勝ち残っていけない。従来は，同質でレベルの高い集団を追求したが，これからの時代は，多様で異能な集団によるディスカッションによって新たな価値が生まれると確信している。さまざまな価値観や考え方があることで，問題発見や課題設定まで現場で行わないといけなくなったが，組織の機動力が飛躍的に増した。ダイバーシティの本来の目的と意味を，日本企業はもっと知る必要があると思う。」

　日本の大手企業のなかでは，グローバル化を成功させた企業といえる日立だが，目指す姿までは道半ばだという。「国籍・性別・働き方などが異なる多様な人財がひとつのチームとして協業すると，ときにコンフリクトが生じる。しかし，それらを乗り越え，『オール日立』で価値を生み出し，事業を推進していくことが重要であり，その実現のために『グローバル経営人財』をより早い時期から選抜し育てていくことが，これからの我々のミッションだと捉えている。」

【注】

1）「グローバル人材」については，文部科学省の「産学連携によるグローバル人材育成推進会議」（2011 年 4 月）において，「世界的な競争と共生が進む現代社会において，日本人としてのアイデンティティをもちながら，広い視野に立って培われる教養と専門性，異なる言語，文化，価値を乗り越えて関係を構築するためのコミュニケーション能力と協調性，新しい価値を創造する能力，次世代までも視野に入れた社会貢献の意識などを持った人間」と定義されている。

【参照調査データ一覧】

図 11—1 ：『新卒採用に関する企業調査』（株式会社ディスコ）
　　調査対象：全国の主要企業　10,200 社
　　調査時期：2015 年 6 月 29 日〜7 月 7 日
　　調査方法：インターネット調査法
　　回答社数：1,144 社

図 11—2 ：『新卒採用に関する企業調査』（株式会社ディスコ）
　　調査対象：全国の主要企業　17,743 社
　　調査時期：2017 年 6 月 26 日〜7 月 4 日
　　調査方法：インターネット調査法
　　回答社数：1,339 社

　『新卒採用に関する企業調査』（株式会社ディスコ）
　　調査対象：全国の主要企業　16,465 社
　　調査時期：2016 年 6 月 27 日〜7 月 6 日
　　調査方法：インターネット調査法
　　回答社数：1,285 社

図 11—3 – 1 ：『新卒採用に関する企業調査』（株式会社ディスコ）
　　調査対象：全国の主要企業　14,772 社
　　調査時期：2016 年 2 月 1 日〜2 月 9 日
　　調査方法：インターネット調査法
　　回答社数：1,298 社

図 11—3 – 2 ：『外国人留学生の採用に関する企業調査』（株式会社ディスコ）
　　調査対象：全国の主要企業　7,970 社
　　調査時期：2014 年 10 月 15 日〜10 月 24 日
　　調査方法：インターネット調査法
　　回答社数：493 社

図 11—4 〜図 11—13：『企業における海外経験者とグローバル人材の雇用に関する調査』
　　調査対象：全国の主要企業　約 9,000 社
　　調査時期：2014 年 3 月 17 日〜6 月 27 日
　　調査方法：インターネット調査法
　　回答社数：423 社

第12章

実践編
Eポートフォリオ学習成果分析
と世代間交流
～GJ5000 プロジェクトと「留学の すすめ.jp」～

■ 芦沢　真五

　私たちの研究プロジェクトは抽象的な成果ではなく，より明示的に留学のインパクトを明らかにすることを目的としてきた。欧州での ERASMUS に関するインパクト研究[1]，米国における SAGE プロジェクト[2]，なども同じ視点で取り組まれた研究である。就業力や収入という可視化しやすい成果に加えて，学生個人にとって留学がどのような付加価値を与えているかを明確にすることを目標としてきた。こうした研究の成果を活かして，若い世代に留学の価値を伝えるためにはどうしたらよいだろうか？　この章では，私たちの研究の成果をどのように若い世代の教育に役立てるかという視点から，実践的な試みについて紹介する。

　まず，実際に学生を指導している立場から，最近の学生が留学をどう受け止めているか，短期の海外研修の成果をどう次の成長につなげていけるか，などについて事例を交えて報告したい。また，多様化する海外学習に対応して，学生の学びを可視化する取り組みとして，E ポートフォリオを活用した学習成果分析の実践例を報告したい。さらに，私たちの研究グループを中心に取り組んできた「留学のすすめ」という授業と，世代間交流サイトとして発展しつつあるオンライン・コミュニティー「留学のすすめ.jp」について紹介していく。授業である「留学のすすめ」とオンライン・コミュニティー「留学のすすめ.jp」は相互に連携したものであるが，この2つの取り組みは「グローバル人材5000」（以下，GJ5000）というプロジェクトによって推進されてきた。GJ5000 は，産官学が連携して若い世代に留学交流の意義や価値を理解してもらおうと

するプロジェクトであるが，留学がもたらす価値を社会にアピールし，若い世代に留学を推奨する取り組みとして，公的機関，団体，企業，個人のご支援をえることで実現した。ご協力をいただいた方々にあらためて感謝の意を表明しておきたい。

1．留学の大衆化・多様化

　ここで，教育交流にかかわる新たな潮流について触れ，それが学生の留学意識にどのような影響をもたらしているかを考えてみたい。日本における留学の歴史を振り返ると，古くは遣唐使の時代，明治の岩倉使節団の例をみるまでもなく，少数のエリートを育てることを目的に政策的に推進されてきた。この古典的な留学観においては，留学経験はエリートとしてのキャリア形成につながり，就業力を高めてきたといえる。しかし今日では，より広範な層の若者が多様な目的で海外学習を実現している。海外ボランティア，インターンシップ，就業体験と学びを融合させたワーキングホリデーなど，多様なメニューが用意されている。

　留学の大衆化と多様化は何をもたらしているだろうか。かつては留学を志向しなかった学生層にも留学の機会が提供されることになる。一方で日本に学位取得を目的として来た留学生が，交換留学制度を使って別の国に交換留学する，というケースも最近では珍しくはなくなってきた。短期研修，海外ボランティア，フィールドワークなどを含めて，ますます多様化するメニューのなかから，在学中に複数回にわたって海外学習に挑戦する学生も多くなってきた。図12─1は，学部在学中の4年間に取り組まれる可能性のある海外学習のメニューを図式化したものであるが，如何に多様な海外学習の機会が提供されているかがわかる。

　一方，留学の大衆化と多様化は，私たち大学で教育交流に携わる教職員にとって，新たな課題をもたらしている。たとえば，① 財政的に余裕のない学生は裕福な学生に比して，多様な留学機会にチャレンジすることが困難であり，経済的な格差が教育交流へのアクセスの格差につながっている。奨学金の機会

図12—1 多様化する海外学習

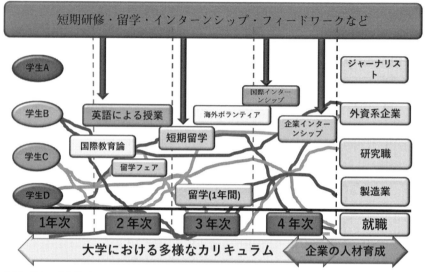

出所）横田・芦沢作成

をできるだけ多面的に提供することが求められる。② 留学を義務化するなど，カリキュラムにおいて留学の位置づけを明確化している大学も増えてきたが，学生が自立的に留学に向けた準備を行うことができないなどの課題も発生している。少数のエリートが留学した時代は，自ら英語力を伸ばす努力をし，ビザ申請などの手続も自分で調べ，危機管理や安全管理も自分で事前に下調べを行うような，いわば自立した学生が留学していたのである。今日では，広範な学生を対象に実践的な英語学習機会や留学準備を支援するプログラムも多様に提供されており，いわば「手取り足取り」の支援体制が必要となっている。③留学する学生が増えれば，海外での事故，健康上の問題，テロ，自然災害などに遭遇する確率はたかまる。危機管理体制も万全の体制をとっていかねばならない。海外学習にかかわる危機管理ガイドラインの整備，海外での生活や移動にあたっての危機管理教育，緊急事態が発生した場合のシミュレーションなど，組織的な危機管理体制の確立が必要となっている。④ これらの課題（①から③）に関しては，人的にも財政的にも資源の多い大学のほうが適切かつ迅

速に対応できることになる。この点で大学間に大きな格差が生み出されること
は学生の利益の観点からは望ましくない。「トビタテ！留学ジャパン」のよう
に，大学の垣根を越えてアクセス可能な留学支援制度を整備していくことが期
待される。

2．短期研修のインパクト

学習成果分析がなぜ必要か？

　1人の学生が多様な海外体験に複数回にわたって挑戦する時代になったこと
はすでに見た通りである。実際に学生を指導している立場から，具体的な例を
いくつかあげてみたい。これらを通じて，留学交流の現場でどのような教育課
題が存在するかを理解していただきたい。また，個々の学生の学習成果をどの
ように分析すべきかについても考察していく。

　まず，短期の研修やフィールドワークによってえられる付加価値を端的に表
す事例をいくつか紹介してみよう。2つの例（筆者の大学の学生）を通じて，大
学生にとって短期の海外体験がどういうインパクトをもちうるかを考えてみた
い。

〈中村さんの例〉

　中村咲絵子さんは，2012年に大学に入学してきたが，周囲の友人たちが参
加する集合型の海外研修を志望せず，フィリピンのマクタン島の貧しい地区で
ボランティアに従事した。高校時代にフランスで集合型研修に参加した経験が
あり，日本人同士で固まって行動する短期研修ではえられるものが少ないと感
じたからである。マクタン島でのボランティアを通じて，貧しいながらも明る
く活動的なコミュニティーの人びとに感化される。当初は虫，トカゲ，ネズミ
の存在に驚愕し，トイレの使い方がわからず困惑したという。朝はニワトリの
声でおきるという，現代の都会ではありえない生活のなかでカルチャーショッ
クをうけつつも，現地の人びととの交流は非常にインパクトがあった，と当時
を振り返る[3]。実はこの体験が，より社会に貢献したいという気持ちを強くし

て，翌年（２年生の夏）はエクアドルの首都キトへ行き，障害のある方々のお世話をするボランティアに従事している。食事やトイレの介護が中心だが，想定以上の重労働で，英語が通じないなか，高山病による体調不良と戦いながらのワークだったとのこと。「１回目のフィリピンではとにかく英語力が足りないと感じたのですが，２回目の経験で，語学力だけの問題ではなく，色々な知識をもち，自分の考えや意見をきちんといえるようになることが重要なのだと気づきました。もっと知識欲をもって学習していかなければならないし，意見も行動も，周りの人に流されるままではなく，自分にとって大事なことははっきり主張し，やり通すことも大事だと思うようになりました」と自身が振り返っている。この経験を通じて，英語をしっかり学び，在学当初の２年間で，英語の成績も TOEIC 換算で 300 点以上も上がっている。この時期に私をはじめ複数の教員が彼女に長期留学をすすめている。彼女自身が入学当初は考えもしていなかった「留学」は，海外経験と英語力という２つの「武器」をもったことで，容易に実現することになった。モンタナ大学に交換留学した彼女は留学中も休みを利用して農園で働くなどユニークな経験をし，大学を卒業後は北海道の農園で働いている。彼女の米国留学中の話をきいていて私が非常に印象に残っているポイントをあげると，留学中に，勉強することが本当に好きになり，図書館で長い時間を過ごすようになったというコメントである。彼女が４年間のなかで豊富な海外体験を通じて，深い学びをえている様子が伝わってきた瞬間で，留学を勧めた立場として非常にうれしい結果である。この中村さんのたどった海外学習のプロセスは，一見するとモンタナに長期留学した時期がハイライトにみえるかもしれないが，指導する立場からみると，フィリピンでのボランティア体験が非常

写真 12―1　中村さん（中央右），フィリピンのマクタン島で

写真提供：中村咲絵子さん

に大きな意味をもっている。これがなければ，モンタナ大学の図書館で彼女が深い学びをえることはなかったのである。

〈高木一樹さんの例〉

　現場で学生の指導をしていると，特定の学生が海外体験を通じて顕著な変化（多くの場合は良い変化）をみせることがある。また，学生自身も自分の変化に気付くことが多い。そのような例を考えるとき，高木一樹さんの例は私たちにとって非常に意義深い。高木さんのことは，テレビや Web ニュースなどでも取り上げられているので詳細は省くが，トビタテ一期生としてラオスで教育支援のプロジェクト（Eエデュケーションのラオスプロジェクト）を推進した。「かけ算九九の歌ラオス版」を考案し，周囲の協力をえて，実際に小学校の授業のなかでこの「九九の歌」を活用した。正答率が 40％台だった小学校で，2週間の実践で 95％の正答率を出すという大きな成果をあげている。この活躍により，ラオスの教育省からも評価され，トビタテ生の帰国報告会で文部科学大臣から「優秀賞」「アンバサダー賞」を表彰され，JASSO の社会貢献大賞も受賞しているので，その活躍を多くの人が知るところとなった。一見，ラオスでの頑張りに注目が集まってしまうが，彼の成長の原点もまたフィリピンでの短期研修である。

　高木さんは自身が振り返るように，高校時代に引きこもりの経験があり，入学時にもこれといった目標をもって入学したというより，家族を含めた周囲が自分を心配する声に押し出された格好で大学に入ってきたのである。イブニングの学科（夜間開講）に入学しているが，当初は，周囲の学生と目をあわせて会話することもできないほど，対人コミュニケーションで苦労していたようである。フィリピンでのコミュニティー開発に参画しているサークルに入り，1年生の夏休みに現地のフィールドワークに参加している。先輩たちに連れられて，現場を歩くうちにフィリピンの若者から大きな刺激をもらったという。スラムの人たちは「家庭の事情で学校をやめることになってしまった」「親がいなくなってしまった」など，自分とは比較できないような大きな悩みを抱えて

写真12—2　ラオスの子供たちと先生　　　写真12—3　教員養成校で「九九の歌」を実践

写真提供：高木一樹さん（いずれも）

　いるにもかかわらず，それでも明るく生きているという現実から，「尊敬の念を感じながら影響をうけた」という[4]。彼の場合も，中村さんのケースと同じように，最初の夏休みにフィリピンに行ったことが大きな変化をもたらし，現地の人びとのぬくもりを感じて成長したのである。

　高木さんや中村さんにとって，夏休みを利用してフィリピンで過ごした短期の学習体験が大きなインパクトをもち，日本にはない「居場所」を見つけ，物事に取り組む姿勢を変えたのである。この事例以外にも，短期研修が大きなきっかけづくりになったという事例は増大している。したがって，学生を指導する立場からすると，短期でも大きなインパクトをもたらすような海外経験を如何に多く提供できるかが課題である。そこで，個々の学生にとって研修がどういうインパクトをもつか，という学習成果分析がどうしても必要になってくる。学生の成長の軌跡を把握し，学生自身にも自己の学びの成果を振り返る機会（リフレクション）を提供していくことが必要である。

3．学生中心の成果分析

Eポートフォリオによる学びの可視化

　多様化する海外学習の形態に対応して，学生の学習成果を可視化し，成長の軌跡を把握するツールとして，Eポートフォリオを使った学習成果分析について紹介したい。

　これまでの海外研修は，単に出発前にアンケートをとり，帰国後に振り返りのレポートを書かせる事前と事後（Pre and Post）調査が一般的であった。この事前・事後調査は，プログラムの成果や今後の課題を明らかにするうえでは必要なプロセスではあるが，事前と事後2回の「定点観測」をしているにすぎないので，学生の成長という点では十分なデータはえられない。そこで，学生一人ひとりの成長の記録を追跡していくツールとしてEポートフォリオが注目され始めている。ポートフォリオという言葉の語源は，「書類を運ぶケース」から発しているといわれる[5]が，デザイナーなどの芸術家が目的に応じて自分の成果物をケースから取り出してみせる，というイメージを想起する場合のほうが多いだろう。Eポートフォリオは，まさに学生の学習成果の証拠物を電子データにしてオンライン上に保管し，必要に応じて評価に使ったり，ショーケースのように情報開示したりするものである。

　学習成果分析のツールとして，Eポートフォリオは多様に使われつつある。筆者が2011年から科研費に基づく調査を行った範囲では，北米や豪州において先進的な取り組みがみられた[6]。米国のモデルは，国際教育の分野に特化して運用されているというよりも，学習成果に着目して汎用的に使われているといえるだろう。

　一方，日本では国際教育分野に特化した運用事例が広がっている。筆者が代表者をつとめた科研費プロジェクト[7]でも，2011年度からEポートフォリオにかかわる研究と国際教育に特化した実験運用を行った。この実験運用を経て，2013年度からは明治大学，東洋大学などで本格的な運用を行っている。学生の学習履歴，海外学習実績，英語学習成果，異文化適応テストのフィードバックなどをデータ化して蓄積する一方，学生と教員，教員同士の情報共有とコミュニケーションを進めるツールとしても活用している。文部科学省により2012年度から5年間に取り組まれた「グローバル人材育成推進事業」（通称GGJ）において，採択大学は，語学力の目標（標準テストの結果など）をクリアしている学生数，在学中に単位取得を伴う留学を行った学生数などを的確に把

握することが求められていた。このような目的にEポートフォリオは即時的な効力を発揮するため，採択大学のなかでEポートフォリオを運用開始した大学は少なくない。

　国際教育プログラムを推進するうえで，Eポートフォリオの効果的運用例は，以下のようなものがある。

① 一定の学習目標に対する達成段階を，教員，留学アドバイザー，国際教育にかかわる事務職員が学生個々の情報を共有しながら把握し，指導する。

② 英語標準テストなど，海外留学に必要な語学力を着実に学生が身に着けているかを把握する。語学力が不足する学生にはデータを基に適切な指導を行う。学生自身も自己の力を把握する。

③ 学生の異文化適用に関して，ルーブリック（表12—2で後述）や異文化適応テストを活用し，学生の自己評価，テスト結果などをEポートフォリオ上に記録することで学習指導や学生個人の振り返り（セルフ・レビュー）に活用する。ちなみに筆者の大学では，海外学習に参加する学生にIDI（Intercultural Development Inventory）[8]というテストを使って，異文化適応にかかわる分析と指導を行っている。

④ 学生は，自分の学習目標に対する到達度を確認しながら，留学準備をすすめる。志望理由など，的確な文書が作成できるようにポートフォリオ作成段階から指導を行う。

⑤ 留学中の学習記録（東洋大学の場合はMonthly Reportとして毎月のレポートを義務化）やインターン体験などを履歴データとして蓄積し，キャリア形成に役立てる。同時に先輩のデータを後輩の指導に役立てる。

⑥ 海外研修中および長期留学中に学生同士のコミュニケーション・ツールとしても活用する（立命館APUなどでは研修に参加中の学生同士がコミュニケーションをとって支えあう取り組みも行われている。）

⑦ 留学期間中の危機管理のため，緊急連絡先など必要な情報を関係者が共有することを通じて，迅速な対応を目指す。

　以下の表12—1は，こうしたEポートフォリオの役割と機能を，高等教育

写真 12—4　東洋大学のEポートフォリオの実際の運用例
（ポートフォリオのログイン後の画面）

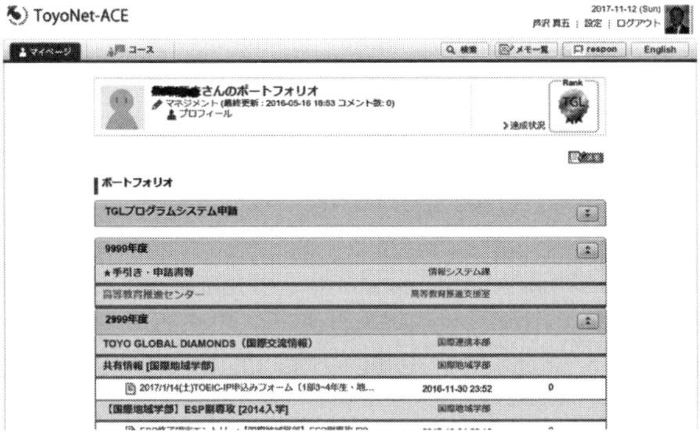

出所）東洋大学学用情報システムポータル ToyoNet-ACE

写真 12—5　東洋大学における TGL 基準の達成状況

出所）東洋大学学用情報システムポータル ToyoNet-ACE

機関，教職員，学生の３つのステークホルダーの立場から説明しようとしたものである。たとえば，高等教育機関の立場で考えると，Eポートフォリオからえられるデータは，学生の学びの成果の集大成で，自己点検・評価などに活用することが可能であるのに対し，学生にとっては自己の成長の軌跡を振り返り，ショーケースのように外部に情報発信するためのデータベースとして活用

写真12—6 Eポートフォリオの実際の運用例
（立命館APUにおける学生同士の意見交換）

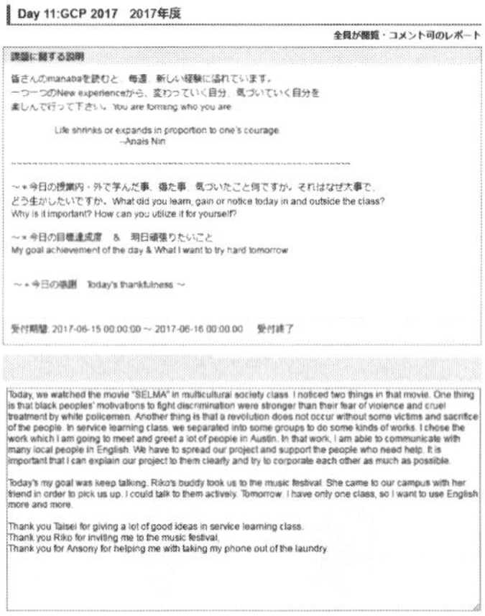

提供：カッティング美紀（立命館アジア太平洋大学）

表12—1 Eポートフォリオの役割と機能（国際教育における学習成果）

ステークホルダー・目的	期待される役割	求められる機能
〈高等教育機関〉自己評価，アカウンタビリティーに基づく情報公開	情報把握，情報共有，機関としての評価・情報発信	機関としての組織評価の基本データ作成，学生の学習記録管理，統計（大学ポートレートなど）の集計・公開
〈教職員〉授業など教育活動の一環としての学習指導，教育プログラムの評価	インターラクティブな指導，学生に対する個別指導，学生から教育プログラムについてのフィードバック	指導記録の蓄積，他の教職員との情報共有（LMSと連携），学生による授業評価システム
〈学生〉自身による成果分析	自己の学習記録やデータの蓄積，自己評価，将来の学習計画作成，キャリア形成	学生自身によるデータ入力・管理・公開

出所）筆者作成

することが可能である。

　前述のEポートフォリオに関する科研費プロジェクトにおいて，私たちは2012年に北米調査，豪州調査を実施し，ジョージタウン大学，バージニア工科大学，インディアナ・パデュー大学インディアナポリス（IUPUI），豪州のデアキン大学などでのEポートフォリオの運用事例を学んだ。その際，特に注目

表12—2　異文化理解バリュー・ルーブリック

	4. Capstone（目標水準）	3. Milestone（発展段階）	2. Milestone（基礎段階）	1. Benchmark（基盤1）
文化的自己理解	自己と他の文化規範や偏見について客観的な分析ができる段階：文化的差異を尊重するだけでなく、自己規制をすると同時に、周囲の文化的偏見を対処することができる。	自己と他の文化規範や偏見について新たに意識をする段階：文化的差異に直面しても差異を尊重することができる。	自己の文化規範や偏見について意識できる段階：他の文化より自己の文化を尊重する傾向がある。	自己の文化規範や偏見について、限定的な認識を持つ段階：異なる文化との差異について的確な対応ができず、困惑する状況。
文化的世界観	異なる文化について、歴史、価値観、政治、経済、コミュニケーション形態、信条などの複雑な観点をもとに深い理解をすることができる。	異なる文化について、歴史、価値観、政治、経済、コミュニケーション形態、信条などの観点から適切な理解をすることができる。	異なる文化について、歴史、価値観、政治、経済、コミュニケーション形態、信条などの複雑な観点について限定的な理解をすることができる。	異なる文化について、表面的なレベルの理解があり、歴史、価値観、政治、経済、コミュニケーション形態、信条などの限定的な理解をすることができる。
異文化理解力	複数の世界観を理解し、別の状況に適合する能力を発揮することを通じて、異なる文化集団の人々に対して、現実的な問題設定の中でも理解のある行動様式をもつことができる。	異なる世界観の存在を知的かつ感情的な側面で理解することができ、他者との交流・折衝において異なる世界観に基づいた行動様式を持つ場合がある。	他の文化に基づく概念が存在することを認識してはいるが、基本的には自分の世界観からのみ判断をおこなう。	他者の経験から学ぼうとはしているが、自己の文化的価値観からしか思考することができない。
コミュニケーション能力	文化的差異にかかわる言語的かつ非言語的なコミュニケーション形式に理解を持ち、この理解力をもとに的確に交渉する能力を有する。	言語的かつ非言語的なコミュニケーションにおいて、文化的な差異を認識したうえで、差異を前提とした共通理解を作り出す努力をすることができる。	言語的かつ非言語的なコミュニケーションにおいて、文化的差異を部分的に認識することができ、この差異によって誤解が生じうることを理解しているが、共通理解を作り出す行動をとることができない。	言語的かつ非言語的なコミュニケーションにおいて、文化的差異について最低限の理解をもつことができるが、共通理解を作り出すことはできない。
知的好奇心	異なる文化の背景事情について複雑な水準の疑問を設定する力があり、その疑問に対する答えを多文化理解の観点で解釈する能力をもつ。	異なる文化に関して深い水準の疑問を投げ、答えを見出すための行動をとることができる。	他の文化に関して、単純で表面的な疑問を問いかけることができる。	他の文化を学ぼうという最低限の姿勢がみられる。
文化的受容力	異なる文化的背景をもつ人々との交流・折衝を主導し発展させる能力を有する。異なる文化の人々との交流・折衝において自己の判断を絶対視せず、判断を留保することができる。	異なる文化的背景をもつ人々との交流・折衝することに取り組み始める段階。自己の判断を絶対視せず、判断を留保する傾向が始め始める。	他の文化背景を持つ人々と交流・折衝において、相手に対する受容性を見せ始める。自己の価値基準による判断を留保することが困難な段階であるが、自己の判断基準を変える用意がある。	他の文化背景を持つ人々と交流・折衝において受け身の姿勢を持つ段階。自己の価値基準にもとづく判断を留保するような段階である。自分の判断基準そのものについての自覚がない。

出所）AAC & U（Association of American Colleges and Universities）による INTERCULTURAL KNOWLEDGE AND COMPETENCE VALUE RUBRIC をもとに日本語版として筆者作成

したポイントとして，Eポートフォリオの運用は利用者が目的を明確にし，長期にわたって計画的に運用していく必要があるということである。また，学生自身がデータをアップデートするうえで，何らかのインセンティブが必要である。学生のキャリア形成のために学生自身がEポートフォリオのデータの一部を公開している事例を多くみることができた。この場合，学生のキャリア形成のための情報発信が，データ入力のインセンティブになっている。

　このように，Eポートフォリオを使って学習成果を分析しようとする場合，3つのステークホルダー（高等教育機関，教職員，学生）にとって，有意義なシ

ステムを維持していくことが重要である。国際教育の分野では，従来から行われてきたアセスメントは，参加学生へのアンケートが主たるツールであった。留学に行く学生に事前と事後にアンケートを取り，当初の期待に応えられる内容であったか，学習計画にそった留学となったか，異文化理解は促進されたか，などを分析していく。留学直後だけに実施するアンケートでは，留学の効果を十分に分析するうえでは不十分である。留学経験者に留学後5年から10年を経て継続調査を行うことができれば，留学経験が実社会でどう活きているかを調べることが可能になる。もちろん，そのためには，卒業後も継続してオンライン上で調査を行えるようなシステム設計が必要である。長期のフォローアップができると，先輩たちの留学体験データを後輩たちの留学計画に役立てることもできる。

　また，長期にわたった学生の意識変化，学びのプロセスを把握するうえで，ルーブリックなどを設定して，成果の段階的な分析に役立てることも有効である。表12－2は，AAC & U（Association of American Colleges and Universities）が作成した，異文化バリュー・ルーブリック[9]を筆者が翻訳したものである。このようなルーブリックをもとに，学生自身が自分の異文化理解度を自己分析できるようなチェックリストをEポートフォリオ上に装備しておけば，長期にわたって個々の学生（卒業生）の意識把握をすることも可能になる。

4.「留学のすすめ」提携講座

世代間交流の意義(1)

　留学が大衆化・多様化したといっても，実際に学生が留学を計画する段階になると，戸惑いをもつ学生も多い。入学したばかりの学生の意識としては，「留学はしたいが何から手を付けたらよいかわからない」「留学にはお金がかかりそう」「就職活動に不利だと聞いた」などの声も耳にする。指導する立場の私たちとしては，できるだけ早い段階，入学前から留学を意識するようにガイダンスや情報提供（留学フェアの開催など）の機会を増やそうとしてきた。実際に入学前に海外の短期研修に連れていって海外経験の地ならし，長期留学に向

けた導入教育を行っている大学もある。

　「留学のすすめ」という授業は，留学を推奨する講座として，筆者を含めた複数の教員が中心となり，2011 年から明治大学で開講された。また，筆者が東洋大学に移った 2013 年からは，まったく同じコンセプトで「留学のすすめ」を開講している。同じような留学導入講座は多くの大学で実践されているが，この「留学のすすめ」の最大の特徴は，留学経験を活かして世界的に活躍する著名なプロフェッショナルを招いて特別講座として行っている点であろう。公益財団法人日本英語検定協会などの支援をえて，10 代後半の学生ならば誰でも知っているような著名なゲストを招聘することができた。また，ゲスト講師は，20 代後半から 40 代を中心に，① 学生と近い視線で留学経験を語っていただく方，② エリートとしての留学ではなく，むしろ「落ちこぼれ」「いじめられっ子」などの背景をもち，留学を通じて自分自身の道を切り開いた方，③ 留学のもつ意義とリスクをとる気持ちの大切さを語っていただける方，という判断基準で講師をお願いしている。以下のゲストとしてお迎えした方のなかから，事例を紹介する。

　『パンツを脱ぐ勇気』の著者として知られる児玉教仁さんは，高卒後，英語の挨拶もほとんどできない状態で米国の大学に入学，はじめの学期の授業はほとんど理解できず，毎回オフィスアワーで教員に食らいついて質問し，必死に勉強した経験をもつ。学生の反応も児玉さんの生き様から刺激をうけていることがわかる。

写真 12—7
児玉教仁さん

写真提供：児玉さん

〈学生の反応〉

　「私は児玉さんのおっしゃる『必要な環境は自分でつくる』という言葉にすごく感動しました。今まで決められた環境のなかでしか自分は動いておらず，本日の講義を聞いて自ら環境をつくり動いていこうと思いました。」

　「留学することは大変なこともたくさんあるといっ

ていたけど，その分自分が成長できるので留学に行か
ないで後悔することはあっても行って後悔することは
ないと思った。」

写真 12—8
広瀬容子さん

写真提供：広瀬さん

　働きながら4人の子育てに忙しかった広瀬容子さ
ん。ご主人の急逝という不幸に見舞われたなか，米国
大学院留学を決意し，4人の子ども全員を連れて渡米
し修士号を取得されています。この広瀬さんの子連れ
留学の顛末を聞いた学生たちは，留学の形態や時期に
決して制約がないこと，学ぶ条件が厳しいからといっ
て諦めるべきはないことを学んでいる。

〈学生の反応〉

　「四人の子連れでアメリカの大学院に留学する，というのは今まで聞いたこ
とのない話で，とても興味をもって聞くことが出来ました。『できるかできな
いかではなく，やるかやらないか』という言葉が印象的で，私もこの言葉を胸
にとめ，色々なことに挑戦していきたいと思いました。」

　「大人になってからでも，何歳であっても留学に挑戦できるという実体験を
聞くことができた。今回の留学が終わってもまた再度別の国への留学に挑戦し
たいという意欲が湧いてきました。」

　「物事をやりたいのにやらないうちに諦めることはいけないと思っているの
ですが，いつも出来るか出来ないかで悩んでしまいます。でも，今回の講義を
含めて今までの留学した人たちの話を聞いてみて，諦める前にとにかくやるだ
けのことはやってみようという気持ちを常に維持していけるように努力してみ
ます！」

　安河内哲也さんの講演は，毎年，学生の異様な熱気に包まれる。東進スクー
ルでの白熱した授業で有名な安河内さんは，大学に入学してきたばかりの学生
にとってはいわば憧れの対象であり，その人柄，問題提起，豊富なエピソード

写真 12—9
安河内哲也さん

写真 12—10　安河内哲也さん（授業中）

写真提供：安河内さん

撮影：筆者

などに圧倒され，学生は多大な影響をうけている。アルバイトやサークルばかりに精を出す学生には，「学生時代に貯金なんかしてはいけない。自分自身に投資してしっかり勉強しよう」というメッセージを発する。「学生時代にできるもっとも有効な投資は，自分銀行に投資して自分の能力を伸ばすことだ」という部分は，学生にとっては痛いところを突かれた気持ちになるようだ。

〈学生の反応〉

　「留学へ行くことの重要さを実感することが出来ました。いつかいつかと先伸ばしにして考えるのではなくて，決めたらすぐ行動するようにしようと思いました。今年の夏，早速短期留学に申し込もうと思います。」

　「今回の講演を聴いて，安河内先生は海外へ行くことに不安を感じてしまう私の背中を押してくれたと思います。井の中の蛙状態ではえるものも少ないと痛感しました。」

　Teach for Japan の松田悠介さんは，高校教員をしていた時に日本の教育への疑問やわだかまりを感じ，理想の教育者像を追い求めて大学院留学を決意しました。経済格差が教育格差に直結する現状を打開するため，Teach for Japan を設立するまでの取り組みを紹介して，学生にチャレンジする精神を訴えかけている。また，バングラデシュの貧困層の子供たちのため，DVD 授業により教育格差是正を目指して奔走する税所篤快さんの授業も，学生たちにと

写真 12—11　松田悠介さん

写真：「留学のすすめ.jp」の記事より

写真 12—12　授業中の税所篤快さん

撮影：筆者

写真 12—13　古賀洋吉さん（中央）

写真：「留学のすすめ.jp」の記事より

って，海外で学ぶ意義を強く訴えかけている。

　最後に「留学のすすめ」の開始当初から，積極的に学生向けの講演をしてく
ださっている古賀洋吉さんの言葉を紹介したい。古賀さんは，明治大学を卒業
後に IT 系の職場を経てハーバード・ビジネス・スクールで MBA を取得。そ
の後，転職先の経営方針の変更で職を失うものの，自分を信じて頑張り通し，
現在はカリフォルニアでベンチャー・キャピタルの仕事をされている。古賀さ
んが日本の学生に向けるメッセージは「安定を求めるなら，常に自分を鍛える
こと，自分に実力をつけ続けることを考えよう」というものである。なぜな
ら，「高速で回転するコマがもっとも安定している。常に自分を鍛え，自分の

実力に自信があれば，仕事を失っても怖くない」というもので，就職活動に翻弄されがちな学生たちには，ある意味手厳しいが愛情がこもっている。

　このように留学を通してキャリアや人生を豊かにしてきた先輩たちの話を直接きくことは学生にとっては素晴らしいインパクトをもたらしている。実際に授業は大教室の講義ではあるが，学生は授業後も残って講師と話し込んだり，SNSで直接感想を伝えたりして，活力のある世代間交流モデルとなっている。

5．GJ5000と「留学のすすめ.jp」
世代間交流の意義 (2)

　授業としての「留学のすすめ」は，学生に比較的近い世代の留学経験者から，直接に留学の価値や意義を語ってもらうところが特徴である。これを発展させて，より多面的な世代間交流モデルをつくろうと構想されたのが，「グローバル人材 5000」プロジェクトである（以下 GJ5000 という）。GJ5000 プロジェクトは，留学経験者と繋がることで若い世代が留学の価値を理解し，人生やキャリアを豊かにするツールとして留学を体験し，地球市民としてのグローバル人材育成に寄与することを目的とするものである。その活動の基軸として ① 研究活動，② ネットワーク構築活動，③ 啓蒙・教育活動をすすめてきた。ここでは，科研費による研究プロジェクトを基盤としてスタートした GJ5000 を振り返り，GJ5000 を出発点とするオンライン・コミュニティー「留学のすすめ.jp（ドットジェイピー）」の概要を紹介する。

　GJ5000 プロジェクトは，2014 年度から開始された留学経験者向けのアンケート調査と並行して開始された。アンケートに回答いただいた約 5,000 人の方々を対象にオンライン・コミュニティーを形成し，継続的な研究や教育のために役立てていこうというプロジェクトである。大学関係者，国際教育関係者，企業関係者などの協力をうけながら，2014 年 11 月から「留学のすすめ.jp」というサイトを運用開始した。[10]本来は，5,000 人の対象者に継続してコミュニティーに参加してもらい，留学が個人のキャリアや人生に与えるインパクトを継続して調査する予定であった。また，コミュニティーに参加する留学

写真 12—14
GJ5000 キックオフイベント

写真 12—15
「留学のすすめ.jp」トップページ

撮影：筆者

写真 12—16　「留学のすすめ.jp」の特別インタビューサイト

（アゴス・ジャパンの横山匡さんへのインタビュー記事）

経験者が若い世代のための留学相談を行ったり，留学経験者同士の交流ができたりするようにシステムを運用していく予定であった。ただ，残念なことに現在の「留学のすすめ.jp」は当初構想した 5,000 人のコミュニティーという目標を達成していない。アンケートに回答してくれた 4,400 人余りの方々のほとんどが，サイトに個人情報を残されなかったからである。しかし，「留学のすすめ.jp」は世代間交流のモデルとして成果をあげており，さらに発展する可能性を秘めている。

　「留学のすすめ.jp」の特徴のひとつは，ほとんどの記事が学生によって編集されているということである。明治大学，東洋大学の学生が編集委員会を構成

写真 12—17
「留学のすすめ」フライトーク・イベント
第3回の写真

(中央左の男性がゲストの中川瑛さん。トビタテ
1期生としての熱いメッセージをうけました。)

撮影：筆者

しており，「留学のすすめ」に登壇するゲストを中心にインタビューを行い，「特別インタビュー」として掲載している。このほか，「留学のすすめ」の授業履修者などが，授業の課題として留学経験のある身近な社会人（先輩など）にインタビューして記事を作成している。これが「先輩インタビュー」というカテゴリーで掲載されている。学生が留学経験者にインタビューし，留学を中心とするライフストーリーを記事にすることで，学生の視点から留学を「物語」として記録しようとする試みである。

また，「留学のすすめ.jp」編集委員会は留学に関連するイベントを開催している。2016 年 6 月 22 日に実施された「第 1 回フライトーク—留学の価値を考える—」は，編集委員会がイベント企画から運営まで担当し，約 80 名の参加をえた。フライトーク・イベントは 2016 年に 3 回シリーズで開催されたが，留学の意義や目的，留学先の選び方，留学の失敗談などさまざまなテーマについて，留学経験者と留学志望の学生が集まって意見交換を行っている。

6．おわりに——謝辞に代えて——

本章では，教育実践において留学を推奨する取り組みとして，GJ5000 プロジェクトを紹介した。これは私たちの研究の成果を実践面でどう教育に活かしていくかという問題意識から出発したものである。グローバル人材育成が日本の喫緊の課題であるといわれているが，個々の留学経験者の話を聞くと，「留学そのものが自分探しの旅であった」など，自己を見直すきっかけになったというコメントを多く耳にする。同じように，「日本のことをあらためて考えるようになった」「日本と日本文化についてあらためて学ぼうと思った」など，

自己の文化的アイデンティティーを意識するきっかけとなったケースも多くみられる。留学はキャリア形成や語学力向上のためのツールであると同時に，人生そのものを豊かにする独特の価値をもっている。研究活動を通じて，そのメカニズムを明らかにしていくとともに，教育実践において学生に留学の価値をより深く理解してもらえるような取り組みを継続していきたい。

　GJ5000 プロジェクトにご協力いただいた団体，機関の皆さんにあらためて，お礼を申し上げたい。特に，以下の団体，企業の皆様には事業期間中にご支援をいただきました。感謝申し上げます。

公益財団法人日本英語検定協会
株式会社朝日ネット
株式会社ベネッセコーポレーション
一般社団法人　グローバル教育推進プロジェクト（GiFT）
一般社団法人　日本国際化推進協会（JAPI）
株式会社アチーブゴール
株式会社 JTB コーポレートセールス
シュプリンガー・ジャパン株式会社（社名は 2015 年当時）

【注】
1）ERASMUS Impact Study (2016)
2）2006 年から 4 年間にわたり，米国の留学経験者 6,000 人に対して実施された回顧的追跡調査。プロジェクトの正式名を Beyond Immediate Impact: Study Abroad for Global Engagement（SAGE）で，ミネソタ大学を中心に取り組まれたものである。
3）インタビュー記事「海外ボランティアの経験を生かして交換留学へ行きます」2014 年夏。https://www.toyo.ac.jp/site/rds-global/54952.html（2018 年 1 月 28 日閲覧）
4）インタビュー記事「引きこもりを経てラオスで教育革命！　トビタテ一期生」2015 年。http://asenavi.com/archives/7877（2018 年 1 月 28 日閲覧）
5）教育分野におけるポートフォリオの定義として，「学習者の成果や省察の記録，メンターの指導と評価の記録などをファイルなどに蓄積・整理していくもの」

（西岡，2003）などがある。

6）JASSO「留学交流」において「国際プログラムの学習成果分析とEポートフォリオ」と題する連載記事が掲載されている（2012年から2013年）。

7）科学研究費基盤研究（基盤B）「国際教育プログラムの質保証と学習成果分析」（研究代表者：芦沢）

8）IDIは，異文化感受性発達モデル（Developmental Model of Intercultural Sensitivity：DMIS）を理論的背景としてHammerとBennettらにより1986年に開発されたテスト。60の質問項目（Version 1：Version 2・3については50の質問項目。現在は12言語対応）により，異文化感受性を測定し，その結果から，DMISに示されている発達段階のどこに位置しているのかを見分ける機能をもっている。

9）AAC&U (Association of American Colleges and Universities) では，学習成果分析のツールとして各種のValue rubricを開発している。https://www.aacu.org/value-rubrics（2018年1月12日閲覧）。このうち，本章では異文化適応に特化したINTERCULTURAL KNOWLEDGE AND COMPETENCE VALUE RUBRICをもとに筆者が日本語で作成したルーブリックを紹介している。

10）授業としての「留学のすすめ」と情報サイト「留学のすすめ.jp」を連携させるコンセプトづくりには，グローバル教育推進プロジェクト（GiFT）の辰野まどかさん，日本国際化推進協会（JAPI）の大村貴康さん，アゴス・ジャパン代表の横山匡さんなどから，多くの助言をいただいた。

【参考文献】

秋庭裕子・米澤由香子「連載『国際プログラムの学習成果分析とEポートフォリオ』第2回―事例紹介(1)北米東部の2大学における運用事例」『ウェブマガジン「留学交流」』日本学生支援機構（JASSO），2013年1月号

芦沢真五「国際教育におけるeポートフォリオの将来性を考える」文部科学省通信（300），2012年9月，pp.28-29

芦沢真五「連載『国際プログラムの学習成果分析とEポートフォリオ』第1回―海外学習体験の質的評価の将来像」『ウェブマガジン「留学交流」』日本学生支援機構（JASSO），2012年11月号

芦沢真五「グローバル人材育成における大学の役割―グローバル・コンピテンスと学習成果分析―」『リメディアル教育研究』第9巻　第1号，2014年4月，pp.42-50

芦沢真五「留学のインパクトを若い世代へ―グローバル人材5000プロジェクトが目指すもの」『ウェブマガジン「留学交流」』日本学生支援機構（JASSO），同機構ホームページに掲載，2014年10月号，2014年，pp.1-10

小貫有紀子・平井達也「連載『国際プログラムの学習成果分析とEポートフォリオ』第3回：事例紹介(2)北米中西部の大学における運用事例」『ウェブマガジン

「留学交流」」日本学生支援機構（JASSO），2013 年 3 月号

工藤和宏「連載『国際プログラムの学習成果分析と E ポートフォリオ』第 4 回—事例紹介(3)豪州の大学における運用事例」『ウェブマガジン「留学交流」』日本学生支援機構（JASSO），2013 年 5 月号

西岡加名恵『教科と総合に活かすポートフォリオ評価法』図書文化，2003 年

Association of American Colleges and Universities (2016), Advancing Equity and Student Success through Eportfolios, *Peer Review*, 18 (3).

European Commission (2016), *The Erasmus Impact Study : Regional Analysis*, Publications Office of the European Union.

Paige, R. Michael; Fry, Gerald W.; Stallman, Elizabeth M.; Josic, Jasmina; Jon, Jae-Eun (2009), *Study Abroad for Global Engagement : The Long-Term Impact of Mobility Experiences*, Intercultural Education.

おわりに

　海外留学を研究対象として，これほど大規模な留学経験者に対する回顧的追跡調査を行い，ここまで包括的かつ多角的に分析した学術書は，本書以外，日本にはなかったといえる。本書は，日本の海外留学支援政策，および諸外国における海外留学のインパクトや効果に関する先行研究のレビューから始まり，海外留学の類型化と特徴をまとめたうえで，高校留学と学士課程留学の能力向上や意識の変化に関するインパクトを分析した。次に，キャリアや生活への満足，およびアジア市民や世界市民としての意識における海外留学のインパクトや効果を検証した。キャリアについては，雇用主（企業）の海外留学経験者に対する意識や見方についても調査結果をまとめた。最後に，海外留学のインパクトや効果に関する調査を生かした教育実践事例を報告した。各章が異なった視点や対象で海外留学を分析しており，この分野の研究の広がりと深さを示しているが，学術的な専門性の度合いには差があり，読者にとってはわかりにくい面があったかも知れない。しかしながら，多くの研究者が，それぞれの専門性を生かして海外留学についてさまざまな観点から研究を行い，分析・検証結果を本書にまとめあげた意義は大きい。海外留学は国内外で過渡期を迎えており，本書は今後の海外留学に関する研究を見据えるうえにおいても時宜をえたものになったと自負している。

　これまで海外留学は，一般的に英語でStudy Abroadと称されてきたが，最近はEducation AbroadあるいはLearning Abroadという表記も欧米では増えてきている。これは，海外留学の形態や意義の変化を反映している。Study Abroadは海外留学の総称的な表記として，現在も広く使われているが，個人の自由意思による留学（学位取得留学はその典型），または大学のカリキュラムとの関連性が必ずしもない，独立した留学プログラムを意味する場合に使われることがある。元々，大学における海外留学（研修）プログラムは夏休みなどの長期休暇期間中に行われ，学部や専門にかかわらず，参加者を広く募って，

できるだけ多くの学生に海外経験をさせることの意義が強調されてきた面がある（海外経験自体が目的化していたともいえる）。日本の大学における短期語学留学なども，1ヵ月程度の研修で得られる成果を考えれば，体験重視の典型的な例であろう。しかしながら，昨今では，海外留学を大学におけるカリキュラムのなかに明確に位置づける，あるいはカリキュラムとの関連性を明確にして，留学の学習成果を重視するようになってきており，これが Education Abroad と呼ばれているものである。さらに，学生（学習者）の視点にたって，プログラムを提供し，多様な海外経験の場から学生が自主的，あるいは自律的に学ぶことを重視した Learning Abroad も使われるようになってきている。Learning Abroad は，海外でのサービス・ラーニング，ボランティア活動，インターシップなど多様化する留学という側面も表している。あわせて，海外留学はエンプロイアビリティ（雇用され得る能力）の向上に結び付くかという点に着目した留学効果の検証に関する研究が欧米では盛んになっている。

　一方，日本では学位取得を目的とした長期留学から単位取得を目的とした短期留学にシフトしてきており，前者が5.4万人程度にまで減少しているにもかかわらず，後者は9.6万人強まで増加してきている。大学在学中に，単位取得のために短期間海外の大学で学び，事後，自国の大学に戻って卒業するというのは，従来，欧米の先進諸国において海外留学の典型的な形態であり，日本人の留学が途上国型から先進国型に移行したともいえる。これにより，欧米と同様に先述の Education Abroad あるいは Learning Abroad が主流となり，留学の成果（Learning Outcome）とその後のキャリアや人生への効果を明らかにすることが，今以上に求められるようになってきている。日本のように，政府が大学の海外留学プログラム開発を財政的に支援し，参加学生のための奨学金支給制度を行っている場合，国民（納税者）への説明責任，および国の財政における費用対効果という観点からも，留学のアウトカム（成果）とその後のインパクトを示す必要性はさらに高まってくるであろう。その際，留学のアウトカムがエンプロイアビリティの向上につながるか，あるいはエンプロイアビリティを向上させるためには，どのような海外留学プログラムが求められるかとい

う研究はますます重要になってくる。つまり，海外留学の学習成果分析と海外留学のプログラム開発（またはプログラムの質保証）を相互に連携させ，相乗効果を生むような仕組みが必要になってくるのである。このように，海外留学に関する研究は，今後の展開が大いに期待されており，本書がその礎となることを願ってやまない。同時に，本書に関わった研究者が海外留学に関する研究をさらに進化させる決意表明とも位置づけたい。

　最後に，㈱学文社社長の田中千津子様，㈱エールバリュー社長の河村基様，アンザスインターナショナル㈱社長の早川楽様，㈱DISCO，並びに貝沼知徳様ほか，本書出版に至るまでの調査研究と執筆にご協力いただいたすべての方々に感謝申しあげたい。

2017 年 10 月 12 日

編 者　太田　浩

グローバル人材育成と留学の長期的なインパクトに関する調査報告書

2016年3月

今や全世界の留学生数は450万人に達し、高等教育の質保証をめぐる議論を背景に、グローバル社会で活躍しうる人材が求められおり、高等教育機関は学生の海外学習を促進し、多様かつ効果的な国際教育プログラムの開発が求められています。教育の質保証と学びの実質化をグローバル人材育成にどう結実させるかは、高等教育における喫緊の課題であると言えます。

　このような世界的な動向に鑑み、日本におけるグローバル人材育成の課題と方向性を鮮明にするために海外留学をされた方々の大規模な回顧的追跡調査を行い、留学経験がその後のキャリア形成や人生にどのようなインパクトを及ぼしているかを明らかにしました。

2013〜2015年度　科学研究費　補助金　（基盤研究（A）課題番号 25245078 ）
グローバル人材育成と留学の長期的インパクトに関する国際比較研究
研究代表者：　　明治大学国際日本学部長　教授　横田雅弘

グローバル人材育成と留学の長期的なインパクトに関する調査
調査の概要

　海外留学経験者に対して、留学中の経験や留学によって向上した能力、留学終了後の就職やキャリアへの影響、価値観・行動の変化、人生の満足度などについて調査を行いました。また、比較対象として、留学非経験者に対して、国内の大学・大学院での経験や向上した能力、卒業（修了）後のキャリアについても調査を行いました。

　日本人の海外留学者数が減少している現状において、留学の意義と成果およびそれらの与える中期的な効果と影響を明らかにできたことは、グローバル人材の育成という喫緊の課題に取り組む大学や企業に対して、たいへん有益な示唆を提供できたと考えております。

■ 調査期間・対象者数
留学経験者調査
　【期間】2015年1〜5月
　【対象者数】4,489件
留学非経験者調査
　【期間】2015年8〜9月
　【対象者数】1,298件

■ 調査方法
インターネット調査
（調査関係者から声掛けのほか、調査会社のモニターにも協力をいただきました）

■ 対象者条件
留学経験者
・少なくとも小・中学校は主に日本で過ごし、日本の高校卒業後に3か月以上の海外留学を経験した人
　（ただし、日本の高校卒業後も留学を経験していれば、高校在学中に海外留学を経験していてもよい）
・留学先の対象は、海外の高等学校、大学、大学院、職業・専門学校、語学学校
　インターナショナルスクール・国際バカロレア、民間のダンススクールやプロスポーツの育成チーム
　（専修学校等に属さないもの）、民間のビジネス研修機関は対象には含まない
・海外留学の目的が語学習得や学位取得などであり、単なるボランティアやワーキングホリデーは
　含まない

留学非経験者
・国内の大学卒、もしくは大学院卒（修士・博士）
・日本に存在する企業に勤めている（日本に存在する外資系企業は可）、もしくは主婦・無職
・3か月以上の海外留学や海外在住経験がない、帰国子女ではない（3か月以内の海外旅行等は可）
・大学・大学院入学前の経験が以下の人
　外国語運用能力を身につけていなかった、家庭内で外国語を使用していなかった
　国内のインターナショナルスクールに通ったことがない

【留学生の分類に関する説明】
　複数の留学を経験した場合は、「最も重要な留学であったと回答した留学先」について分類している。
学部課程留学には、学位取得を目指した留学のほかに、単位取得留学、休学留学等を含む。
修士課程留学や博士課程留学も同様である。

属性情報

		50歳代以上			40歳代			30歳代			20歳代以下			合計
		男性	女性	計	男性	女性	計	男性	女性	計	男性	女性	計	
留学経験者 4,489人 ※経験した留学の中でも最も重要な留学であったと回答した留学先の学校種別で分類	高校	4	10	14	8	13	21	24	34	58	15	35	50	143
		2.8%	7.0%	9.8%	5.6%	9.1%	14.7%	16.8%	23.8%	40.6%	10.5%	24.5%	35.0%	
	大学	232	84	316	345	281	626	265	347	612	131	185	316	1,870
		12.4%	4.5%	16.9%	18.4%	15.0%	33.5%	14.2%	18.6%	32.7%	7.0%	9.9%	16.9%	
	大学院(修士)	160	26	186	127	63	190	75	75	150	26	16	42	568
		28.2%	4.6%	32.7%	22.4%	11.1%	33.5%	13.2%	13.2%	26.4%	4.6%	2.8%	7.4%	
	大学院(博士)	69	10	79	48	18	66	33	17	50	4	3	7	202
		34.2%	5.0%	39.1%	23.8%	8.9%	32.7%	16.3%	8.4%	24.8%	2.0%	1.5%	3.5%	
	語学学校	119	127	246	211	353	564	130	320	450	49	82	131	1,391
		8.6%	9.1%	17.7%	15.2%	25.4%	40.5%	9.3%	23.0%	32.4%	3.5%	5.9%	9.4%	
	その他	45	21	66	40	75	115	35	60	95	10	29	39	315
		14.3%	6.7%	21.0%	12.7%	23.8%	36.5%	11.1%	19.0%	30.2%	3.2%	9.2%	12.4%	
	合計	629	278	907	779	803	1,582	562	853	1,415	235	350	585	4,489
		14.0%	6.2%	20.2%	17.4%	17.9%	35.2%	12.5%	19.0%	31.5%	5.2%	7.8%	13.0%	
留学非経験者 1,298人 ※最終学歴で分類	大学	100	44	144	114	130	244	100	127	227	20	75	95	710
		14.1%	6.2%	20.3%	16.1%	18.3%	34.4%	14.1%	17.9%	32.0%	2.8%	10.6%	13.4%	
	大学院(修士)	44	8	52	101	48	149	68	109	177	18	65	83	461
		9.5%	1.7%	11.3%	21.9%	10.4%	32.3%	14.8%	23.6%	38.4%	3.9%	14.1%	18.0%	
	大学院(博士)	24	1	25	39	19	58	16	17	33	3	8	11	127
		1.8%	0.1%	1.9%	3.0%	1.5%	4.5%	1.2%	1.3%	2.5%	0.2%	0.6%	0.8%	
	合計	168	53	221	254	197	451	184	253	437	41	148	189	1,298
		12.9%	4.1%	17.0%	19.6%	15.2%	34.7%	14.2%	19.5%	33.7%	3.2%	11.4%	14.6%	

留学経験者 4,489人
※経験した留学の中でも最も重要な留学であったと回答した留学先の学校種別で分類

	アメリカ	中国・韓国・台湾	イギリスなどEU英語圏	オセアニア	ドイツ・フランスなどEU非英語圏	カナダなど北中米英語圏(米以外)	その他英語圏	その他	合計
高校	91	2	8	24	5	9	0	4	143
	63.6%	1.4%	5.6%	16.8%	3.5%	6.3%	0.0%	2.8%	
大学	1,082	226	153	102	158	85	11	53	1,870
	57.9%	12.1%	8.2%	5.5%	8.4%	4.5%	0.6%	2.8%	
大学院(修士)	339	16	101	20	56	14	8	14	568
	59.7%	2.8%	17.8%	3.5%	9.9%	2.5%	1.4%	2.5%	
大学院(博士)	118	8	27	13	30	5	0	1	202
	58.4%	4.0%	13.4%	6.4%	14.9%	2.5%	0.0%	0.5%	
語学学校	349	148	288	234	152	145	33	42	1,391
	25.1%	10.6%	20.7%	16.8%	10.9%	10.4%	2.4%	3.0%	
その他	100	9	42	47	58	39	8	12	315
	31.7%	2.9%	13.3%	14.9%	18.4%	12.4%	2.5%	3.8%	
合計	2,079	409	619	440	459	297	60	126	4,489
	46.3%	9.1%	13.8%	9.8%	10.2%	6.6%	1.3%	2.8%	

留学形態

	学位取得／卒業	単位取得(交換留学等)	その他	合計
高校	43	82	18	143
	30.1%	57.3%	12.6%	
大学	747	741	382	1,870
	39.9%	39.6%	20.4%	
大学院(修士)	471	62	35	568
	82.9%	10.9%	6.2%	
大学院(博士)	130	17	55	202
	64.4%	8.4%	27.2%	
語学学校	125	102	1,164	1,391
	9.0%	7.3%	83.7%	
その他	92	12	211	315
	29.2%	3.8%	67.0%	
合計	1,608	1,016	1,865	4,489
	35.8%	22.6%	41.5%	

留学の在籍期間

	3か月以上~6か月未満	6か月以上~1年未満	1年以上~2年未満	2年以上~3年未満	3年以上~4年未満	4年以上~5年未満	5年以上~6年未満	6年以上	合計
高校	23	66	29	9	12	1	0	3	143
	16.1%	46.2%	20.3%	6.3%	8.4%	0.7%	0%	2.1%	
大学	284	609	346	196	186	153	51	45	1,870
	15.2%	32.6%	18.5%	10.5%	9.9%	8.2%	2.7%	2.4%	
大学院(修士)	26	72	267	154	24	10	5	10	568
	4.6%	12.7%	47.0%	27.1%	4.2%	1.8%	0.9%	1.8%	
大学院(博士)	11	24	37	27	34	25	18	26	202
	5.4%	11.9%	18.3%	13.4%	16.8%	12.4%	8.9%	12.9%	
語学学校	408	582	297	55	22	8	11	8	1,391
	29.3%	41.8%	21.4%	4.0%	1.6%	0.6%	0.8%	0.6%	
その他	74	82	89	34	15	7	4	10	315
	23.5%	26%	28.3%	10.8%	4.8%	2.2%	1.3%	3.2%	
合計	826	1435	1065	475	293	204	89	102	4,489
	18.4%	32.0%	23.7%	10.6%	6.5%	4.5%	2.0%	2.3%	

【送り出し留学生数の比較】留学経験者調査（4,489人）と文科省発表値

留学経験者調査で直近の数値が文科省発表値よりも小さいのは、留学後のインパクトをテーマとした調査であることが影響していると考えられる（直近に留学した人はその後の日本での経験値が少なく、本調査の設問には答えにくい）。

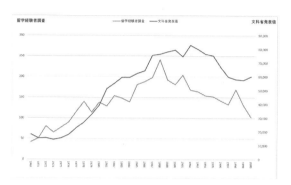

※留学経験者調査は留学開始年で集計、文科省発表値はその年の留学生数で集計。

【回答者の年齢構成の比較】留学経験者調査（4,489人）と留学非経験者調査（1,298人）

2つの調査の年齢構成で見ても分布は類似しており、大きな相違はない。

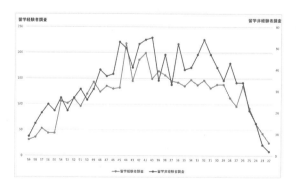

1. 授業や課外活動に対する積極性

留学により異文化や新しい環境で努力することが成長実感につながる

留学経験者であれば留学中、留学非経験者であれば日本の大学に通っている間の授業や課外活動への積極性は顕著な差が存在する。海外の大学では、慣れない外国語運用に加え、授業や宿題に対する前向きな姿勢が求められる。そのような環境の中で努力し続けることが、能力の向上や価値観の形成（「2. 留学による能力の向上」「6. 留学による意識の形成」参照）につながっている。日本の大学・大学院に通った留学非経験者について授業に対して全体的に消極的な姿勢がみられ、留学経験者とは対照的な姿が浮き彫りになっている。

Q 海外留学中【大学・大学院】の授業および授業以外に関する活動についてお伺いします。以下のそれぞれの項目について、お答えください。
※【　】内は留学非経験者向けの質問

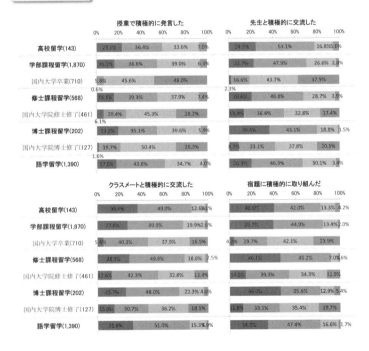

学校種別集計

■つよくそう思う　■そう思う　■あまりそう思わない　■全くそう思わない

学校種別集計

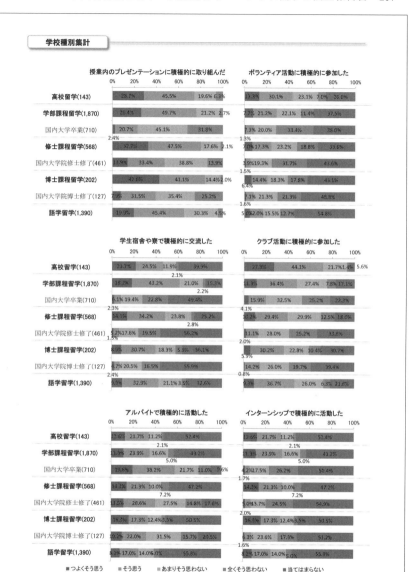

※授業以外に関する活動の下段2つのグラフについて、留学経験者調査では、「アルバイト／インターンシップ／アシスタントシップで積極的に活動した」という選択肢でまとめて1項目で聞いているため、2つのグラフの留学経験者調査の割合は同一となっている。

2. 留学による能力の向上

語学力や専門性だけではなく、社会人の基礎力向上にも貢献

　　語学力の向上・専門知識・海外知識の獲得はもちろんのこと、社会に出てから特に重要となる「ストレス耐性」や「柔軟性」「リーダーシップ」等の獲得にもつながっている。日本社会で重視されがちな「協調性」も留学非経験者よりも留学経験者のほうが向上の度合いは大きい。

　　多くの能力について、高校留学を経験した人の能力の向上度合いは大きい。また、学部課程留学・修士課程留学・博士課程留学と段階をあがるにつれて、能力の獲得レベルも向上している。

Q 留学の結果【大学・大学院の学生生活で】、次のような能力が向上したと思いますか。
※【 】内は留学非経験者向けの質問

学校種別集計

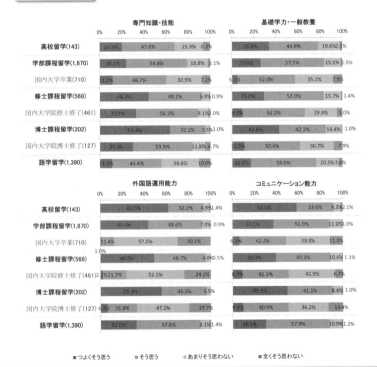

専門知識・技能

	つよくそう思う	そう思う	あまりそう思わない	全くそう思わない
高校留学(143)	20.3%	47.6%	25.9%	6.3%
学部課程留学(1,870)	24.2%	54.8%	18.8%	2.1%
国内大学卒業(710)	11.5%	48.7%	32.5%	7.2%
修士課程留学(568)	44.2%	48.1%	6.9%	0.9%
国内大学院修士修了(461)	32.8%	56.2%	9.1%	2.0%
博士課程留学(202)	63.3%	32.2%	3.5%	1.0%
国内大学院博士修了(127)	29.9%	53.5%	11.8%	4.7%
語学留学(1,390)	11.1%	44.4%	34.6%	10.0%

基礎学力・一般教養

	つよくそう思う	そう思う	あまりそう思わない	全くそう思わない
高校留学(143)	33.6%	44.8%	19.6%	2.1%
学部課程留学(1,870)	25.9%	57.5%	15.1%	1.5%
国内大学卒業(710)	5.1%	52.0%	35.1%	7.9%
修士課程留学(568)	29.0%	53.9%	15.7%	1.4%
国内大学院修士修了(461)	9.5%	56.2%	29.3%	5.0%
博士課程留学(202)	42.6%	42.1%	14.4%	1.0%
国内大学院博士修了(127)	11.0%	50.4%	30.7%	7.9%
語学留学(1,390)	16.9%	59.0%	20.5%	3.6%

外国語運用能力

	つよくそう思う	そう思う	あまりそう思わない	全くそう思わない
高校留学(143)	61.5%	32.2%	4.9%	1.4%
学部課程留学(1,870)	43.6%	48.6%	7.0%	0.9%
国内大学卒業(710)	11.4%	57.5%	30.1%	1.0%
修士課程留学(568)	48.8%	46.7%	4.0%	0.5%
国内大学院修士修了(461)	2.1%	21.7%	52.1%	24.1%
博士課程留学(202)	55.4%	41.1%	3.5%	
国内大学院博士修了(127)	6.3%	26.8%	47.2%	19.7%
語学留学(1,390)	32.6%	57.8%	8.1%	1.4%

コミュニケーション能力

	つよくそう思う	そう思う	あまりそう思わない	全くそう思わない
高校留学(143)	58.0%	33.6%	6.3%	2.1%
学部課程留学(1,870)	37.1%	51.0%	11.0%	1.0%
国内大学卒業(710)	6.3%	42.3%	39.9%	11.5%
修士課程留学(568)	39.3%	49.3%	10.4%	1.1%
国内大学院修士修了(461)	8.7%	42.1%	42.5%	6.7%
博士課程留学(202)	49.5%	41.1%	8.4%	1.0%
国内大学院博士修了(127)	9.4%	40.9%	36.2%	13.4%
語学留学(1,390)	30.1%	57.9%	10.9%	1.2%

■つよくそう思う　■そう思う　■あまりそう思わない　■全くそう思わない

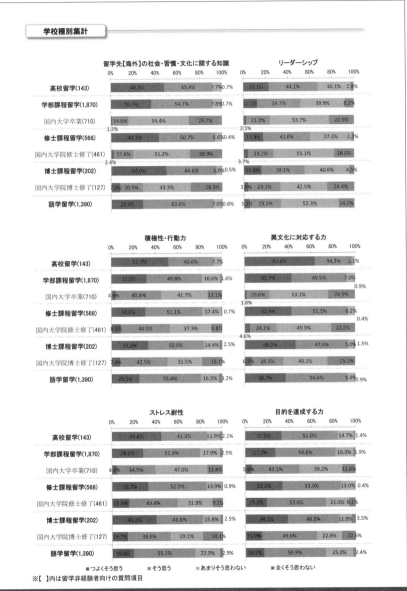

学校種別集計

柔軟性

	つよくそう思う	そう思う	あまりそう思わない	全くそう思わない
高校留学(143)	51.0%	39.9%	9.1%	
学部課程留学(1,870)	31.6%	55.0%	12.1%	1.4%
国内大学卒業(710)	5.6%	48.3%	35.9%	10.1%
修士課程留学(568)	31.0%	54.9%	13.0%	1.1%
国内大学院修士修了(461)	10.0%	51.6%	32.3%	6.1%
博士課程留学(202)	36.6%	46.5%	15.8%	1.0%
国内大学院博士修了(127)	8.7%	51.2%	29.9%	10.2%
語学留学(1,390)	24.2%	60.5%	13.6%	1.7%

リーダーシップ

	つよくそう思う	そう思う	あまりそう思わない	全くそう思わない
高校留学(143)	32.2%	45.5%	20.3%	2.1%
学部課程留学(1,870)	21.5%	54.8%	20.7%	3.0%
国内大学卒業(710)	9.0%	56.2%	25.9%	8.9%
修士課程留学(568)	19.5%	50.5%	28.5%	1.4%
国内大学院修士修了(461)	8.5%	53.1%	32.1%	6.3%
博士課程留学(202)	19.8%	48.0%	27.7%	4.5%
国内大学院博士修了(127)	9.4%	47.2%	30.7%	12.6%
語学留学(1,390)	15.2%	58.8%	23.3%	2.7%

社交性

	つよくそう思う	そう思う	あまりそう思わない	全くそう思わない
高校留学(143)	51.0%	39.2%	8.4%	1.4%
学部課程留学(1,870)	27.6%	54.8%	15.5%	2.1%
国内大学卒業(710)	8.5%	52.0%	30.4%	9.2%
修士課程留学(568)	24.5%	52.5%	21.7%	1.4%
国内大学院修士修了(461)	7.2%	47.9%	38.2%	6.7%
博士課程留学(202)	25.2%	51.0%	20.3%	3.5%
国内大学院博士修了(127)	7.1%	48.0%	32.3%	12.6%
語学留学(1,390)	22.4%	57.2%	17.9%	2.4%

創造力

	つよくそう思う	そう思う	あまりそう思わない	全くそう思わない
高校留学(143)	28.0%	48.3%	21.7%	2.1%
学部課程留学(1,870)	18.2%	49.5%	28.4%	4.0%
国内大学卒業(710)	4.5%	34.2%	48.3%	13.0%
修士課程留学(568)	21.8%	49.3%	27.3%	1.6%
国内大学院修士修了(461)	10.0%	41.0%	39.5%	9.5%
博士課程留学(202)	28.7%	47.5%	21.3%	2.5%
国内大学院博士修了(127)	10.2%	45.7%	32.3%	11.8%
語学留学(1,390)	12.3%	42.0%	39.5%	6.2%

忍耐力

	つよくそう思う	そう思う	あまりそう思わない	全くそう思わない
高校留学(143)	40.6%	45.5%	11.9%	2.1%
学部課程留学(1,870)	26.8%	53.6%	17.4%	2.1%
国内大学卒業(710)	6.2%	42.3%	40.4%	11.1%
修士課程留学(568)	31.2%	53.3%	14.6%	0.9%
国内大学院修士修了(461)	15.8%	50.1%	28.2%	5.9%
博士課程留学(202)	37.6%	41.6%	17.3%	3.5%
国内大学院博士修了(127)	18.9%	41.7%	28.3%	11.0%
語学留学(1,390)	19.1%	55.1%	23.1%	2.7%

問題解決力

	つよくそう思う	そう思う	あまりそう思わない	全くそう思わない
高校留学(143)	31.5%	58.0%	9.8%	0.7%
学部課程留学(1,870)	23.4%	56.5%	17.9%	2.2%
国内大学卒業(710)	5.9%	41.4%	41.0%	11.7%
修士課程留学(568)	27.5%	59.2%	12.5%	0.9%
国内大学院修士修了(461)	19.3%	54.0%	21.5%	5.2%
博士課程留学(202)	37.1%	49.0%	11.4%	2.5%
国内大学院博士修了(127)	18.9%	48.0%	22.0%	11.0%
語学留学(1,390)	15.4%	54.3%	26.7%	3.7%

凡例：■つよくそう思う　■そう思う　■あまりそう思わない　■全くそう思わない

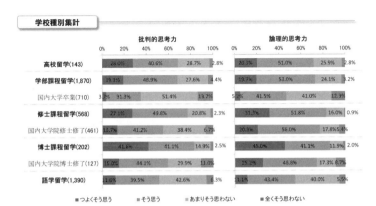

学校種別集計

批判的思考力　／　論理的思考力

	批判的思考力	論理的思考力
高校留学(143)	28.0% / 40.6% / 28.7% / 2.8%	20.3% / 51.0% / 25.9% / 2.8%
学部課程留学(1,870)	19.1% / 48.9% / 27.6% / 4.4%	19.7% / 53.0% / 24.1% / 3.2%
国内大学卒業(710)	3.7% / 31.3% / 51.4% / 13.7%	5.2% / 41.5% / 41.0% / 12.3%
修士課程留学(568)	27.1% / 49.8% / 20.8% / 2.3%	31.3% / 51.8% / 16.0% / 0.9%
国内大学院修士修了(461)	13.7% / 41.2% / 38.4% / 6.7%	20.3% / 56.0% / 17.8% / 5.4%
博士課程留学(202)	41.6% / 41.1% / 14.9% / 2.5%	45.0% / 41.1% / 11.9% / 2.0%
国内大学院博士修了(127)	15.0% / 44.1% / 29.9% / 11.0%	25.2% / 48.8% / 17.3% / 8.7%
語学留学(1,390)	11.6% / 39.5% / 42.6% / 6.3%	11.1% / 43.4% / 40.0% / 5.5%

■つよくそう思う　■そう思う　■あまりそう思わない　■全くそう思わない

Q 海外留学をした主な理由は何ですか？以下の中から、重要度の高い理由を最大3つまで選んでください。（留学経験者のみの質問）

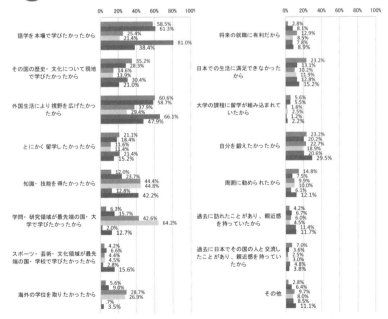

■高校(142)　■大学(1,869)　■大学院（修士）(568)　■大学院（博士）(201)　■語学学校(1,391)　■その他(315)

3. 留学後の現在の年収と役職、外国語の使用

留学経験者と非経験者の間で年収の平均値には顕著な差

　海外の大学への学部課程留学を経験した人は年収の平均値が500万円を超えている。国内大学卒業者と比べても80万円近い差が生じている。

　大学院への留学を経験した人であれば、年収の平均値は800万円以上である。国内の大学院修了者と比較しても非常に大きな差がある。ただし、修士・博士修了者は、学士取得者に比べて年齢層が高いことに留意が必要である（属性情報の章参照）。

Q あなたの現在の年収をお答えください。

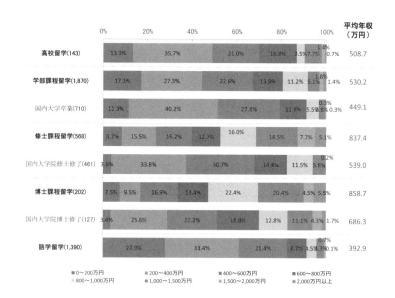

Q あなたの現在の役職をお答えください。

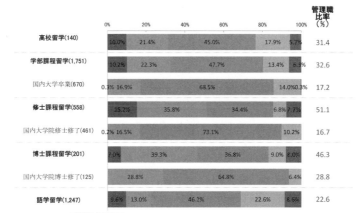

管理職比率(%)

	管理職比率(%)
高校留学(140)	31.4
学部課程留学(1,751)	32.6
国内大学卒業(670)	17.2
修士課程留学(558)	51.1
国内大学院修士修了(461)	16.7
博士課程留学(201)	46.3
国内大学院博士修了(125)	28.8
語学留学(1,247)	22.6

- 経営者・役員クラス
- 管理職クラス(部長・課長、マネージャー、教授など)
- 一般社員クラス(助教なども含む)
- アルバイト・契約社員など
- その他

※管理職比率とは、「経営者・役員クラス」と「管理職クラス」の割合の合計値

Q 日本語以外で使える言語【最も得意とする外国語】について、現在の仕事でどの程度使っているかお答えください。
※【　】内は留学非経験者向けの質問

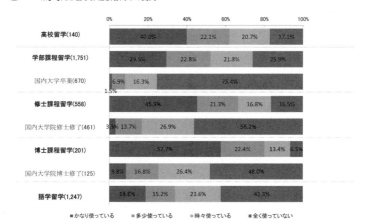

- かなり使っている
- 多少使っている
- 時々使っている
- 全く使っていない

Q あなたが日本語以外で使える言語【最も得意とする外国語】の現在のレベルをお答えください。
※【　】内は留学非経験者向けの質問

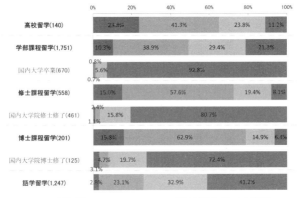

■ネイティブ並　　　　　　　　　　　　■仕事上十分なコミュニケーションができる
■仕事上ある程度コミュニケーションができる　■日常会話程度/ほとんど話すことができない

4. 留学のキャリアへの影響

留学経験がキャリア設計の助けとなる

　キャリアへの影響は全体値で比較すると大きな差はないが、大学・大学院に限ってみると大きな差がある。「留学経験がキャリア設計上の助けとなった」という回答が、学部課程留学で7割、大学院留学であれば8割以上に達しており、留学経験がその後に大きなインパクトを与えていることが実感として現れている。留学で得た知識やスキルを仕事で活用している人も学部課程留学の6割以上であり、留学経験は仕事で活かすことができ、その後のキャリアアップを下支えしているといえる。一方で、留学非経験者（特に、大学卒業者）の大学生活がキャリアに与える影響はそれほど大きくない。

Q 海外留学【大学・大学院での経験】が、あなたのキャリアにどの程度影響を与えたと思いますか。
※【　】内は留学非経験者向けの質問

学校種別集計

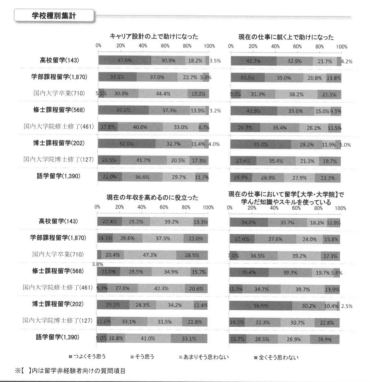

※【　】内は留学非経験者向けの質問項目

■つよくそう思う　■そう思う　■あまりそう思わない　■全くそう思わない

学校種別集計

	起業しようという意欲が高まった（営利・非営利を含む）	NPOや社会活動をしようという意欲が高まった

高校留学(143)　18.2% 23.8% 28.0% 30.1%　｜　17.5% 37.1% 29.4% 16.1%

学部課程留学(1,870)　11.4% 23.0% 33.7% 31.9%　｜　8.5% 25.1% 36.8% 29.6%

国内大学卒業(710)　5.4% 24.6% 43.1% 26.9%　｜　3.8% 30.8% 41.7% 23.7%

修士課程留学(568)　15.7% 21.0% 37.5% 25.9%　｜　11.8% 21.5% 41.7% 25.0%

国内大学院修士修了(461)　15.8% 39.0% 29.5% 15.6%　｜　5.4% 32.3% 44.9% 17.4%

博士課程留学(202)　12.9% 13.9% 29.7% 43.6%　｜　9.4% 26.7% 29.2% 34.7%

国内大学院博士修了(127)　22.0% 33.9% 27.6% 16.5%　｜　13.4% 29.1% 37.0% 20.5%

語学留学(1,390)　7.4% 17.8% 31.8% 43.0%　｜　4.8% 19.7% 36.7% 38.8%

■つよくそう思う　■そう思う　■あまりそう思わない　■全くそう思わない

（参考）企業における海外経験者とグローバル人材の雇用状況に関する調査結果（従業員規模別）

調査時期　2014年3月17日～2014年6月27日
調査対象　（株）ディスコ社の顧客企業約9,000社の人事担当者
回収社数　423社

Q　貴社の業務において、語学力（日本語以外）は、どの程度重要ですか。　　　　　　　　(%)

	全体	～299人	300～999人	1000人以上
かなり重要である	8.9	7.3	10.8	9.2
やや重要である	33.7	37.5	27.7	35.5
どちらとも言えない	20.0	21.4	17.6	21.1
あまり重要ではない	19.2	15.6	21.6	23.7
ほとんど重要ではない	18.3	18.2	22.3	10.5
合計	100.0	100.0	100.0	100.0

（参考）企業における海外経験者とグローバル人材の雇用状況に関する調査結果（従業員規模別）

Q　貴社の採用活動において、「海外経験があること」は、どの程度重要ですか。　　　　　　(%)

	全体	～299人	300～999人	1000人以上
かなり重要である	4.5	4.6	4.7	3.9
やや重要である	23.2	23.2	23.5	22.4
どちらとも言えない	28.9	27.3	27.5	35.5
あまり重要ではない	18.9	18.6	17.4	22.4
ほとんど重要ではない	24.6	26.3	26.8	15.8
合計	100.0	100.0	100.0	100.0

Q　貴社において、「留学経験」は（種類によらず）どの程度の期間であれば評価しますか。　(%)

	全体	～299人	300～999人	1000人以上
1年以上	37.9	38.5	36.3	39.5
6ヶ月以上	18.1	16.7	18.5	21.1
3ヶ月以上	3.6	2.1	4.8	5.3
1ヶ月以上	3.1	2.6	3.4	3.9
1ヶ月未満でも評価する	5.1	5.7	5.5	2.6
評価しない	32.1	34.4	31.5	27.6
合計	100.0	100.0	100.0	100.0

5. 留学の採用への影響

留学経験そのものが採用時に評価されたのは全体として60%程度

14ページで述べたように、留学がキャリアの助けになっていると感じている割合は高い（7～8割）が、採用時において留学が評価されたと感じているのは、学部課程留学・修士課程留学・博士課程留学のいずれも6割程度である（国内の大学・大学院の卒業（修了）が評価された割合よりは高い）。留学経験そのものや語学力に対する評価だけでなく、留学で修得した知識やスキルも評価されたと捉えることができる。

Q 海外留学【大学・大学院での】経験に関することが、採用の際にどの程度評価されたと思いますか。
※【 】内は留学非経験者向けの質問

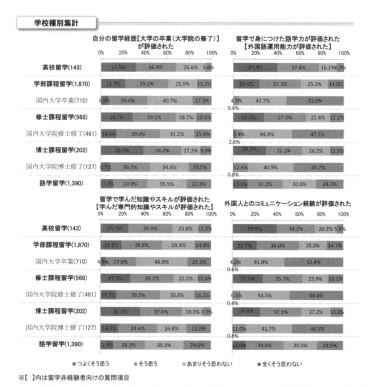

学校種別集計

※【 】内は留学非経験者向けの質問項目

■つよくそう思う　■そう思う　■あまりそう思わない　■全くそう思わない

6. 留学による意識の形成

留学を経験することで、前向きな意識の形成につながる

　留学を通じてリスクを恐れず新しいことにチャレンジする気持ち、多様な価値観の人々を受け入れる姿勢などが形成される。「日本人としての意識」の高まりのみならず、グローバル社会において重要な「アジア人としての意識」「地球市民としての意識」についても、留学経験者と留学非経験者では顕著な差がみられる。留学経験者は多様な価値観・文化的背景を持つ人々の交流にも積極的である。また、留学経験は自己肯定感・自己効力感・自己有用感の向上にも貢献している。

Q 海外留学の結果【大学・（大学院）卒業（修了）の結果】、次のような意識がどの程度高まったと思いますか。
※【　】内は留学非経験者向けの質問

学校種別集計

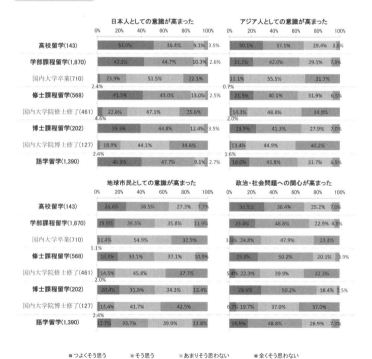

■つよくそう思う　■そう思う　■あまりそう思わない　■全くそう思わない

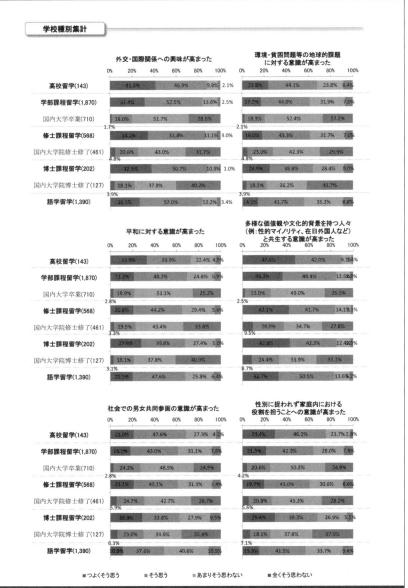

学校種別集計

宗教に関する寛容性が高まった

	つよくそう思う	そう思う	あまりそう思わない	全くそう思わない
高校留学(143)	34.3%	42.0%	19.6%	4.2%
学部課程留学(1,870)	22.5%	45.6%	25.1%	6.8%
国内大学卒業(710)	15.1%	49.6%	33.1%	2.3%
修士課程留学(568)	24.3%	46.0%	24.1%	5.6%
国内大学院修士修了(461)	17.8%	42.1%	35.8%	4.3%
博士課程留学(202)	33.8%	33.3%	28.4%	4.5%
国内大学院博士修了(127)	17.3%	37.0%	41.7%	3.9%
語学留学(1,390)	17.2%	45.5%	28.3%	9.0%

リスクを取ること、チャレンジすることに関する意識が高まった

	つよくそう思う	そう思う	あまりそう思わない	全くそう思わない
高校留学(143)	35.0%	49.7%	14.7%	0.7%
学部課程留学(1,870)	24.9%	50.3%	20.3%	4.4%
国内大学卒業(710)	21.4%	53.0%	23.4%	2.3%
修士課程留学(568)	32.9%	46.3%	17.1%	3.7%
国内大学院修士修了(461)	5.4%	31.7%	38.6%	24.3%
博士課程留学(202)	32.2%	45.8%	18.4%	3.5%
国内大学院博士修了(127)	10.2%	26.8%	29.9%	33.1%
語学留学(1,390)	18.1%	47.8%	29.3%	4.7%

価値判断を留保して、なぜそうなのかを考えようとするようになった

	つよくそう思う	そう思う	あまりそう思わない	全くそう思わない
高校留学(143)	29.4%	47.6%	20.3%	2.8%
学部課程留学(1,870)	21.2%	50.6%	23.6%	4.5%
国内大学卒業(710)	25.8%	48.3%	23.7%	2.3%
修士課程留学(568)	26.6%	50.7%	19.2%	3.5%
国内大学院修士修了(461)	10.0%	33.2%	34.7%	22.1%
博士課程留学(202)	26.9%	45.8%	24.9%	2.5%
国内大学院博士修了(127)	12.6%	31.5%	29.1%	26.8%
語学留学(1,390)	13.6%	46.6%	34.2%	5.5%

自己肯定感(自信)が高まった

	つよくそう思う	そう思う	あまりそう思わない	全くそう思わない
高校留学(143)	31.5%	45.5%	20.3%	2.8%
学部課程留学(1,870)	22.0%	51.2%	22.5%	4.3%
国内大学卒業(710)	30.1%	46.2%	21.1%	2.5%
修士課程留学(568)	25.7%	48.4%	22.7%	3.2%
国内大学院修士修了(461)	7.4%	35.1%	39.5%	17.6%
博士課程留学(202)	28.4%	48.3%	19.4%	4.0%
国内大学院博士修了(127)	5.5%	30.7%	32.3%	31.5%
語学留学(1,390)	16.8%	51.4%	27.2%	4.7%

自己効力感(自分はやるべきことを実行できるという意識)が高まった

	つよくそう思う	そう思う	あまりそう思わない	全くそう思わない
高校留学(143)	28.7%	51.0%	18.2%	2.1%
学部課程留学(1,870)	21.0%	54.7%	20.6%	3.7%
国内大学卒業(710)	33.2%	44.9%	19.6%	2.3%
修士課程留学(568)	26.9%	52.1%	18.5%	2.5%
国内大学院修士修了(461)	8.5%	38.6%	36.4%	16.5%
博士課程留学(202)	28.9%	49.8%	17.4%	4.0%
国内大学院博士修了(127)	9.4%	31.5%	33.1%	26.0%
語学留学(1,390)	16.3%	53.7%	25.0%	5.0%

自己有用感(社会の中で自分は必要とされているという意識)が高まった

	つよくそう思う	そう思う	あまりそう思わない	全くそう思わない
高校留学(143)	18.9%	44.8%	30.8%	5.6%
学部課程留学(1,870)	15.4%	48.6%	29.9%	6.1%
国内大学卒業(710)	27.6%	49.9%	21.1%	1.4%
修士課程留学(568)	19.0%	48.4%	28.0%	4.6%
国内大学院修士修了(461)	5.9%	32.8%	42.1%	19.3%
博士課程留学(202)	21.4%	44.8%	29.9%	4.0%
国内大学院博士修了(127)	6.3%	26.8%	36.2%	30.7%
語学留学(1,390)	9.9%	43.0%	39.5%	7.6%

■つよくそう思う　■そう思う　■あまりそう思わない　■全くそう思わない

7. 留学による行動の変化

高校への留学経験者は社会貢献活動に積極的

高校留学をした人は、地域活動や交流活動に非常に積極的であることがわかる。高校留学では、比較的長期のホームステイを経験した人が多く、ホストファミリーや地域の人たちとの継続的な交流の機会を持つことが多い。その経験が留学後の意識や行動に現れているのであろう。

Q 海外留学【大学・大学院の卒業（修了）】の結果、次のような行動への関わりがどの程度多くなったと思いますか。
※【 】内は留学非経験者向けの質問

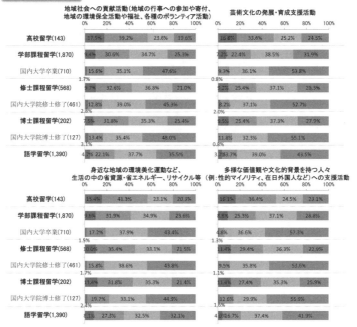

学校種別集計

■よく参加している　■時々参加している　■あまり参加していない　■全く参加していない

学校種別集計

多様な価値観や文化的背景を持つ人々との交流活動

| | 0% | 20% | 40% | 60% | 80% | 100% |

高校留学(143)	19.5%	45.5%	20.3%	14.7%
学部課程留学(1,870)	12.1%	32.7%	32.6%	22.7%
国内大学卒業(710)	8.5%	36.3%	53.7% (1.5%)
修士課程留学(568)	18.7%	36.3%	28.7%	16.4%
国内大学院修士修了(461)	11.7%	36.7%	49.9% (1.7%)
博士課程留学(202)	20.9%	29.9%	33.3%	15.9%
国内大学院博士修了(127)	12.6%	37.0%	49.6% (0.8%)
語学留学(1,390)	7.1%	26.7%	32.8%	33.4%

政治活動

| | 0% | 20% | 40% | 60% | 80% | 100% |

高校留学(143)	5.6%	23.1%	23.1%	48.3%
学部課程留学(1,870)	12.4%	33.0%	50.6% (4.0%)
国内大学卒業(710)	3.5%	30.0%	65.9% (0.6%)
修士課程留学(568)	11.6%	37.1%	47.5% (3.7%)
国内大学院修士修了(461)	4.8%	28.6%	66.6%
博士課程留学(202)	7.0%	40.3%	47.8% (5.0%)
国内大学院博士修了(127)	5.5%	29.1%	65.4%
語学留学(1,390)	7.5%	29.5%	61.0% (2.0%)

多様な年齢・世代の人々との交流活動

| | 0% | 20% | 40% | 60% | 80% | 100% |

高校留学(143)	27.3%	41.3%	18.2%	13.3%
学部課程留学(1,870)	14.4%	37.8%	29.7%	18.2%
国内大学卒業(710)	21.7%	32.0%	42.4% (3.9%)
修士課程留学(568)	19.0%	36.4%	29.2%	15.3%
国内大学院修士修了(461)	26.5%	34.3%	34.9% (4.3%)
博士課程留学(202)	13.9%	34.8%	34.3%	16.9%
国内大学院博士修了(127)	18.9%	33.9%	41.7% (5.5%)
語学留学(1,390)	10.4%	34.0%	29.6%	26.0%

多様な分野で活躍している人々との交流活動

| | 0% | 20% | 40% | 60% | 80% | 100% |

高校留学(143)	28.0%	39.2%	20.3%	12.6%
学部課程留学(1,870)	13.6%	36.9%	30.6%	18.9%
国内大学卒業(710)	14.9%	36.2%	46.6% (2.3%)
修士課程留学(568)	18.7%	38.6%	28.2%	14.6%
国内大学院修士修了(461)	23.6%	35.8%	38.0% (2.6%)
博士課程留学(202)	14.9%	35.8%	30.3%	15.9%
国内大学院博士修了(127)	17.3%	34.6%	43.3% (4.7%)
語学留学(1,390)	7.8%	30.3%	32.3%	29.6%

■よく参加している　■時々参加している　■あまり参加していない　■全く参加していない

8. 留学による価値観・態度の変化

留学経験者は人生においてもリスクを取り、挑戦する人が多い

　留学そのものが大きな挑戦であり、投資であるが、留学経験者はその後の人生においてもリスクを取って、新しいことにチャレンジする精神を持った人が多い。特に高校留学を経験した人は、新規性を求め転職も厭わない傾向が強いといえる。

Q あなたの態度や価値観についてお伺いします。以下のそれぞれの項目について、当てはまるものを一つ選んで下さい。

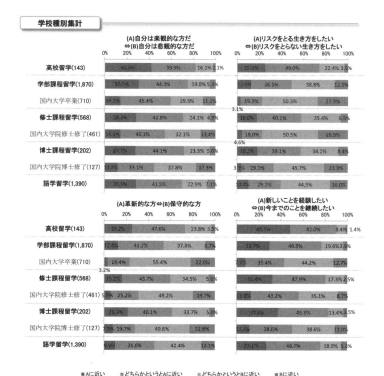

■Aに近い　■どちらかというとAに近い　■どちらかというとBに近い　■Bに近い

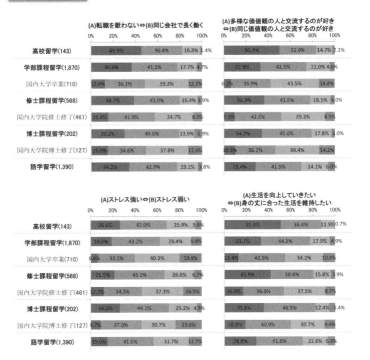

学校種別集計

(A)転職を厭わない⇔(B)同じ会社で長く働く

	(A)に近い	どちらかというと(A)に近い	どちらかというと(B)に近い	(B)に近い
高校留学(143)	45.5%	36.4%	16.8%	1.4%
学部課程留学(1,870)	36.6%	41.1%	17.7%	4.7%
国内大学卒業(710)	12.4%	36.1%	39.3%	12.3%
修士課程留学(568)	33.7%	41.0%	16.4%	3.9%
国内大学院修士修了(461)	15.4%	41.9%	34.7%	8.0%
博士課程留学(202)	30.2%	49.0%	13.9%	6.9%
国内大学院博士修了(127)	15.0%	34.6%	37.8%	12.6%
語学留学(1,390)	34.2%	42.9%	19.1%	3.8%

(A)多様な価値観の人と交流するのが好き⇔(B)同じ価値観の人と交流するのが好き

	(A)に近い	どちらかというと(A)に近い	どちらかというと(B)に近い	(B)に近い
高校留学(143)	50.3%	32.9%	14.7%	2.1%
学部課程留学(1,870)	32.9%	41.5%	21.0%	4.6%
国内大学卒業(710)	6.2%	35.9%	43.5%	14.4%
修士課程留学(568)	36.3%	41.5%	18.1%	4.0%
国内大学院修士修了(461)	9.5%	42.3%	39.3%	8.9%
博士課程留学(202)	34.2%	45.0%	17.8%	3.0%
国内大学院博士修了(127)	10.2%	36.2%	39.4%	14.2%
語学留学(1,390)	28.4%	41.5%	24.1%	6.0%

(A)ストレス強い⇔(B)ストレス弱い

	(A)に近い	どちらかというと(A)に近い	どちらかというと(B)に近い	(B)に近い
高校留学(143)	26.6%	42.0%	25.9%	5.6%
学部課程留学(1,870)	19.0%	43.2%	28.4%	9.4%
国内大学卒業(710)	6.8%	33.1%	40.3%	19.9%
修士課程留学(568)	21.5%	45.1%	26.8%	6.7%
国内大学院修士修了(461)	11.7%	34.5%	37.3%	16.5%
博士課程留学(202)	26.2%	44.1%	25.2%	4.5%
国内大学院博士修了(127)	8.7%	37.0%	30.7%	23.6%
語学留学(1,390)	15.0%	41.5%	31.7%	11.7%

(A)生活を向上していきたい⇔(B)身の丈に合った生活を維持したい

	(A)に近い	どちらかというと(A)に近い	どちらかというと(B)に近い	(B)に近い
高校留学(143)	51.0%	36.4%	11.9%	0.7%
学部課程留学(1,870)	33.1%	44.2%	17.9%	4.9%
国内大学卒業(710)	12.4%	42.5%	34.2%	10.8%
修士課程留学(568)	41.9%	38.4%	15.8%	3.9%
国内大学院修士修了(461)	16.9%	36.9%	37.5%	8.7%
博士課程留学(202)	35.6%	46.5%	12.4%	5.4%
国内大学院博士修了(127)	18.9%	40.9%	30.7%	9.4%
語学留学(1,390)	28.8%	41.8%	22.6%	6.8%

■(A)に近い　■どちらかというと(A)に近い　■どちらかというと(B)に近い　■(B)に近い

9. 人生や仕事の満足度

仕事の満足度は留学経験者と非経験者では差がない

　留学経験者と留学非経験者で、仕事や年収に対する満足度には統計的に有意な差が見られなかった。学部課程留学と大学院留学の間でも満足度に大きな差はみられなかった。しかし、留学経験者の方が留学非経験者よりも人生の満足度は高かった。留学経験が多様な価値観の人々との交流や交友、社会問題への興味・関心などを促し、人生の質的な向上をもたらしたと推測できるのではないか。

Q あなたは、以下のそれぞれの項目についてどの程度満足していますか。

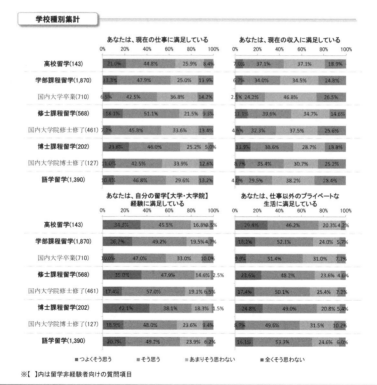

学校種別集計

※【 】内は留学非経験者向けの質問項目

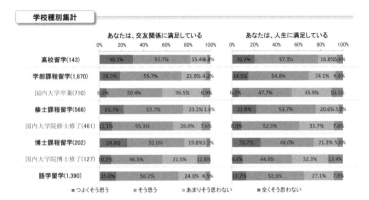

科研費プロジェクト「グローバル人材育成と留学の長期的インパクトに関する国際比較研究」

2016年3月現在

【プロジェクトメンバー】

横田 雅弘	明治大学　国際日本学部	芦沢 真五	東洋大学　国際地域学部
太田 浩	一橋大学　国際教育センター	新田 功	明治大学　政治経済学部
米澤 彰純	名古屋大学　国際開発研究科	黒田 一雄	早稲田大学　国際学術院
北村 友人	東京大学　大学院教育学研究科	小林 明	明治大学　国際日本学部
秋庭 裕子	一橋大学　商学研究科	渡部 由紀	一橋大学　商学研究科
新見 有紀子	一橋大学　法学研究科	近藤 祐一	立命館アジア太平洋大学　アジア太平洋学部
堀江 未来	立命館大学　国際教育推進機構		

【調査協力機関】

河村 基	(株)エールバリュー	早川 楽	アンザスインターナショナル(株)
大村 貴康	(一社)日本国際化推進協会(JAPI)	辰野 まどか	(一社)グローバル教育推進プロジェクト(GiFT)

本調査は、科研プロジェクト終了後も、一般社団法人「持続可能な国際教育推進のための研究コンソーシアム」
（http://recsie.or.jp/）が引き継ぎ、以下の二つのサイトでその成果を活用していきます。

グローバル人材5000プロジェクト について

このプロジェクトでは日本の留学交流を活性化させ、若い世代の留学を支援し、グローバル人材育成に
寄与することを目的として、世代を超えて留学の価値を普遍的に共有し、若い世代が留学することを支
援するためのオンライン・コミュニティの構築を目指します。

Global *JINZAI* 5000 Project
Disseminating the Impact of Study Abroad
Retrospective Research on 5000 Study Abroad Participants

グローバル人材5000プロジェクトウェブサイト	http://gj5000.jp/
お問い合わせメールアドレス	kaken@gj5000.jp

留学のすすめ.jp について

〜海外で挑戦するという生き方〜
あなたを　探す　出会う　相談する　サイト
留学のすすめ.jp

「留学のすすめ.jp」は、留学経験者のプロフィール、インタビュー記事などを掲載するほか、留学を志望す
る若い世代が留学経験者に質問したり、助言を得られるようなコミュニケーション機能をもったオンライン・
コミュニティです。現在、明治大学、東洋大学、一橋大学、東北大学などが協力大学となり、授業に取り入
れられています。留学経験者は、主に「次世代の学生支援」「留学経験者同士の交流」の目的で本サイト
を活用することができます。学生は、「留学経験者の取材記事を読む」「キャリアや留学経験から興味のあ
る先輩を探す」「悩みを質問」「インタビューの申込」を行うことができます。

「留学のすすめ」ウェブサイト　　　http://ryugaku-susume.jp/

本調査へのお問い合わせ

明治大学　国際日本学部　横田研究室　　　TEL / FAX: 03-5343-8262
Email: yokotam@meiji.ac.jp

グローバル人材5000プロジェクト　http://gj5000.jp/
本調査の結果は上記ウェブサイトにも掲載し、成果を公表します。

GJ5000	検　索

索 引

欧文索引

和文索引

あ 行

か 行

【編著者紹介】

横田　雅弘　明治大学国際日本学部　学部長・教授
上智大学文学部（心理学専攻）卒，ハーバード大学大学院修士課程（カウンセリング・心理学専攻）修了，学術博士（東京学芸大学）。一橋大学留学生センター教授を経て，2008 年度より明治大学国際日本学部教授。2014 年度より学部長。異文化間教育学会理事（元理事長），留学生教育学会理事。『留学生アドバイジング～学習・生活・心理をいかに支援するか』（共著，ナカニシヤ出版，2004 年），『学生まちづくらーの奇跡』（監修・分担執筆，学文社，2012 年），『多文化社会の偏見・差別』（共編著，明石書店，2012 年），『大学の国際化と日本人学生の国際志向性』（共編著，学文社，2013 年），『ヒューマンライブラリー～多様性を育む「人を貸し出す図書館」の実践と研究』（共編著，明石書店，2018 年）。

太田　浩　一橋大学国際教育センター　教授・Hitotsubashi University Global Education Program（HGP）ディレクター
國學院大學法学部（政治学専攻）卒，東洋大学で職員として教務部，国際交流センター等に勤務後，2001 年ニューヨーク州立大学バッファロー校教育学大学院教育政策研究科修士課程修了（Ed. M. 取得）及び 2008 年同大学博士課程比較・国際教育学専攻修了（Ph. D. 取得）。ニューヨーク州立大学バッファロー校国際教育部，一橋大学商学研究科専任講師，同大学国際戦略本部准教授を経て，2010 年より現職。2013 年より留学生教育学会副会長。専門は比較・国際教育学，高等教育国際化論。主要著書：「日本人学生の内向き志向再考」横田雅弘・小林明編『大学の国際化と日本人学生の国際志向性』学文社，2013 年，「東アジアにおける高等教育国際化の比較と連携」黒田一雄編『アジアの高等教育ガバナンス』勁草書房，2013 年。

新見　有紀子　一橋大学法学研究科　講師
慶應義塾大学文学部（人間関係学科人間科学専攻）卒，一橋大学および電気通信大学にて職員として勤務後，ミネソタ大学大学院修士課程（カウンセリング心理学専攻）修了，ボストンカレッジ大学院博士課程（高等教育）修了，Ph. D. 取得。在学中にボストンカレッジ国際高等教育研究所助手として勤務。2014 年より一橋大学大学院法学研究科・国際教育センター兼任教員。海外留学・留学生相談担当。専門は国際比較高等教育，国際教育交流，海外留学の効果。主要論文：「日本人大学院留学生の授業関連活動への参加と能力・意識の高まり：自己評価に基づく質問票調査の結果より」『異文化間教育』2017 年，「短期海外留学経験が就職・進路に関する意識に与える影響について：帰国後インタビューからの考察」『留学生交流・研究指導』2016 年。

海外留学がキャリアと人生に与えるインパクト
―大規模調査による留学の効果測定―

2018年3月30日　第1版第1刷発行

編著者　横田　雅弘
　　　　太田　浩
　　　　新見　有紀子

発行者　田中　千津子

発行所　株式会社 学文社

〒153-0064　東京都目黒区下目黒3-6-1
電話　03（3715）1501 ㈹
FAX　03（3715）2012
http://www.gakubunsha.com

© YOKOTA Masahiro, OTA Hiroshi & SHIMMI Yukiko 2018
Printed in Japan　　　　　　印刷　株式会社亨有堂印刷所

ISBN 978-4-7620-2802-1